GUÍA DEL AVENTURERO NAZARENO

Manual Oficial de Líderes de la Caravana Aventurero

EQUIPO CREATIVO
David Hutsko, Mike Morris, Erik Wright, Jennifer George

ESCRITORES
David Hutsko, Jennifer George, Eric Wright, Stephanie Harris, Julie Smith, Andrea Callison

Virginia Folsom, *Caravan Editor*
Melissa K. Hammer, *Editor Senior*
Stephanie D. Harris, *Editor Asociado*

Yadira Morales, *Traductora*
Bethany Cyr, *Maquetador*

FOTOS
Fotographias de R.W. Cunningham, J.P. Roberts, Olive Winchester, y John T. Benson son de los Archivos Nazarenos, Global Ministry Center, 17001 Prairie Star Parkway, Lenexa, KS 66220, USA

ART POR EQUIPO DE DESEÑO DE NPH
Translated and contextualized from Caravan Explorer Leaders Guide
Copyright © 2004 Published by WordAction Publishing Company, A division of Nazarene Publishing House, Kansas City, Missouri 64109 USA

This Spanish edition was published by arrangement with Nazarene Publishing House

Publicado y distribuido por Ministerios de Discipulado, Mesoamerica Region

www.MieddRecursos.Mesoamericaregion.org

Copyright © 2019

ISBN: 978-1-63580-092-0

Todos los versículos de las Escrituras que se citan son de la Biblia NVI a menos que se indique lo contrario.

Impreso en EE.UU.

CONTENIDO

Rango Pionero

Artículos de Fe 13-16

Valores Fundamentales

Insignias de Habilidad

Insignias Mentales

Insignias Físicas

Insignias Espirituales

Insignias Sociales

ABC de Salvación

Capítulo 1

Una Introducción al Programa Caravana

El Programa Caravana — una Visión General—

"Y Jesús crecía en sabiduría, en estatura y en gracia ante Dios y los hombres" (Lucas 2:52). El propósito de la Caravana es ayudar a los niños en edad primaria a crecer mental, física, espiritual y socialmente. Caravana es un tiempo para que los niños aprendan cómo pueden ser el tipo de personas que Dios quiere que sean en todas las áreas de sus vidas. También ayuda a los niños a desarrollar una apreciación y comprensión del patrimonio y las creencias Nazarenas.

Caravana es una organización tipo exploración que se reúne una vez a la semana, por lo general en la noche del miércoles. Los niños son asignados a uno de los tres grandes grupos: Buscadores (primer y segundo grado), Exploradores (tercer y cuarto grado) y Aventureros (quinto y sexto grado) -según su grado en la escuela. Cada grupo está bajo la dirección de uno o más líderes adultos que son llamados "guías".

El programa Caravana Aventurero incluye niños y niñas de quinto y sexto grado. El programa ha sido diseñado para satisfacer las necesidades de la organización, tanto de la iglesia pequeña y la iglesia grande.

El plan utilizado por tu iglesia local será determinado por el director local de Caravana, el Equipo de Liderazgo de Caravana, y el Consejo de Ministerios de los Niños. Ver el texto de capacitación, implementación de un nuevo Ministerio de Caravana, o en el sitio web de Caravana para más información sobre cómo organizar Caravana por pequeñas, medianas o grandes iglesias.

4

¿Qué es Caravana?

Caravana es un ministerio semanal diseñado para ayudar a los niños en los grados 1ro a 6to, a crecer mental, física, social y espiritualmente.

Caravana enfatiza los siguientes cuatro elementos:

1. Basado en la Biblia

El versículo Bíblico y el punto Bíblico se incluyen como la base de cada insignia.

2. Formación Espiritual

Se estudian ocho Valores Fundamentales (características cristianas) ilustrados por personalidades ejemplares durante los años 3-6 (dos Valores Fundamentales por año).

Valores Fundamentales

Año 3:

Santidad – Phineas F Bresee – fundador de la Iglesia del Nazareno

Evangelismo – Buddie Robinson – evangelista en la Iglesia del Nazareno

Año 4:

Misiones – Harmon Schmelzenbach – misionero en África

Carácter Cristiano – Audrey Williamson – conocido orador que citó pasajes de las Escrituras

Año 5:

Servicio – R. W. Cunningham – fundó una escuela afroamericana en West Virginia.

Compasión – James P. Roberts – fundó Rest Cottage, hogar para madres solteras.

Año 6:

Trabajo – John Benson – presidente de una empresa

Educación – Olive Winchester – maestra y presidenta de la universidad

3. Patrimonio Nazareno

Caravana ayuda a los niños a aprender sobre la rica herencia y doctrina de la Iglesia del Nazareno y la importancia de cumplir con la Gran Comisión.

- Declaraciones de "Yo Creo"

  A través de las escrituras, las lecciones y actividades, los buscadores aprenden las declaraciones de "Yo creo".

- Artículos de Fe

  Los Exploradores y Aventureros aprenden los 16 Artículos de Fe de la Iglesia del Nazareno.

4. Aplicación de la Vida

Caravana ayuda a los niños a desarrollar habilidades que pueden usar a lo largo de la vida. Estas habilidades ayudan con la vida cotidiana práctica y también fortalecen la vida espiritual de los niños.

5. Oportunidades de Ministerio

Caravana les permite a los niños usar las habilidades que aprenden participando en proyectos de ministerio. Esto ayuda a los niños a darse cuenta de su autoestima y les da un sentido de pertenencia en la familia de su iglesia. En las guías de sus líderes, en la sección "*ir, Servir*", encontrarás que cada proyecto incluye 3 niveles opcionales de participación. Selecciona el nivel que mejor se adapte a los niños en tu ministerio y que los visitantes se sientan cómodos. Considera alternar entre los niveles para ofrecer una variedad interesante de oportunidades de ministerio.

6. Desarrollo de Habilidades

Caravana ofrece experiencias prácticas para ayudar a los niños a descubrir y utilizar sus talentos y habilidades únicas en su vida personal y familiar, la iglesia y su comunidad.

Cómo Comenzar un Programa de Caravana

1. Designar a un Director Local de Caravana

El director local es la clave para un exitoso ministerio de Caravana. Designa un director que sea organizado, que trabaje bien con las personas y que pueda facilitar el trabajo.

El director de la Caravana es nombrado por un año. El director trabajará con el pastor / director de niños para desarrollar un equipo de liderazgo de guías y asistentes. Al final del año, el director puede ser reelegido o se puede nombrar un nuevo director.

2. Aprende Sobre Caravana

El director local debe aprender sobre el ministerio Caravana.
- Leer los capítulos introductorios de cada Guía del Lider.
- Consultar el Guía del Líder y los libros del alumno para familiarizarse con los grupos, rangos e insignias.

3. Determinar tu Enfoque

Hay dos enfoques básicos para Caravana

- **Caravana, el Enfoque del Movimiento Scout Cristiano**

Los niños ganan insignias y premios para exhibir en bufandas o fajines. Los niños pueden ganar ocho o más insignias de habilidad durante el año Caravana: dos insignias de cada categoría: mental, social, espiritual y física. La iglesia local decide qué insignias enseñar en cada categoría. Los niños que cumplan con los requisitos de cada año obtendrán la prestigiosa Medalla al Premio Phineas F. Bresee como un alumno de sexto grado.

- **Caravana, el Enfoque de la Actividad**

Los niños participan en proyectos para adquirir habilidades y conocimientos, para tener la oportunidad de la formación espiritual y el discipulado, y para participar en proyectos de ministerio. Insignias, premios y uniformes son incentivos para fomentar la excelencia en la participación.

4. Selecciona Guías

Selecciona un guía y un asistente para cada grupo de niños. Los guías son nombrados por un año. Sigue los procedimientos de detección y seguridad de tu iglesia al seleccionar y aprobar cada guía.

Entrega a cada guía un Guía del líder y un Libro del Alumno y habla con ellos sobre sus responsabilidades.

5. Materiales

Cada Guía necesitará:

a. Guía del Líder
b. Manual del Estudiante
c. Formulario de Registro Individual de Seis Años: para cada niño (se encuentra en el Guía del líder)

Cada estudiante necesitará:

a. Manual del Estudiante
b. 1 bufanda Caravana y pañuelo de la bufanda (buscador)
c. 1 Fajín Caravana (Explorador y Aventurero)
d. 1 Pin de Rango
e. 1 insignia de logotipo de Caravana

6. Planifica el Año

El director de Caravana, los guías y los asistentes forman el Equipo de Liderazgo Caravana. Este equipo debe reunirse antes del comienzo del año de la Caravana para planificar tentativamente todas las actividades y eventos. El comité también debe reunirse antes del comienzo de cada trimestre para finalizar los planes para ese trimestre.

7. Promover el Ministerio

El Equipo de Liderazgo Caravana es responsable de mantener a la iglesia, a los padres, a los niños y a la comunidad informados sobre todos los aspectos del ministerio Caravana.

8. Registra a los Niños

Establece una fecha y hora definidas para que los niños se registren y los padres paguen la tarifa de registro. El método que tu iglesia local usa para financiar el ministerio Caravana determinará si usted cobra o no una tarifa de registro y el monto de la tarifa.

9. Planifica una Caravana para Niños

Puedes tener un ministerio amigable para los niños al proporcionar una atmósfera que refleje la emoción de las actividades prácticas, el desafío de aprender nuevas habilidades y la alegría de compartir el amor de Dios con los demás.

Como cada sesión de la insignia es independiente, todos los niños, incluidos los visitantes, pueden irse a casa todas las noches con una sensación de logro.

Todos son bienvenidos en Caravana. Un saludo cordial y un aula con una decoración atractiva invitarán a los Caravaneros a expresar su creatividad. Los niños felices y seguros a su vez reclutarán nuevos niños Caravana para este ministerio.

Cómo Organizar un Ministerio de Caravana

1. Grupos de Caravana

Los niños de Caravana se organizan en tres grupos: Buscadores, Exploradores y Aventureros. Cada grupo se divide en dos niveles de grado y a cada nivel se le asigna un rango.

Buscador	Año 1		Cazador
	Año 2		Investigador
Explorador	Año 3	Centinela	
	Año 4	Scout	
Aventurero	Año 5	Descubridor	
	Año 6	Pionero	

Caravana puede satisfacer las necesidades de cada grupo de tamaño. Puedes organizar tu ministerio de las siguientes maneras.

Comienza Con Un Grupo Y Agrega Un Nuevo Grupo Cada Año

• El Primer Año

Comienza con el grupo Buscador para los alumnos de primero y segundo grado. Los Buscadores completan el rango de Cazador el primer año.

• El Segundo Año

Este año, los Buscadores completan el rango de Investigador. Comienza el ministerio del grupo para los alumnos de tercer y cuarto grado. Los Exploradores trabajan en el rango de Centinela.

• El Tercer Año

Continuar operando los ministerios de Buscador y Explorador. Presenta el grupo de Aventureros para los estudiantes de quinto y sexto grado. Los Aventureros trabajan en el rango de Descubridor.

Grupos Pequeños de Caravana

Se puede operar un ministerio completo de Caravana en tres aulas con tres guías y guías asistentes.

- **Buscador** (1 clase, 1 guía, 1 asistente de guía)

  Combina a niños y niñas de primer y segundo grado en una clase con un guía y un asistente. El primer año los niños completan el rango de Cazador. El segundo año trabajan en el rango de Investigador.

- **Explorador** (1 clase, 1 guía, 1 asistente de guía)

  Combine a niños y niñas de tercer y cuarto grado en una clase con un guía y un asistente. El primer año los niños completan el rango de Centinela. El segundo año trabajan en el rango Scout.

- **Aventurero** (1 clase, 1 guía, 1 asistente de guía)

  Combine a niños y niñas de quinto y sexto grado en una clase con un guía y un asistente. El primer año los niños completan el rango de Descubridor. El segundo año trabajan en el rango de Pionero.

Grupos Medianos de Caravana

Los grupos medianos se pueden dividir por grado o por género (un grupo de niños y un grupo de niñas). Cada director junto con el Equipo de liderazgo de Caravana toman la decisión de dividir por grado o por género. Por ejemplo:

- **Buscador** (2 clases, 2 guías, 2 guías asistentes)
  1. Dividido por Nivel de Grado
     a. Niños y niñas de primer grado
     b. Niños y niñas de segundo grado
  2. Dividido por Género
     a. Niños de primer y segundo grado
     b. Niñas de primer y segundo grado

Una vez que decidas si dividir por grado o género, usa el mismo esquema para el resto de las calificaciones.

Grandes Grupos de Caravana

Los grupos grandes se pueden dividir por grado y género. Por ejemplo:

- Buscador (4 clases, 4 guías, 4 guías asistentes)
  1. Clase de niños de primer grado
  2. Clase de niñas de primer grado
  3. Clase de niños de segundo grado
  4. Clase de niñas de segundo grados

Continúa con el mismo esquema para el resto de los grados.

Reuniones Semanales

Caravana a menudo se lleva a cabo el miércoles por la noche durante la escuela el año escolar de 9 o 10 meses. Sin embargo, este ministerio se puede llevar a cabo cualquier día de la semana. Las reuniones pueden durar 60 o 90 minutos.

60 Minutos	Actividad	90 Minutos
10 Minutos	Apertura del grupo	15 Minutos
45 Minutos	Proyectos de Insignia	65 Minutos
	Revisión de las declaraciones de "Yo Creo" o Artículos de Fe y Valores Fundamentales	
5 Minutos	Cierre de Clase	10 Minutos

1. **Apertura Grupo**

   Las aperturas de grupo pueden incluir cualquiera de los siguientes:
   - Promesas a las banderas nacionales y Cristianas y la Biblia
   - Lema de la Caravana
   - Devocional
   - Oración
   - Anuncios
   - Canción

2. **Proyectos de Insignia**

   Los guías ayudan a los niños a aprender cada habilidad a través de actividades prácticas. Los niños ganan ocho insignias durante el año.

3. Declaraciones "Yo Creo"/Artículos de Fe y Valores Fundamentaless

Los Buscadores trabajan en las declaraciones de "Yo Creo" y los Exploradores y Aventureros trabajan en Artículos de Fe. Hay información en los libros del alumno y en los guías del líder para ayudarte a enseñarlos.

Un Valor Fundamental se enfatiza en cada insignia. Durante el año, los niños aprenderán dos Valores Fundamentales y cuatro Artículos de Fe.

4. Clausura

Los cierres brindan un momento ideal para que los niños desarrollen habilidades de liderazgo al planificar y participar. Los cierres pueden incluir cualquiera de los siguientes:

- Anuncios
- Versículo de la Biblia
- Revisión del proyecto de insignia
- Promesas
- Lema de la Caravana/Propósito
- Declaraciones de "Yo Creo"/Artículos de Fe/Valores Fundamentales
- Historia
- Oración
- Skit
- Ceremonia de iluminación de la vela de la Caravana

Líderes Caravana

El director y los guías de Caravana son clave para el éxito de Caravana. Establecen el tono y toman decisiones importantes sobre cómo conducir el ministerio local.

Número de Trabajadores Necesarios

- **Director de Caravana**

El director local recluta guías, asistentes y otros trabajadores para ayudar a planificar y supervisar el ministerio. El director ordena materiales y es el presidente del equipo de liderazgo de Caravana.

- **Asistente de Director** (Opcional)

Un asistente de dirección sería útil en las iglesias con una gran asistencia en el ministerio de Caravana.

- **Guías**

Necesitas una guía y un asistente para cada clase de seis a ocho niños.

- **Guías Asistentes**

El guía asistente ayuda al guía con actividades y sustitutos cuando el guía está ausente.

Tenencia de los Trabajadores

Todos los trabajadores de Caravana son nombrados por un año. Al final del año, cada trabajador y director debe evaluar la experiencia de los años y decidir si continuarán en este ministerio. Algunas guías eligen trabajar con un grupo de edad diferente.

Calificaciones para los Trabajadores

- Un Cristiano nacido de nuevo que testifica la experiencia de la salvación.

- Un Cristiano que busca o puede testificar de la experiencia de la entera santificación
- Una persona que establece un ejemplo de asistencia regular a los servicios de la iglesia local.
- Una persona que mantiene una oración regular y una vida devocional.
- Un Cristiano que continúa creciendo y madurando espiritualmente
- Una persona de al menos 20 años para ser director o guía. Asistentes y ayudantes pueden ser más jóvenes.

Compromiso de Tiempo

- Pasar tiempo preparándose para la reunión semanal.
- Llegar lo suficientemente temprano para tener todos los materiales listos cuando el primer niño ingrese a la habitación.
- Permanecer con los niños hasta que los padres los recojan.
- Asistir a las sesiones de planificación convocadas por el director.
- Asistir a eventos de capacitación locales y distritales. (Si está disponible)

Métodos de Reclutamiento

- Orar sobre la posición que necesitas llenar
- Seleccionar personas que serían buenos trabajadores. Si es posible, selecciona personas que no estén enseñando en la escuela dominical u otros ministerios para niños.
- Haz una cita para hablar con la persona individualmente
- Reúne los materiales que el potencial trabajador pueda ver. Incluye una copia de un Guía del líder y un libro del alumno para el grupo de edad que la persona enseñará.
- En la reunión, presenta los materiales a la persona y explica cómo usar los libros. Pídele a la persona que estudie los materiales y ore por la decisión. Establece un tiempo para hablar nuevamente con la persona.
- Ponte en contacto con la persona y responde cualquier pregunta que pueda tener la persona. Pídeles su decisión. Si la persona dice "No", agradéceles por considerar el puesto. Si dicen "Sí", proporciónales información sobre sesiones de planificación o sesiones de capacitación.

Responsabilidades del Director Local de Caravana

1. **Responsabilidades Generales**
   - Estar familiarizado con el ministerio y los materiales de la Caravana
   - Dirigir todas las reuniones y sesiones de entrenamiento de Caravana
   - Mantener registros del ministerio local de Caravana y las decisiones tomadas durante el año.
   - Reclutar trabajadores
   - Capacitar a guías y trabajadores
   - Ser responsable de la apertura y / o cierre semanal
   - Mantener suministros y materiales adecuados.
   - Representar al grupo Caravana local en todas las funciones oficiales, reuniones y eventos.
   - Planificar y dirigir todas las ceremonias de la Caravana
   - Compartir la información de la Caravana del distrito con los trabajadores locales.

- Preparar el presupuesto y mantener registros detallados del gasto
- Preparar un informe de fin de año para el Consejo de Ministros de Niños y la iglesia
- Mantener registros precisos y guardarlos donde otros puedan obtenerlos.

2. **Responsabilidades de la Publicidad**
- Promover el ministerio Caravana en la iglesia local
- Informar a padres e hijos sobre fechas de reuniones y cancelaciones
- Publicitar las ceremonias

3. **Responsabilidades de la organización**
- Determinar la cantidad de grupos y guías
- Los guías de ayuda reclutan personas de recursos para que enseñen algunas de las insignias

4. **Responsabilidades para las Ceremonias de la Caravana**
- Ordena los artículos necesarios para las ceremonias. Permite un tiempo adecuado para las entregas de insignias.
- Distintivos separados y de etiqueta otorgados a cada niño.
- Dirige la ceremonia o designa a otro vocero.
- Publicite la ceremonia. Asegúrate de que todos los padres hayan sido publicita.

5. **Responsabilidades del Consejo de Ministros de Niños**
  (si tu iglesia tiene un concilio)
- Representar a Caravana en las reuniones del Consejo de Ministerios de Niños.
- Buscar la aprobación del concilio para las actividades cuando sea necesario.

Responsabilidades del Guia de Caravana

1. **Formación**
- Leer la Guía del Líder y el Libro del alumno para el nivel de edad que enseñará.
- Asistir a eventos de entrenamiento locales, de zona y de distrito.

2. **Reuniónes Semanales**
- Planifica y prepara materiales para cada reunión semanal.
- Reúne los materiales necesarios antes de cada reunión.
- Llega lo suficientemente temprano para tener la sala preparada y los materiales listos antes de que llegue el primer niño
- Usa el uniforme de Caravana
- Permite tiempo para que los niños limpien y ordenen la habitación antes de irse
- Quédate con los niños hasta que los padres los recojan
- Mantén un registro preciso de la asistencia de cada niño, la tarifa de inscripción y las credenciales completadas.
- Presenta una lista de insignias completadas de cada niño al director local cuando te lo solicite.

3. Responsabilidades del Ministerio
    - Reflejar una actitud y un estilo de vida Cristianos positivos. Modelar las creencias y los estándares de la Iglesia del Nazareno.
    - Ponerse en contacto con cada niño por teléfono, correo electrónico o tarjeta al menos una vez durante el año de la Caravana.
    - Mantener a los padres informados sobre eventos de Caravana y excursiones.
    - Ayudar a los niños a desarrollar sentimientos de éxito y logro.

Eventos de Caravana

Ronda de Caravana

Dos semanas antes de la primera sesión de la Caravana, planifica un evento para promocionar Caravana y registrar a los niños. Haz de este un momento de comida, actividades divertidas e información para padres e hijos. Esta vez dales a los padres la oportunidad de pagar el arancel de inscripción del año o las cuotas de la primera semana.

Caravana Dominical

Caravana Dominical es un evento celebrado por la Iglesia Internacional del Nazareno. Siempre es el tercer domingo de octubre. Brinda a las iglesias locales un día para reconocer a los niños y trabajadores que participan en Caravana. El Equipo local de liderazgo de caravana planifica y promueve Caravana Dominical. Aquí hay algunas sugerencias que puedes usar para planificar tu evento. Elige las cosas que funcionarían mejor para tu iglesia local.

- Publicidad - asegúrate de que tu iglesia local y la comunidad conozcan este evento.
- Mostrar tablas - configura la tabla para mostrar algunas de las cosas que los Caravanas han estado haciendo.
- Velas de Caravana - Velas de pantalla y una Biblia abierta
- Pantalla Histórica - prepara una pantalla que cuente sobre la historia de la caravana en tu iglesia local
- Uniformes - pídeles a los niños y a los trabajadores que usen sus uniformes Caravana.
- Involucrar a los niños
- Visualización de Fotos - de los niños que trabajan y reciben sus insignias y premios
- Trabajadores de Caravana –
    - ☐ Incluye un inserto en el boletín del domingo que presente a los trabajadores de Caravana.
    - ☐ Pídele al pastor que incluya un tiempo especial de oración para los trabajadores y partidarios de la Caravana.
- Destinatarios de Premios - reconoce a los ganadores del premio Bresee.
- Reunión de Caravana - invita a todos los miembros actuales y anteriores de Caravana a asistir el día especial de actividades.
- Pantalla de Insignia - muestra las insignias que los niños han ganado durante el año.
- Cena Caravana - planea una cena para niños, padres y trabajadores de caravana

- Picnic Caravana - planifica un picnic tradicional con buena comida y juegos
- Cocinero Caravana - planifica una comida al aire libre.

La Ceremonia de Insignia

Las Ceremonias de Insignia se llevan a cabo tan pronto como sea posible después de que los niños completen sus requisitos de insignia. Las ceremonias deben realizarse al menos cada tres meses durante la reunión semanal o cuando los padres puedan asistir.

La ceremonia puede ser formal o informal. Además de la presentación de insignias, puede incluir cualquiera de los siguientes:

- Devocional
- Promesas a: la bandera nacional, la bandera Cristiana y la Biblia
- Demostración de las habilidades aprendidas
- Video clips de niños aprendiendo las habilidades
- Tabla de visualización de insignia
- Reconocimiento de guías de invitados
- Recepción

Ceremonia de Graduación

Este es el último evento oficial del año. La ceremonia de graduación incluye:

- Presentación de insignias obtenidas desde la última ceremonia de insignia
- Graduación de niños de su rango actual
- Presentación de los principales premios (Bunker, Winans, Lillenas, Bresee)

La Ceremonia de Candelabro

La Ceremonia de Candelabro se puede utilizar en ceremonias de premiación, otros eventos especiales de caravana o aperturas o cierres semanales. La ceremonia especial se basa en Lucas 2:52 y resalta las cuatro áreas de desarrollo. Estas áreas están representadas por colores específicos.

Mental = verde   Física = azul

Espiritual = blanco   Social = rojo

El Caravanero que enciende la vela verde dice: "Jesús aumentó en sabiduría. La vela verde representa el desarrollo mental. A través de Caravana, aprendemos más sobre el mundo que Dios ha hecho".

El Caravanero que enciende la vela azul dice: "Jesús aumentó en estatura. La vela azul representa el desarrollo físico. En Caravana, aprendemos a cuidar los cuerpos que Dios nos ha dado".

El Caravanero que enciende la vela blanca dice: "Jesús aumentó a favor de Dios. La vela blanca representa el desarrollo espiritual. A través de Caravana, aprendemos más sobre Dios y cómo vivir como Cristiano".

El Caravanero que enciende la vela roja dice: "Jesús aumentó en favor del hombre. La vela roja representa el desarrollo social. A través de Caravana, aprendemos la importancia de construir amistades"

Capítulo 2
¿Cómo son los Aventureros Caravana?

El programa Caravana Aventurero está diseñado para niños y niñas de quinto y sexto grado. ¿Cómo son los de quinto y sexto grado? ¿Cómo debemos enseñarles? Estas son preguntas que muchos guías hacen. La siguiente información le ayudará a responder estas preguntas.

Características físicas de Quinto y Sexto Grado

1. El desarrollo físico variará de un niño a otro. Generalmente, su crecimiento físico será constante hasta alrededor de los 10 años, durante los próximos dos años van a cambiar rápidamente. Algunos pueden entrar en la pubertad.

2. Ellos comenzarán a parecer más adolescentes que niños.

3. Son saludables, pero propensos a los accidentes debido a la torpeza del crecimiento rápido.

4. Son capaces de atender a sus propias necesidades físicas.

5. Sus cambios corporales los hacen muy activos y enérgicos. Les gustan los juegos y actividades que requieren coordinación y habilidad.

6. Son ruidosos.

7. Prefieren hablar, leer o escuchar que trabajar.

Enseñanza de Quinto y Sexto Grado

Al enseñar preadolescentes, utiliza técnicas que se adapten a su imagen de madurez. Evite las cosas que ellos consideran "cosas de bebé".

El guía debe proporcionar, experiencia práctica para los niños. Debe haber una sensación de libertad y emoción a medida que aprenden las habilidades y requisitos completos de la insignia. Permite a los aventureros ser un poco ruidosos. También les ayuda a aprender la importancia de ser corteses y conscientes de los demás. Es importante que ellos aprendan a divertirse sin molestar a los demás.

Las actividades deben ser un reto. Las metas deben ser realistas. Proporciona proyectos de los que estos niños y niñas puedan estar orgullosos.

Características sociales de Quinto y Sexto Grado

1. En quinto y sexto grado tienen un fuerte deseo de ser parte de un grupo. A menudo forman sus propios grupos o clubes. Los preadolescentes pueden optar por hacer algo más en lugar de ser condenados al ostracismo por sus padres.

2. Son leales a sus compañeros. La mayoría tienen uno o dos amigos especiales.
3. Están alejándose de la autoridad de los adultos sobre ellos. Los adultos se consideran extraños, son tolerables pero no siempre confiables. Al mismo tiempo, van a devolver el amor y la lealtad que un adulto de confianza les muestre.
4. Hay ambos, rivalidad e interés entre los sexos.
5. Disfrutan de la competencia, pero exigen equidad y justicia.
6. Son ferozmente independientes; pero están a menudo llenos de dudas sobre sí mismos y son muy sensibles.
7. Pueden llegar a ser enojones, rudos o argumentativos. Necesitan la firme guía de un adulto, amor y comprensión. El sentido del humor por parte de los adultos a menudo puede salvar una situación.

Enseñanza de Quinto y Sexto Grado

El programa Caravana Aventurero apela al sentido de identidad de grupo de los preadolescentes debido a la naturaleza del club del programa. El grupo se sentirá más como un club si usted les permite establecer sus propias pautas de comportamiento (reglas del club) y plan de actividades del club.

Asegúrese de que las reglas y las expectativas estén claramente definidas y las consecuencias entendidas. Consistentemente cumplir las reglas para todos. Los preadolescentes son muy conscientes de cualquier injusticia o inequidad. Expresa un verdadero amor y preocupación por tus preadolescentes. Confía en ellos.

Muestra siempre bondad, amor y comprensión a los aventureros, incluso cuando estén demostrando sus características menos atractivas.

Características Mentales de Quinto y Sexto Grado

1. Son curiosos, deseosos de aprender, y quieren saber las razones de las cosas. No van a estar satisfechos con respuestas mediocres.
2. Pueden estar desencantados con la escuela, resentidos con el trabajo riguroso y limitados con su libertad, pero quieren aprender.
3. Están en una edad de lectura máxima.
4. Tienen muchos intereses. Les gusta experimentar, recoger objetos, y hacer cosas.
5. Su capacidad de atención es de 15 a 20 minutos.
6. Sus conceptos de espacio, tiempo y distancia están creciendo.
7. Todavía piensan en concreto, pero se están moviendo hacia la capacidad de pensamiento abstracto y simbólico.
8. Disfrutan tratando de razonar las cosas por sí mismos. Aceptan conclusiones lógicas.
9. Están fuertemente influenciados por las modas, noticias del mundo, la televisión, música y vídeos populares, e Internet.

Enseñanza de Quinto y Sexto Grado

Reta a los aventureros con preguntas que los hagan reflexionar. Proporciona recursos y directrices para ayudarles a desarrollar sus propias conclusiones lógicas. Ayúdelos a aprender a evaluar y tomar sus propias decisiones sobre la base de las creencias cristianas. Guíalos a aprender a valorar las cosas que son más importantes en sus vidas.

Prueba una selección de tareas de aprendizaje, proyectos y actividades. Permite a los preadolescentes decidir el tipo de cosas que quieren hacer y aprender. Que el plan de Aventureros lleve a cabo proyectos. Este programa Caravana ayudará a los preadolescentes a desarrollar nuevas habilidades.

Características Espirituales de Quinto y Sexto Grado

1. Están en una edad de preparación espiritual. Muchos están listos para la salvación.
2. Hacen muchas preguntas sobre asuntos espirituales.
3. Quieren contribuir a la vida de la iglesia. Algunos aventureros pueden estar listos para la membrecía de la iglesia.
4. Se establecen estándares altos para sí mismos y tratan de vivir de acuerdo con ellos.
5. La oración es cada vez más personal.

Enseñanza de Quinto y Sexto Grado

Proporciona oportunidades para que los aventureros tomen conciencia de sus necesidades espirituales. Habla con ellos acerca de lo que significa ser cristiano y vivir como un cristiano. Ayuda a los preadolescentes a buscar respuestas a sus preguntas Bíblicas y aplicarlas a sus vidas.

Debido a su fuerte sentido de justicia y las metas a menudo poco realistas que establecen para sí mismos y los demás, las carencias espirituales por sí mismos o para otros pueden ser difíciles de manejar. Es importante ayudarles a entender que la vida como cristiano es un proceso creciente que incluye errores y defectos humanos. Los cristianos aprenden de sus experiencias y, con la ayuda de Dios, tratan de hacerlo mejor.

Fomenta la lectura regular de la Biblia y la oración. Incluye un tiempo devocional en cada sesión. Proporciona oportunidades para que los aventureros participen en proyectos de servicio de la iglesia.

Si algunos de tus caravaneros están listos para ser miembros de la iglesia, habla con los directores de ministerios y pastor, acerca de la clase de membrecía para niños.

Emocional

El programa Caravana se basa en cuatro pilares del desarrollo mental, físico, espiritual y social. Otra área importante, el desarrollo emocional, no lleva en sí ganar insignias. Sin embargo, es importante entender el desarrollo emocional del quinto y sexto grado para que sepas qué esperar y cómo hacer frente a los niños en tu grupo.

Características emocionales de Quinto y Sexto Grado

1. Los aventureros usualmente controlan sus emociones en público. Sin embargo, a medida que empiezan el desarrollo de la pre adolescencia, a veces pueden ser enojones, groseros, o argumentativos. El aumento de velocidad en el proceso de crecimiento puede causar cambios emocionales severos. Los aventureros deben aprender a expresar sus emociones de manera aceptable.

2. La mayoría de los niños de 10 años son emocionalmente estables, felices y cooperativos. De once años de edad puedren ser más temperamentales y menos estables. Doce años de edad están empezando a pensar como adolescentes.

3. Generalmente, a los aventureros no les gustan las manifestaciones externas de afecto.

4. Pueden ser crueles con los demás, a veces, pero también mostrar un crecimiento con preocupación por los demás. Hay una profunda preocupación por la justicia.

5. Están entusiasmados con proyectos y actividades.

6. Disfrutan del humor, especialmente de las payasadas. Su sentido de humor se puede desbordar en momentos inadecuados

Enseñanza de Quinto y Sexto Grado

Saca provecho de la estabilidad emocional de los niños de 10 años y está preparado para los cambios de humor de los niños de 11 y 12 años de edad.

Evita las expresiones abiertas de afecto. Comunica tu preocupación en formas más sutiles, escuchando con atención, compartiendo intereses especiales, recordando días especiales, y así sucesivamente. Ayuda a los Aventureros a ver las necesidades de los demás y a aprender la alegría de dar su tiempo y su talento para ayudar a otros en la iglesia y la comunidad. Incluye tiempo para más proyectos de servicio y hacer cosas por los demás.

Usa el humor en tu enseñanza cuando sea apropiado. Ríate con los preadolescentes. Dirije su entusiasmo para las actividades y proyectos de aprendizaje para ayudar a llevar esto hasta el final.

Capítulo 3
El Papel del Guía Aventurero

¿Cuáles son mis responsabilidades?

La guía de la Caravana del Aventurero tiene dos responsabilidades principales. La primera responsabilidad del guía es planificar y preparar las actividades insignia para las reuniones de los Aventureros. La segunda responsabilidad del guía es mantener registros precisos de la insignia para cada niño.

El objetivo es ayudar a los niños a aprender nuevas habilidades para la vida y aumentar su conocimiento y comprensión de las cosas espirituales. Esta Guía del Aventurero y *Estudiante Descubridor* y *Estudiante Pionero*, proporcionan la información de actividad de la insignia. El libro Planificación de la Caravana ayudará al guía a planificar insignias y proyectos del ministerio. Funciona en conjunto con el Plan General de Asistencia de Caravana. El Formulario Sexenal individual de registro está diseñado para realizar un seguimiento del progreso de todo el camino de los niños a través del programa Caravana.

Servir como un guía de la Caravana del Aventurero es un ministerio importante. Los niños miran al guía por el liderazgo. Los padres y la iglesia depositan su confianza en el guía. El guía es el adulto que ayudará a los niños a desarrollar habilidades mentales, físicas, espirituales y sociales.

Los Guías de Caravana son responsables de asistir a las reuniones de Caravana del Aventurero, entrega de premios, y reuniones de liderazgo de la Caravana. Los guías deben asistir a las funciones de zona y distrito de Caravana.

Al final del año Caravana, el guía devuelve los libros Caravana, materiales y registros al director local de Caravana. Los estudiantes mantienen sus manuales completos.

¿Cómo sé qué Insignias cubrir?
¿Cuándo debo trabajar en ellas?

El programa Caravana del Aventurero es un programa de dos años. Esta Guía del Aventurero contiene dos secciones principales-el rango Descubridor y el rango Pionero. Estas secciones se ajustan a los libros Descubridor Estudiante y Pionero Estudiante. Los niños Aventureros completan un rango durante el quinto grado y un rango durante el sexto grado.

La forma en que tu iglesia organiza la Caravana determinará el rango a enseñar primero. Usted puede realizar un primer año, pero debe completar un año antes de pasar al siguiente. Su director de Caravana local le dirá el rango a enseñar. Lee las páginas 2-3 para obtener una lista de insignias.

NOTA: Completa todos los requisitos para la insignia y actividades para una insignia antes de comenzar la próxima insignia. La única excepción es la realización de registros en el hogar o gráficos de insignia para los niños.

¿Qué pasa con los niños con discapacidades físicas o de aprendizaje?

Los Guías pueden hacer cambios de los requisitos de las insignias para los niños con dificultades físicas o de aprendizaje. El requisito debe estar dentro del nivel de habilidad del niño, pero aún debe desafiar al niño. Todos los niños, independientemente de las dificultades físicas o de aprendizaje, pueden ganar insignias Caravana y los premios principales de la Caravana.

¿Cuándo debo enseñar los Juramentos y lema?

Introduce la información en las páginas 7-8 del libro alumno a medida que trabajes en las insignias durante las primeras semanas del año Caravana. Es posible que desees llevar a cabo una ceremonia de "patada inicial", en la que los aventureros lleven sus uniformes de gala y practiquen el signo de la Caravana, lema, y las promesas bíblicas y las banderas nacionales y cristianas. Puedes hacer las insignias en cualquier orden, siempre y cuando completes dos insignias de cada una de las cuatro categorías durante el año.

Enseñanza de los Artículos de Fe

Las creencias de la Iglesia del Nazareno se escriben en forma de 16 Artículos de Fe. Los Artículos de Fe aparecen en el Manual de la Iglesia del Nazareno. Los Artículos de Fe utilizados en la Caravana son declaraciones simplificadas de las creencias basadas en los 16 Artículos de Fe.

A primera vista, los Artículos de Fe pueden parecer abrumadores. La mejor manera para que el guía y los niños aprendan acerca de las creencias de la Iglesia del Nazareno, es aprender un concepto a la vez. Cada Artículo de Fe se divide en declaraciones de simple concepto. Un versículo Bíblico se da como apoyo para el concepto. Es importante que los niños aprendan que las creencias de la Iglesia del Nazareno se basan en la Biblia.

Cada Artículo de Fe tiene actividades diseñadas para ayudar a los niños a entender los conceptos y aplicarlos a la vida. Mientras que la memorización puede ser útil, es más importante que los niños comprendan los Artículos de Fe. Los niños pueden memorizar la declaración tal como aparece en el libro del alumno o decir el artículo en sus propias palabras.

Los Artículos de Fe son fundamentales para el programa Caravana. Planea tiempo para intercalar los Artículos de Fe en la enseñanza de las insignias.

El Premio Haldor Lillenas

El primer premio para los niños Aventureros es el premio Haldor Lillenas. Para tener derecho a este premio, los niños deben participar en el programa de Aventureros, durante el año quinto y sexto grado y completar dos Valores Fundamentales y al menos 2 insignias de cada una de las cuatro categorías cada año, para un total de cuatro Valores Fundamentales y 16 insignias. También deben completar al menos un proyecto del ministerio de cada año.

Cuando un niño haya completado todos los requisitos, envíe una copia del *Formulario Sexenal Individual de Registro* del niño a su Director local para que puedan ordenar el premio y asegurarse de que el niño reciba reconocimiento especial en la próxima Ceremonia de insignia de la Caravana.

El Premio Phineas F. Bresee

El premio máximo para todo el programa Caravana es el Premio Bresee F. Phineas. El Premio Bresee es presentado a estudiantes de sexto grado que han ganado los Premios Esther Carson Winans (Explorador) y el Premio Haldor Lillenas (Aventurero).

Cuando un niño haya completado todos los requisitos, envía una copia del *Formulario Sexenal Individual de Registro* del niño a su director local para que registre el premio y asegure que el niño reciba el reconocimiento especial en la próxima Ceremonia de insignias de la Caravana.

¿Hay una manera fácil de asegurarse de que los niños completen todo?

Es muy importante mantener registros precisos de las insignias que gana cada niño. El Cuadro de asistencia de caravanas y el formulario de registro individual de seis años, están diseñados para ayudarte a llevar un registro del progreso de cada niño. Ambas formas se encuentran al final de este libro. También es importante llevar un registro de la información personal de cada niño: edad, fecha de nacimiento, dirección, número de teléfono, etc. También querrás mantener un registro de los proyectos ministeriales que haces cada año.

El *Gráfico de Asistencia de la Caravana* rastrea la asistencia semanal de los niños.

El *Formulario Sexenal Individual de Registro,* está diseñado para seguir el progreso de todo el camino de los niños desde Buscador hasta Aventurero, culminando con la obtención de la medalla de Phineas F. Bresee. Generalmente, el director local mantiene este formulario. Sin embargo, es responsabilidad del programa local determinar si el guía o el director local mantienen y actualizado este formulario.

Capítulo 4
¿Qué vas a Hacer?

No Hay Requisitos De Membrecía

No existen requisitos oficiales para unirse a Caravana. Cualquier niño que asista es parte de Caravana y es bienvenido a participar en cualquier nivel.

Insignias

Uno de los principales objetivos del programa Caravana es llegar a nuevos niños y sus familias e incorporarlos a la iglesia local a través de Caravana. Cada insignia está diseñada para ser agradable para el visitante. Cada sesión es independiente, sesiones intercambiables diseñadas para incorporar a los visitantes. Los visitantes no vendrán y se "perderán" o se sentarán detrás, ya que cada sesión es una nueva sesión.

Punto de Entrada de Eventos (E-Eventos)

Los puntos de entrada de eventos son eventos de evangelismo/alcance, oportunidades intencionales para invitar a los visitantes e introducirlos en la caravana y en la iglesia local. Antes del inicio del año Caravana, celebra una reunión de liderazgo para planificar el año Caravana. Durante este tiempo, planea tener un evento de "punto de entrada" para los visitantes cada trimestre (o más, si deseas).

Proyectos de Ministerio

Los Proyectos de Ministerio, o proyectos de servicio, proporcionan oportunidades para que todos los niños sirvan a los demás. Los aventureros llegan a la Caravana desde diferentes orígenes. Varían mucho de dónde se encuentren en su camino espiritual. Para los niños que son nuevos en la Caravana y nunca han estado expuestos al cristianismo, participan en proyectos de ministerio junto a los niños cristianos más establecidos. Aprenden que los niños han de ser "discípulos en formación", no "discípulos en espera." (Vea la páginas 29 -30) Los proyectos de Ministerio pueden orientarse decididamente hacia el alcance de los niños y sus familias.

Niños que se unen a Mitad de Año

No hay requisitos de membrecía para los niños que se unen a la Caravana. Una vez que un niño se ha ganado la primera insignia, proporciona una hoja con el logotipo, el rango, y la primera insignia ganada. Puesto que todas las insignias son optativas, los niños nuevos pueden empezar en cualquier lugar y continuar ganando insignias. Los Aventureros no pueden adelantarse para ganar insignias (en un rango mayor), pero pueden compensar insignias que les falten.

Premio Haldor Lillenas

Quinto y sexto grado que desean ganar el Premio Haldor Lillenas seguir esta pista:

DESCUBRIDOR

Artículos de Fe 9-12
Valores Fundamentales:
    Servicio
    Compasión
2 insignias de cada uno de los siguientes:
    Mental
    Físico
    Espiritual
    Social
1 Proyecto de Ministerio

PIONERO

Artículos de Fe 13-16
Valores Fundamentales:
    Educación
    Trabajo
2 insignias de cada uno de los siguientes:
    Mental
    Físico
    Espiritual
    Social
1 Proyecto de Ministerio

El Uniforme Aventurero

1. Uniforme del Guía

El uniforme del guía de Caravana es una parte importante del programa. Simboliza el compromiso del guía para el ministerio de Caravana, identifica al adulto como guía, y le da un aspecto unificado

El uniforme del guía Aventurero es como sigue:

■ Polo azul marino con pantalones o falda de color caqui.

2. Insignia del Uniforme del Guía

■ Pasador de Años de Servicio.

3. El Uniforme del Niño

■ El uniforme formal del Aventurero incluye una camisa/blusa blanca, pantalones/falda azul marino, y banda azul Caravana.

■ El uniforme informal consiste en camiseta y jeans.

24

4. Cuando Llevar el Uniforme

Se anima a los niños a usar el uniforme Caravana informal para las reuniones semanales de Caravana, salidas de la Caravana, y los proyectos del ministerio.

Los niños deben llevar el uniforme oficial a la zona y a las actividades Caravana del distrito, a las ceremonias Caravana, y en el Domingo Caravana (el tercer domingo de octubre).

Introduce el uniforme Caravana del Aventurero en la primera reunión y alienta fuertemente a los niños a usar sus uniformes para la próxima reunión. Al comienzo del año es posible que necesites utilizar incentivos para ayudar a los Aventureros a desarrollar el hábito de usar el uniforme en las reuniones semanales.

Se alienta a los guías a vestir el uniforme de guía a todos los eventos.

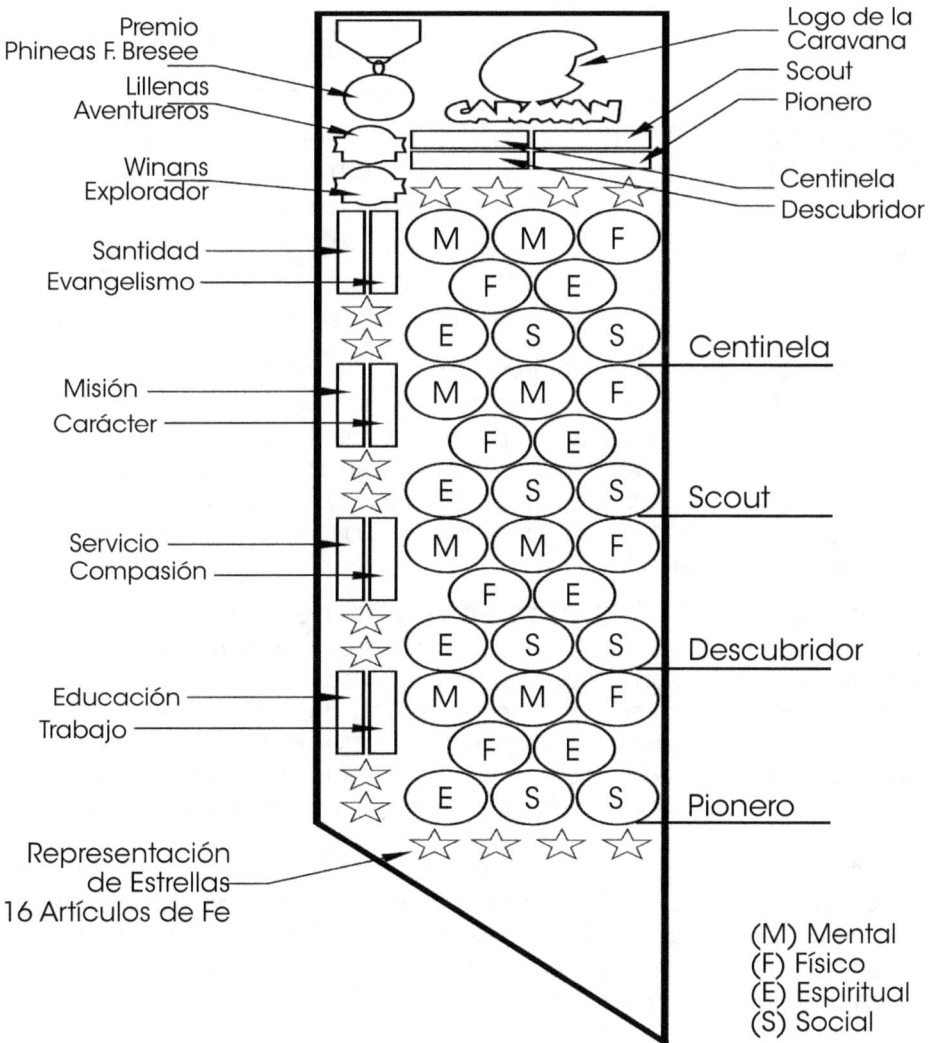

Premio
Phineas F. Bresee

Lillenas
Aventureros

Winans
Explorador

Santidad
Evangelismo

Misión
Carácter

Servicio
Compasión

Educación
Trabajo

Representación
de Estrellas
16 Artículos de Fe

Logo de la
Caravana
Scout
Pionero

Centinela
Descubridor

Centinela

Scout

Descubridor

Pionero

(M) Mental
(F) Físico
(E) Espiritual
(S) Social

Artículos de Fe

¿Qué son los Artículos de Fe?

Los Artículos de Fe son las creencias de la Iglesia del Nazareno. Son versiones simplificadas de los 16 artículos de fe en el Manual. Explican lo que cree la Iglesia del Nazareno. Los Artículos de Fe se desarrollan en una "insignia" aproximándose con la ayuda del guía, lecciones objetivas, y un lugar para que los aventureros piensen los significados de cada artículo de la fe y cómo se aplican a sus vidas individuales.

Los niños que completan los programas Explorador y Aventurero, aprenderán los 16 Artículos de Fe. Los Exploradores aprenden sobre los Artículos de Fe 1-8. Los Aventureros aprenden sobre los Artículos de Fe 9-16.

1. El Dios Trino
2. Jesucristo
3. El Espíritu Santo
4. Las Sagradas Escrituras
5. Pecado, Original y Personal
6. Expiación
7. Libre Albedrío
8. Arrepentimiento
9. Justificación, Regeneración y Adopción
10. Entera Santificación
11. La Iglesia
12. Bautismo
13. La Cena del Señor
14. Sanidad Divina
15. La Segunda Venida de Cristo
16. Resurrección, Juicio y Destino

¿Por Qué Los Niños Aprenden Los Artículos De Fe?

Es importante que los niños aprendan las doctrinas fundamentales de la fe a medida que maduren espiritualmente. Jesús dio un ejemplo de la importancia de saber de la Escritura cuando se enfrentó a la tentación. Jesús respondió a la tentación con la Escritura. Asimismo, el aprendizaje de lo que la Iglesia cree ayudará a preparar a los niños para la membrecía de la iglesia.

¿Cuándo Los Niños Trabajan En Los Artículos De Fe?

Hay varias maneras para que el guía incorpore los Artículos de Fe. Los Artículos de Fe son desarrollados para usar como muchos de los cinco sentidos como sea posible. La versión del líder contiene lecciones objetivas, conversación guiada, ayuda al profesor, y versículos Bíblicos para apoyar la enseñanza de cada declaración. El libro del alumno incluye enseñanza y tiempo de reflexión para ayudar con la comprensión del concepto.

Los Artículos de Fe se pueden enseñar en cualquier momento durante el año de Caravana. Considera la posibilidad de combinar una insignia con un artículo de fe cuando sea aplicable. (Las Insignias individuales dan las sugerencias para combinar.) Considere las necesidades de los niños visitantes al programar en el calendario Caravana los Artículos de Fe.

¿Cómo Debo Enseñar los Artículos de Fe?

1. La estrella indica el comienzo de un nuevo Artículo de Fe.
2. *El Materiales* da las provisiones necesarias para enseñar el Artículo de Fe.
3. *Creemos* es el resumen del artículo de fe. Es una versión simplificada en forma de bala para explicar el significado de forma concisa.
4. *Versículo Bíblico* es un versículo (s) que apoya el Artículo de Fe. Puede haber versos adicionales que apoyen y definan los Artículos de Fe.
5. *Tu Turno* es una sección desarrollada para que los aventureros piensen y escriban el significado del artículo de fe en sus propias palabras.
6. *¡Enséñalo!* da consejos para ayudar en la enseñanza y la explicación.
7. *¡Hazlo!* contiene una lección práctica, discusión o actividad que ayuda a enseñar el Artículo de Fe.

La Introducción De Una Declaración de Fe

Cada artículo de fe se ha diseñado con un enfoque de "mini-insignia". Cada artículo debe tener una sesión para completar. El uso de una pizarra blanca sería muy útil en la enseñanza.

Técnicas De Enseñanza

Cada artículo de fe tiene una lección de objeto específico, actividad, o discusión incluida para ayudar al guía a enseñar un concepto en un "manos a la obra". Los guías tienen la opción de utilizar una lección objeto diferente de la sugerida. Sin embargo, se consciente de las implicaciones teológicas y practicidad de los objetivos de tus lecciones. El libro del alumno se puede imprimir con una actividad diseñada en torno a la lección objeto original.

Los niños aprenden de muchas maneras diferentes. Cada artículo de fe está diseñado para utilizar varios estilos de aprendizaje.

¿Los Aventureros Recibirán Una Insignia Para Los Artículos De Fe?

Los aventureros reciben una estrella de oro por el aprendizaje de cada Artículo de Fe. La estrella se lleva en el cinturón Aventurero. Para ganar la estrella, el aventurero debe:

1. Completar el artículo de la Sesión de Fe.
2. Explicar el significado del Artículo de Fe en sus propias palabras.

RANGO DESCUBRIDOR
Instrucciones del Guía
del Rango Descubridor

Trabajar en las insignias del Rango Descubridor

Los niños en el rango Descubridor completan las insignias y los requisitos para los rangos Descubridor. Los niños deben trabajar sólo en las insignias del rango Descubridor mientras están en el año Descubridor.

Excepción: Los alumnos de sexto grado pueden compensar insignias que necesiten para ganar el premio Haldor Lillenas.

Para prepararse para Enseñar una Insignia

- Leer la información de la placa en el Libro del alumno y en el Guía del líder.
- Decidir qué nivel enseñar (100, 200 o 300)
- Decidir la cantidad de sesiones necesarias y el orden en que se impartirán.
- Considerar reclutar a un "invitado" para enseñar la habilidad
- Reunir los materiales y suministros necesarios

Requisitos de Membrecía

No hay requisitos de membrecía para ser una parte de Caravana.

Valores Fundamentales

El rango Aventurero tiene cuatro Valores Fundamentales que representan cuatro elementos esenciales a las características divinas de un aventurero. Cada Valor Fundamental se explica a continuación y luego destaca un líder Nazareno que encarna este valor. El Descubridor destaca Servicio y Compasión mientras el Pionero destaca Educación y Trabajo. En cada categoría, cada Insignia de habilidad individual destaca uno de los dos Valores Fundamentales para el año. El guía debe hacer hincapié en el Valor Fundamental, junto con la enseñanza de cada Insignia.

Los Valores Fundamentales son una insignia colocada. Los Descubridores pueden completar una insignia en cualquier momento, ya sea en grupo o individualmente. Los guías pueden elegir el momento de enseñar los Valores Fundamentales. Opción: Elige cuatro insignias de habilidades con el mismo Valor Fundamental énfasis.

Los cuatro Valores Fundamentales que se impartirán en el Aventurero son los siguientes:

DESCUBRIDOR—Servicio (R. W. Cunningham)
Compasión (J. P. Roberts)

PIONERO—Educación (Oliva Winchester)
Trabajo (John T. Benson Jr.)

Insignias

Las insignias se clasifican de la siguiente forma: Artículos de Fe (estrellas), Valores Fundamentales e insignias de habilidades. Las Insignias Habilidad se clasifican en cuatro categorías: (mental, física, espiritual y social). Las insignias se distinguen por el color del borde. (Mental-verde, Física-azul, Espiritual-blanco, y Social- rojo)

Cada año los niños ganan cuatro estrellas Artículos de Fe, dos pasadores Valores Fundamentales, y un mínimo de dos insignias por Descubridor y Pionero al año en cada categoría: Mental, Físico, Espiritual y Social.

LosAventureros pueden ganar más insignias. Los guías y niños eligen cualquiera de las dos insignias de una categoría. No hay requisitos previos para completar ninguna insignia. Cada insignia tiene tres sesiones intercambiables con una cuarta sesión opcional diseñada para cualquier enseñanza adicional o un proyecto de ministerio.

Cada una de las primeras 3 sesiones incluye lo siguiente:

- Materiales – los suministros necesarios para la sesión se enumeran aquí.
- Buscando Direcciones – se dan instrucciones paso a paso sobre cómo llevar a cabo la sesión.
- Mirada mas Cercana – algunas insignias tienen estas actividades e información adicionales.
- Envuélvelo (libro para estudiantes) - Los estudiantes reflexionan sobre lo que han aprendido y escriben sus pensamientos

Cada insignia tiene un componente de formación espiritual, con un versículo Bíblico, pensamiento devocional, meta de insignia, conexión con un Valor Fundamental, y un proyecto opcional de ministerio.

Cada insignia tiene las siguientes secciones:

Plan de Acción - Este ofrece orientación al guía para enseñar la insignia y ofrece sugerencias y consejos útiles para ella.

Planificador de Insignia - Esto muestra las actividades y el enfoque de los contenidos de cada sesión. Esta sección te ayudará a prepararte para guiar las próximas sesiones. Las sesiones son intercambiables.

Requisitos de Insignia - Cada insignia tendrá requisitos para su finalización. Los Descubridores pueden elegir cuatro de los cinco requisitos que les gustaría completar. Los requisitos de la Insignia se imprimen en los libros del líder y del estudiante y están diseñados para ser completados dentro de la sesión Caravana.

Recursos - Cada insignia tiene fuentes adicionales disponibles para ayudar al guía al enseñar las habilidades.

¡Ir, Servir! - Desarrollar "Discípulos en formación, no discípulos en espera" es un objetivo principal de Caravana. "¡Ir Servir!" Proporciona una opción para que los guías dirijan a sus Centinelas a través de experiencias de ministerio. Hay tres niveles para *¡Ir, Servir!* que se pueden implementar en una insignia.

100—Finalización única de los requisitos de la insignia. Este nivel es genial si estás presionado por el tiempo, quieres tener un montón de visitantes para esta insignia, o no puedes participar en un proyecto de ministerio opcional debido a las finanzas, el transporte, la dotación de personal, u otras consideraciones.

200—Finalización de requisitos para la insignia y un proyecto de ministerio diseñado para usar la habilidad aprendida en la insignia para servir bien a la iglesia local (o a alguien en la iglesia), la comunidad o la iglesia nacional / internacional. Este nivel es muy bueno para la introducción de proyectos de ministerio simples a los Aventureros.

300—Planea combinar al menos dos insignias. Desarrolla un proyecto de ministerio donde estén representadas las dos insignias. Al finalizar los requisitos de insignia de ambas insignias, debe tener lugar el proyecto de ministerio. Esta opción promueve una Caravana orientada a eventos que utiliza distintivos para producir eventos. Esta opción permite los puntos de entrada para que los visitantes participen en Caravana. Si tu iglesia quiere tener muchos visitantes, un enfoque orientado a eventos sería una buena opción.

Mantenimiento de Registros

El mantenimiento de registros exactos es esencial en la determinación de las insignias y los premios que los niños reciban.

Responsabilidades del Guía:

■ Preparar y organizar insignias.

■ Desarrollar proyectos ministeriales y reclutar invitados.

■ Firmar y poner fecha en las insignias completadas.

— Dar al director local de Caravana una lista que contenga los nombres de las insignias, las fechas de terminación de las insignias (mes, día, año), y los nombres de los niños que obtuvieron las insignias.

Responsabilidades del Director Local:

— Mantener un *Formulario de Registro Individual* para cada niño.

— Anotar la fecha de terminación de las insignias (mes, día y año).

— Verificar y registrar la finalización de Valores Fundamentales

— Registrar los proyectos ministeriales del *Formulario de Registro Individual.*

Esquema de Planificación del Rango Descubridor

La siguiente es una lista de todas las insignias del rango Descubridor. El tiempo que tarda en completar una insignia variará en función de las diferencias en las capacidades e intereses de los niños. Cada insignia contiene tres sesiones, con una cuarta sesión opcional para los proyectos del ministerio. Artículos de Fe y Valores Fundamentales que toman una sesión para completar.

Rango Descubridor

Insignia	Fecha

Artículos de Fe 9-12

9. Justificación, Regeneración y Adopción _____
10. Entera Santificación _____
11. La Iglesia _____
12. Bautismo _____

Valores Fundamentales

Servicio - R. W. Cunningham _____
Compasión - J. P. Roberts _____

Insignias de Habilidad

Insignias Mentales
  Astronomía _____
  Cocinar _____
  Jardinería _____
  Lectura de Mapa _____
  Fotografía _____
Insignias Físicas
  Tiro al Arco _____
  Cometas _____
  Salud _____
  Nutrición _____
  Deportes _____
Insignias Espirituales
  Estudio Bíblico _____
  Iglesia _____
  Historia _____
  Misiones _____
  Culto _____
Insignias Sociales
  Drama _____
  Entretenimiento _____
  Gestión de Personal _____
  Títeres _____

Artículo de Fe 9:
Justificación,
Regeneración y Adopción

Justificación: Se trata de la acción de Dios para perdonar a los pecadores que se arrepienten. Él hace la relación "como si" ellos nunca hubiesen pecado. (Gálatas 2:16a)

Regeneración: Esta es la acción de Dios para dar vida espiritual a un pecador arrepentido por lo que la persona puede dejar de pecar y vivir la vida cristiana. (1 Juan 5:1a)

Adopción: Se trata de la acción de Dios para hacer al pecador arrepentido Su propio hijo. (Gálatas 3:26)

Antes de la sesión, escriba las palabras y definiciones para la justificación, la regeneración y la adopción en hojas separadas de papel de construcción.

Materiales

- Marcadores
- Seis hojas de papel de construcción

Creemos

- Somos justificados cuando nos arrepentimos y aceptamos a Jesús. Dios ya no nos considera culpables de nuestros pecados pasados.
- Dios nos da nueva vida espiritual cuando nos arrepentimos. Dios hace posible para nosotros vivir como cristianos.
- Cuando somos justificados y regenerados, nos convertimos en hijos de Dios. Somos adoptados en la familia de Dios.
- La justificación, la regeneración y la adopción ocurre cuando nos arrepentimos y recibimos a Jesucristo como Salvador.
- Cuando nos arrepentimos y creemos, el Espíritu Santo nos dice que somos hijos de Dios.

- Que los Descubridores lean el Artículo de Fe 9 y la sección "Creemos". Responde a cualquier pregunta que puedan tener los Descubridores.

- Pida a los Descubridores que busquen y lean Gálatas 2:16a, 1 Juan 5:1a, y Gálatas 3:26. Luego pídales que utilicen el rompecabezas para completar las palabras de los versículos en sus libros. Las respuestas son: Gálatas 2:16a - *Un hombre no está justificado por observar la ley, sino por la fe en Jesucristo.* 1 Juan 5:1a - *Todo aquel que cree que Jesús es el Cristo, es nacido de Dios.* Gálatas 3:26 - *Todos ustedes son hijos de Dios por la fe en Cristo Jesús.*

- Escribe las palabras y definiciones para regeneración, justificación, y adopción en hojas separadas de papel de construcción. Deje que los preadolescentes emparejen cada palabra con su definición. (Consulte la página 11 estudiantes)

- Discute los conceptos de "¡Enséñalo!"

- Que los Descubridores escriban en sus propias palabras tres cosas que aprendieron en el Artículo de Fe 9.

- Que los Descubridores hagan coincidir las palabras y definiciones en la página 11 del libro de Descubridor. Las respuestas son: justificación - nuevo registro; regeneración - nueva vida; adopción - nueva familia.

- Dibuja las ilustraciones simples y dale las explicaciones de la sección de "Hazlo" de esta lección. Que los Descubridores lean el Artículo de Fe 9 de la sección "Creemos". Responde a cualquier pregunta que pueda tener Descubridores.

¡Enséñalo!

La justificación es la acción de Dios para perdonar a los pecadores que se arrepienten, liberarlos de la culpa y el castigo por sus pecados, y que estén bien con Él. Dios nos perdona y nos hace "como si" nunca hubiéramos pecado.

La regeneración es la acción de Dios para dar vida espiritual a los pecadores arrepentidos. Dios cambia a la gente hacia el interior por lo que él quiere en su vida, puede dejar de pecar, y puede vivir la vida cristiana.

La adopción es la acción de Dios para hacer al pecador arrepentido Su propio hijo. Nos convertimos en hijos de Dios. Dios es nuestro amoroso Padre Celestial con el que vamos a vivir para siempre en el cielo.

Estas palabras describen lo que sucede cuando una persona cree en Jesús y es salva. Cuando una persona se convierte en un cristiano, él o ella reciben un nuevo registro, una nueva vida y una nueva familia.

¡Hazlo!

Dibuja los siguientes símbolos (o figuras de palo, etc.) al lado de la palabra adecuada en la pizarra. Utilice las explicaciones dadas.

justificación
(nuevo registro)
Íbamos por el camino equivocado. Jesús nos hace ir por el camino de Dios.

regeneración
(nueva vida)
El pecado nos ha "dañado". Dios nos hace "todo" de nuevo.

adopción
(nueva familia)
El pecado causa una relación rota con Dios.
Cuando aceptamos a Jesús como nuestro Salvador, nos convertimos en miembros de la familia de Dios.
Llegamos a ser adoptados en la familia de Dios.

Artículo de Fe 10: Entera Santificación

Definición: Santificar significa apartar y limpiarnos del pecado. Una persona que está santificada opta por poner a Dios primero en todo, obedecerle, y vivir y agradar a Dios.

Antes de la sesión, marque una línea en el suelo con cinta adhesiva. Seleccione seis niños para una tira de juego de guerra.

Materiales

- Cuerda de alta resistencia
- Cinta adhesiva

Creemos

- Dios es un Dios santo. Dios creó a la gente para tener comunión con Él. El pecado de Adán y Eva rompió la relación entre las personas y Dios. El Plan de salvación de Dios a través de Jesús, ayuda a las personas a restablecer la relación con Dios.
- La tendencia a querer nuestro propio camino, en lugar del de Dios, hace que sea difícil para los cristianos vivir una vida santa.
- Dios promete cambiar a los Cristianos para que quieran el camino de Dios más que el suyo.
- La santificación es la acción de Dios para limpiar a un Cristiano de la naturaleza pecaminosa y darles poder para vivir para Él.
- Los Cristianos Santificados viven por el poder del Espíritu Santo y cada vez más aman a Dios y a los demás.

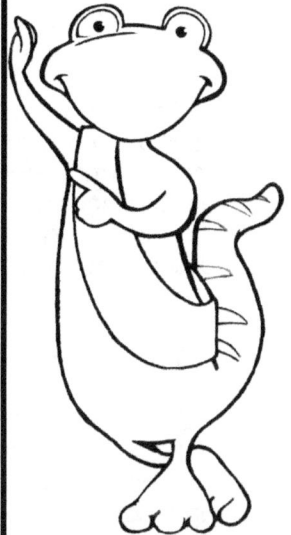

Buscando Direcciones

- Que los Descubridores lean el Artículo de Fe 10 de la sección "Creemos". Conteste cualquier pregunta que los Descubridores puedan tener. Es posible que desees que un pastor te ayude a enseñar esta sesión.
- Realiza un ejercicio del versículo bíblico Espada y deja que los Descubridores hagan una carrera para encontrar Romanos 8:8, 2 Corintios 7:1, y 1 Pedro 1:15-16. Luego que los Descubridores sigan los círculos en la página 13 del *Estudiante Descubridor* para escribir los versículos. Las respuestas son: Romanos 8:8 - *"Los que viven según la carne no pueden agradar a Dios."* 2 Corintios 7:1 - *"Limpiémonos de toda contaminación de carne y de espíritu, perfeccionando la santidad en el temor de Dios."* 1 Pedro 1:15-16 - *"Así como aquel que os llamó es santo, sed también*

vosotros santos en toda vuestro ser; porque está escrito: "Sed santos, porque yo soy santo."

- Enseñe los conceptos a partir de "Enséñalo". Luego que los Descubridores escriban tres cosas que hayan aprendido acerca de la santificación.
- Juega el juego Tira de Guerra y discute cómo el Espíritu Santo fortalece a los Cristianos.

¡Enséñalo!

Dios es un Dios santo, y Él quiere que sus hijos vivan una vida santa. Los Cristianos deben amar a Dios por completo, amar a los demás como a sí mismos, y mostrar este amor al obedecer y servir a Dios en todo. Los Cristianos deben comenzar a vivir una vida santa, tan pronto como se conviertan en Cristianos. A veces es difícil para los nuevos Cristianos, ya que tienen una tendencia a querer su propio camino en vez del camino de Dios. Esta tendencia se llama pecado original. Todas las personas nacen con el pecado y la batalla con él, incluso después de ser salvos. Jesús, con su muerte y resurrección, hizo posible que experimentemos la libertad del pecado original y la libertad de vivir una vida santa.

En el acto de la entera santificación, Dios limpia a una persona de la naturaleza pecaminosa y le da el poder para vivir una vida santa a través del Espíritu Santo. Incluso los Cristianos santificados cometen errores y fracasan. Los Cristianos deben pedir perdón a Dios por sus errores y fracasos. Sin embargo, estas acciones no son las mismas que deliberadamente eliges para desobedecer a Dios.

¡Hazlo!

Ten una zona marcada en el suelo con cinta adhesiva. Selecciona seis voluntarios para jugar un tira y afloja.

Di, a causa del pecado de Adán y Eva, todas las personas nacen con una naturaleza pecaminosa que hace que quieran su propio camino en vez del camino de Dios. Esta rebelión separa a las personas de Dios. Dios necesitaba una manera de restaurar esta relación. Jesús cumplió el plan de salvación de Dios cuando murió en la cruz por nuestros pecados.

Después de que las personas se vuelven cristianos, todavía luchan con el deseo de tener su propio camino. A través de una experiencia llamada santificación, Dios limpia al Cristiano de este deseo egoísta y les da poder a través del Espíritu Santo para hacer del camino de Dios, lo más importante en sus vidas.

Hasta que una persona sea santificada, no puede haber un tira y afloja en el interior. El Cristiano quiere servir a Dios, pero también surgen deseos egoístas. Vamos a demostrar esto.

Alinea tres niños en cada lado de la línea de cinta adhesiva. Dales una cuerda dura y ve qué equipo tira del otro a través de la línea. Como puedes ver que el equipo parezca ser más fuerte, etiquétalo como "el deseo de Dios." Etiqueta el lado más débil como "deseos egoístas." Agregar una persona más (tal vez el niño más fuerte en la clase) y etiqueta a la persona como "el Espíritu Santo." Juega otra vez. Con la cuarta persona, el equipo "deseo de Dios" debe ganar de nuevo. Señale que el Espíritu Santo ayuda a los cristianos a vivir como deberían para agradar a Dios.

Artículo de Fe 11:
La Iglesia

Definición: Hay tres significados de la palabra *iglesia*:
1. El edificio donde una congregación se reúne para adorar.
2. Una iglesia local o una denominación.
3. Iglesia - Todos los que creen en Dios y han aceptado a Jesucristo como su Salvador personal en el mundo.

Antes de la sesión, dibuja tres círculos en la pizarra todos interconectados entre si.

Materiales
- Pizarra
- Marcadores

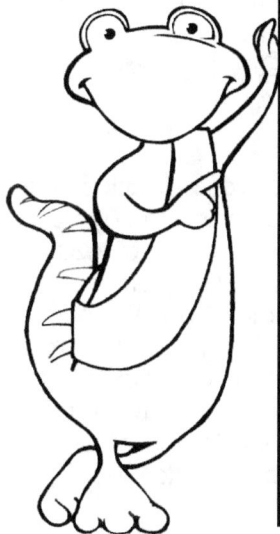

Creemos

La Iglesia:
- La iglesia es un lugar para adorar a Dios y experimentar la comunión Cristiana.
- La iglesia es una congregación local o denominación.
- La Iglesia está formada por todo el que cree en Dios y ha aceptado a Jesucristo como su Salvador personal en el mundo.
- La Iglesia tiene la misión de decirle a la gente acerca de Jesucristo y ayudarlos a convertirse en discípulos, vivir una vida santa, y servir a los demás.

Buscando Direcciones

■ Que los Descubridores lean el Artículo de Fe 11 y la sección "Creemos". Conteste cualquier pregunta que los Descubridores puedan tener.

■ Que los Descubridores localicen Hechos 2:46-47. Luego pídales que llenen las palabras que faltan del versículo en la página 14 del *Estudiante Descubridor*. Las respuestas son: "No dejaban de (reunirse) en el templo ni un solo día. De casa en casa partían el (pan) y compartían la (comida) con alegría y generosidad, alabando a Dios y (disfrutando) de la estimación general del pueblo. Y cada día el Señor (añadía) al grupo los que iban siendo (salvos).

■ Discute los conceptos bajo "Enséñalo". Asegúrate de que los Descubridores comprendan los diferentes significados para la iglesia y el propósito de la iglesia.

■ Invita a alguien a contar una breve historia de su iglesia local y decir cuál es su misión.

■ Discute los círculos para la actividad en "Hazlo". Que los Descubridores respondan las preguntas de sus libros.

¡Enséñalo!

La Iglesia (con I mayúscula) es todas las personas cuyos pecados han sido perdonados y han confiado en Jesús como su Salvador. Incluye a todos los Cristianos que viven ahora y del pasado. Jesús es la Cabeza de la Iglesia. La Iglesia es una comunidad de testimonio. Las personas dan testimonio de sus palabras y acciones a los cambios que Dios ha hecho en sus vidas. Dios le dio a la Iglesia la tarea de continuar la obra que Jesús hizo mientras estuvo en la tierra. La Iglesia lleva a cabo su misión, vivir una vida santa, contarle a otros acerca de Jesús, ayudar a los nuevos Cristianos a crecer espiritualmente y servir a los demás. Una iglesia (con una i minúscula) es un lugar de culto (edificio), una congregación local, o una denominación.

¡Hazlo!

Utilice el ejemplo de tres círculos interconectados en la pizarra para representar las tres definiciones de la iglesia. Pregunta a los Descubridores cuáles son las tres definiciones de la iglesia. A medida que den las explicaciones, coloca un 1, 2 o 3 en cada círculo. Di, como cristianos, todos somos parte de la Iglesia. Estar conectado con la iglesia puede ayudarnos a crecer como cristianos. ¿Cuáles son algunos ejemplos? (Espera la respuesta.) Dios la diseñó así no estaríamos solos. Los cristianos se tienen los unos a los otros. Esa es otra forma en que Dios demuestra su amor por nosotros!

Artículo de Fe 12: Bautismo

Definición: El bautismo es el sacramento que utiliza el agua como símbolo de la muerte, sepultura y resurrección de Cristo. Esto demuestra que el creyente ha recibido la salvación prometida por Cristo y ha comenzado a vivir una nueva vida.

Antes de la sesión, pide a un pastor que hable con los niños sobre el bautismo y la forma en que se realiza en tu iglesia. Muchas denominaciones creen que el bautismo es un sacramento. Si tienes una pila bautismal o baptisterio en el santuario, deja que los niños lo vean. Escribe las frases y refiérete a Hechos 2:38a en hojas de papel de construcción. Mésclalo.

Materiales

- Papel de construcción
- Jarra de agua
- Cuenco
- Marcadores

Creemos

- El bautismo es una manera en que una persona muestra que se ha convertido en un Cristiano y vivirá para Dios.
- Una persona puede elegir ser bautizado completamente bajo el agua (inmersión), al ser rociado con agua, o vertiendo agua sobre él o ella.

Buscando Direcciones

- Que los Descubridores lean el artículo de Fe 12 y la sección de "Creemos". Conteste cualquier pregunta que los Descubridores tengan.
- Que los Descubridores localicen Hechos 2:38a. Deja que un voluntario lea. Muestra los papeles revueltos en los que escribiste las frases y la referencia para este versículo. Deja que los equipos se turnen para poner el versículo en orden. Luego visualiza los documentos que los niños puedan usar para escribir el versículo en la página 16 del *Estudiante Descubridor*.
- Pide a un pastor hablar con los Descubridores sobre las maneras en que su iglesia utiliza el bautismo. Señala que no es una acción que ofrece la salvación del pecado. Es una acción que los Cristianos usan para decirle a otros que han sido guardados.
- Discute los métodos de bautismo. Si tienes una fuente bautismal, deja que los Descubridores la vean. Que los preadolescentes hagan coincidir el tipo de bautismo con las ilustraciones en el *Estudiante Descubridor*.

39

¡Enséñalo!

Explica que el acto del bautismo no salva a nadie. Es una acción que los Cristianos usan para decirle a otros que han sido salvados del pecado. El bautismo puede hacerse de tres formas diferentes:

1. Inmersión-La persona está completamente bajo el agua.
2. Aspersión-La persona se rocía con un poco de agua.
3. Verter-Una pequeña cantidad de agua se vierte sobre la cabeza de la persona.

La palabra *bautizar* significa sumergir, lavar o de zambullir. Antes de que Jesús viniera a la tierra, los judíos utilizan el bautismo para demostrar que una persona no judía se había convertido en parte de la familia de Dios. Cuando Juan el Bautista predicó a la gente, les dijo a aquellos que se acongojaban por sus pecados que debían arrepentirse y ser bautizados para mostrar que estaban listos para la venida del Mesías. Jesús instruyó a sus discípulos para enseñar, predicar y bautizar a los que creyeran en Él.

¡Hazlo!

Si está disponible, utiliza la pila bautismal o baptisterio y enseña (o ten un pastor que lo haga) a los niños sobre el bautismo. Discute (o ten un pastor que lo haga) las tres maneras de realizar el bautismo.

Servicio — *Ver las necesidades de los demás y actuar para satisfacer esas necesidades.*

Conoce a: R. W. Cunningham
(1902-1998)

R. W. Cunningham fue un pastor afroamericano que sentía la carga de proporcionar entrenamiento bíblico para otros afroamericanos que quisieran aprender más acerca de la Biblia y capacitar para el ministerio. Él creía en el servicio mediante la enseñanza de la Biblia, la formación y la forma ministrar a otros. Trabajó duro en esto mientras se desempeñaba como profesor, presidente del Instituto Bíblico Nazareno, y pastor. Como parte de sus funciones, estaba dispuesto a hacerse cargo de los edificios.

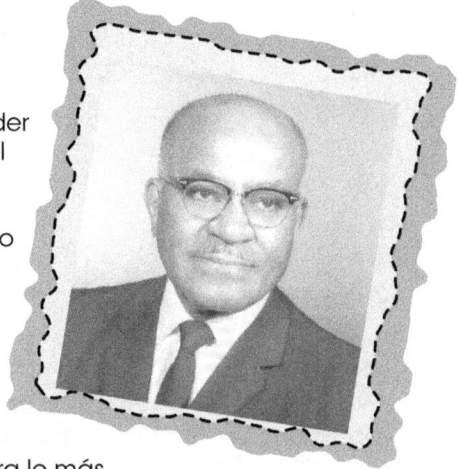

El Dr. Cunningham sirvió durante un tiempo de cambio para el Distrito Central del Golfo. Sabía que servir a Dios era lo más importante. Se desempeñó como educador en el Colegio Mount Vernon y en el Instituto en Virginia Occidental. Fue director del programa de extensión del Colegio Bíblico Nazareno en el Instituto, West Virginia en 1986.

Al Dr. RW Cunningham le encantaba servir a la gente en el nombre de Jesús.

¡Aprender del Pro!

Jesús fue el último ejemplo de un siervo. Lee Juan 13:1-17.

Jesús es el Hijo de Dios. ¿Quién crees que debería haber sido quien lavara los pies?

¿Por qué crees que Jesús lavó los pies de los discípulos?

¿Qué estaba tratando de enseñar Jesús a sus discípulos?

Lee Mateo 19:30. ¿Qué quiso decir Jesús cuando dijo: "los primeros serán los últimos y los últimos serán los primeros"?

¿Cómo puedes servir a la gente en el nombre de Jesús?

¿Por qué es importante aprender a servir a la gente en el nombre de Jesús? ¿Quién se beneficia más, tu o la persona a la que sirves? ¿Por qué?

Compasión—*Un deseo de ayudar a alguien que está sufriendo.*

Conoce a: J. P. Roberts
(1867-1937)

J. P. Roberts tuvo compasión por las niñas y las mujeres que estaban pasando momentos difíciles para cuidar de sí mismos.

Algunas estaban embarazadas y no tenían marido. Algunas tenían otros problemas. JP se dio cuenta de tenía que hacer algo al respecto.

Fundó La Casita del Descanso en Pilot Point, Texas. Muchas de las chicas que fueron a La Casita de Descanso no fueron aceptadas por las personas que les rodeaban. Sin embargo, encontraron compasión y aceptación en La Casita del Descanso.

JP fue el director de La Casita del Descanso durante 34 años. La Casita del Descanso proporcionó un lugar para que las muchachas tuviesen sus bebés de manera segura. También proporcionó un lugar seguro para las niñas y las mujeres que estaban luchando con situaciones difíciles en sus vidas. J.P. sabía que estas niñas y mujeres no podían valerse por sí mismas, y él sintió que Dios lo llamó a proporcionar un lugar de seguridad y refugio. Mientras que era el director, varios miles de chicas se quedaron en La Casita del Descanso.

Cuando él murió en 1937, el Heraldo de Santidad (ahora Santidad Hoy) dijo: "Aquí [las mujeres] han sido transformadas por el poder de Dios, animadas a construir carácter y vida, y dar al mundo una verdadera contribución en la utilidad. Más de una niña ha sido rescatada del suicidio y el infierno por este buen hombre y sus trabajadores." (Heraldo de Santidad, 30 de enero de 1937)

¡Compasión en Tu Mundo!

¿Cuáles son algunas cosas que Jesús hizo para mostrar compasión?

¿Cuáles son algunas maneras en las que los niños pueden mostrar compasión hoy?

¿Ha recibido compasión de los demás?

¿Por qué es importante mostrar compasión a las personas en el nombre de Jesús?

J.P. tuvo compasión de las niñas y mujeres jóvenes que necesitaban un lugar para quedarse para tener a sus bebés. ¿Cuáles son algunas de las necesidades entre las personas que conoces?

¿Cómo puedes practicar la compasión en tu comunidad?

ASTRONOMÍA

Bases Bíblicas: "Y dijo Dios: -¡Que haya luces en el firmamento que separen el día de la noche; que sirvan como señales de las estaciones, de los días y de los años, y que brillen en el firmamento para iluminar la tierra!- Y sucedió así." (Génesis 1:14-15)

Punto Bíblico: Dios hizo el universo y todo lo que contiene.

Meta de la Insignia:

- Los Descubridores deben tener un conocimiento general de nuestro universo, el sistema solar y las estrellas.
- Los Descubridores deben ser capaces de identificar la ubicación de varias constelaciones prominentes, así como la Estrella del Norte.
- Los Descubridores deben obtener una nueva apreciación de la maravillosa creación de Dios y su obra magistral.
- Los Descubridores pueden introducirse a un proyecto opcional de ministerio usando sus habilidades de Astronomía.

Valor Fundamental: Servicio. Hacer hincapié en el Valor Fundamental de Servicio mientras enseñas habilidades relativas a Astronomía a los Descubridores.

Plan de Acción

Desde muy temprana edad, los niños comienzan a mirar las estrellas y la luna. Se maravillan de su belleza y se preguntan cómo todo funciona. La comprensión del universo y de Aquel que lo creó es sólo el comienzo del viaje. Muchos niños se vuelven astrónomos aficionados, pasando incontables horas explorando los cielos nocturnos.

Ayuda a tus Descubridores a disfrutar de su tiempo, centrándose menos en la técnica de materiales y más en poner manos a la obra en el material. Utiliza presentaciones, mapas y excursiones audiovisuales para incitar a tus Descubridores sobre la astronomía. Hay muchos programas informáticos de bajo costo que ilustran acontecimientos astronómicos. Éstos son los grandes recursos para la enseñanza.

Cada sesión está diseñada para ser intercambiable y autónoma. La insignia de Astronomía es una gran insignia para los visitantes.

PLANIFICADOR DE INSIGNIAS

Sesión

1 Los Descubridores aprenderán o revisarán la información básica sobre el espacio, las estrellas y el sistema solar.

2 Los Descubridores visitarán un planetario o irán a observar al aire libre y el cielo nocturno.

3 Los Descubridores crearán un modelo de sistema solar.

4 Los Descubridores pueden participar en un proyecto de ministerio opcional.

Nota: Esta insignia se puede hacer en cualquier época del año, ¡sólo recuerda tener abrigos y mantas si estás buscando las estrellas en el invierno!

Requisitos ✓ de Insignia

Elije cuatro de los cinco requisitos para el completamiento de la insignia de Astronomía.

☐ Responde a las preguntas básicas sobre el sistema solar.

☐ Visita un planetario o ve un video sobre los planetas y constelaciones.

☐ Planea una aventura de observación de estrellas y localiza al menos tres constelaciones.

☐ Haz un modelo del sistema solar. Intenta reproducir la escala de los planetas y su distancia del sol.

☐ Encuentra una manera de utilizar tus nuevas habilidades astronómicas para ministrar a alguien más.

RECURSOS

Aquí están algunos recursos para ayudarte a enseñar esta insignia.

- NASA <https://spaceplace.nasa.gov/espanol/>
- Star guides or maps
- Astronomy computer program

44

SeRViR!

Los Descubridores pueden utilizar cualquiera de estas sugerencias para los proyectos de ministerio. (Los Proyectos de Ministerio son opcionales y no están obligados a completar los requisitos de la insignia.)

100 Completa los requisitos para la insignia de Astronomía.

200 Usa los requisitos para la insignia Astronomía y la lectura de mapa como un proyecto de ministerio para servir a otras personas. Usar un mapa de estrellas o guía, enseña a algunos de los niños más pequeños en tu iglesia las constelaciones básicas en tu área. Utiliza el sistema de compañeros para permitir la interacción uno-a-uno.

300 Combina Astronomía, Cocina, y las insignias de Entretenimiento. Planifica y organiza una fiesta de estrellas. Si es posible, planifica tu evento durante un evento astronómico especial, como el avistamiento de un cometa o un planeta. Incluye una merienda, instrucciones especiales, y tiempo de visualización.

¡Alcanzar!

Enumera algunas de tus propias opciones para proyectos ministeriales que funcionarían bien con tu iglesia y tus Descubridores.

_____

_____

_____

_____

#1 Seguridad

■ **Siempre** se consciente de tus alrededores mientras vas a buscar estrellas en la noche.

■ **Nunca** utilices un telescopio para mirar directamente al sol.

■ **Nunca** salgas solo a mirar las estrellas por la noche.

PALABRAS PARA SABER

Que los Descubridores localicen el vocabulario de palabras del rompecabezas.

Año-Luz: La distancia que la luz recorre en un año.

Asteroide: Un pequeño planeta o los restos de un planeta roto.

Astronomía: El estudio de las estrellas, los planetas y el espacio.

Cometa: Un cuerpo celeste brillante con una cola larga de luz.

Constelación: Un grupo de estrellas que forman una forma o patrón.

Estrella: Una bola que quema los gases en el espacio.

Galaxia: Un grupo muy grande de estrellas y planetas.

Luna: El satélite que se mueve alrededor de la Tierra una vez cada mes y refleja la luz del sol.

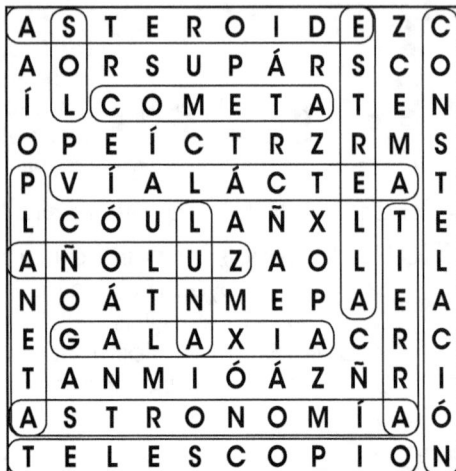

```
A S T E R O I D E Z C
A O R S U P Á R S C O
Í L C O M E T A T E N
O P E Í C T R Z R M S
P V Í A L Á C T E A T
L C Ó U L A Ñ X L T E
A Ñ O L U Z A O L I L
N O Á T N M E P A E A
E G A L A X I A C R C
T A N M I Ó Á Z Ñ R I
A S T R O N O M Í A Ó
T E L E S C O P I O N
```

Planeta: Uno de los nueve grandes cuerpos celestes que giran alrededor del sol.

Sol: La estrella que la Tierra y otros planetas, giran alrededor. Da luz y calor.

Telescopio: Un instrumento que hace que los objetos distantes parezcan más grandes y cerca.

Tierra: El planeta en el que vivimos.

Vía Láctea: La galaxia en la que se encuentra nuestro sistema solar.

¡PREPARADOS . . . LISTOS . . . FUERA!

LOS CIELOS DECLARAN: Sesión 1

Los Descubridores explorarán el espacio como lo vean con sus ojos. Tendrán que revisar el vocabulario de "Palabras Para Saber" y la información básica en el *Estudiante Descubridor* antes de observar las estrellas.

Antes de esta sesión, busca información de astronomía en Internet y en las guías de astronomía. También, familiarízate con la información la *Estudiante Descubridor*. Escribe las 13 palabras del vocabulario de "Palabras Para Saber" en hojas de papel de construcción. Escribe las 13 definiciones en otras hojas de papel. Mezcla el orden de las palabras y definiciones.

Materiales

- Actividad de la página 26 del Estudiante Descubridor "Palabras Para Conocer"
- Lápices o bolígrafos
- Guías de estrellas o mapas
- Libro de campo de astronomía
- Computadora con el programa de astronomía instalado (opcional)
- 26 hojas de papel de construcción de color claro

Buscando Direcciones

- Cuando tus Descubridores lleguen, anímales a hacer la sopa de letras. Distribuye las palabras y definiciones revueltas. Deje que los Descubridores hagan coincidir la palabra con su definición. Introduce la placa Astronomía al tener voluntarios que lean el versículo bíblico de la sección "¿Qué Puedes Hacer Con Esta Habilidad?", "Requisitos De Insignia" y las cuestiones de seguridad. Deja que los Descubridores compartan brevemente lo que ya saben acerca de las palabras utilizadas en la búsqueda de palabra.

- Permítele tiempo a los Descubridores para explorar el programa de computación y las guías de estrellas.

- Deja que los voluntarios lean la información en las páginas 27 a 29 en el *Estudiante Descubridor* sobre las estrellas, el universo, y las constelaciones. Usando los mapas, ayuda a tus Descubridores a localizar las constelaciones y las características astronómicamente significativas de tu área. Reta a los Descubridores a buscar estrellas y constelaciones.

- Lee Génesis 1:14-15. Pregunta, *¿Qué te dicen estos versículos acerca de Dios? ¿Te dan una sensación de seguridad y confianza? Cuando te fijas en las constelaciones, ¿Cómo te hacen sentir acerca de Dios, el Creador?*

- Concluye con una oración, dando gracias a Dios por el maravilloso universo que Él creó.

Mirada mas ¡Cercana!

La insignia de Astronomía ofrece una gran oportunidad de ser creativo en la presentación del material. Utiliza mapas, gráficos, video de proyección, y el palo de estrellas para ayudar a ilustrar los conceptos.

UNA TARDE CON LAS ESTRELLAS: Sesión 2

Los Descubridores explorarán los cielos, ya sea mediante un viaje a un planetario o participando en observaciones de campo.

Antes de esta Sesión, reserva un tiempo para que tu grupo visite un planetario local u observatorio para ver las estrellas. Si una ubicación no está disponible en tu área, haz planes para mirar las estrellas en un área lejos de las luces de la ciudad. Prepara formularios de permiso y has arreglos para el transporte. Si vas a observar las estrellas, reúne binoculares o telescopios.

Materiales

- Formulario de Permiso
- Un adulto responsable por cada seis niños
- Transporte
- Mapas de estrellas o guías de campo
- Binoculares o telescopios (opcional)
- Versículos de Génesis 1:14-15 escritos en seis pedazos de papel

Buscando Direcciones

- Recoge los formularios de permiso y revisa los consejos de seguridad en la página 26 del *Estudiante Descubridor*. Pide a los voluntarios que lean la información sobre la invención del telescopio, el sol y los cometas, los meteoritos y los asteroides. Que los Descubridores discutan las estrellas y los objetos astronómicos que tendrán la oportunidad de ver.

- Visita el planetario y disfruta del espectáculo. Tu guía hablará acerca de las estrellas, los planetas y las galaxias y demostrará su movimiento en el cielo nocturno.

- Si vas a observar las estrellas, señala las características significativas del cielo nocturno. Permite que los Descubridores descubran los diversos objetos que son visibles y señalen las constelaciones.

- Distribuye seis trozos de papel en los que escribiste las versículos de Génesis 1:14-15. Deja que seis voluntarios elijan un papel y luego dispongan el orden de los versos. Que los voluntarios lean los versos. Luego que todo el mundo lea los versos.

- Termina en una oración, dando gracias a Dios por ser un creador tan maravilloso.

CREA TU PROPIO SISTEMA SOLAR: **Sesión 3**

Ten suficientes materiales para que cada niño haga un modelo del sistema solar. Permite creatividad en la elaboración del sistema solar y los planetas. Asegúrate de tener a mano suministros adicionales para los visitante.

Antes de esta Sesión, prepara las estaciones de trabajo con los suministros del "Materiales".

Materiales

- Libros de astronomía o fotografías del sistema solar
- Espuma o bolas de espuma de polietileno de varios tamaños
- Pintura que brille en la oscuridad (opcional)
- Alfileres
- Marcador
- Pintura y pinceles
- Tira de núcleo de espuma (pintada o cubierta para parecerse al espacio exterior)
- Papeles con versículos de Gén. 1:14-15 (de la Sesión 2)

Buscando Direcciones

- Revisa las palabras del vocabulario de Astronomía jugando un juego. Divide a los Descubridores en dos equipos. Lee cada definición y deja que los equipos decidan una respuesta. Deja que un voluntario de cada equipo de la respuesta.

- Que los Descubridores lean la información en el *Estudiante Descubridor* sobre las galaxias y nuestro sistema solar.

- Que cada Descubridor cree los planetas utilizando los diversos tamaños de espuma o de las bolas de espuma de polietileno y las pinten semejante a los planetas.
- Que los Descubridores usen los alfileres para unir las bolas de espuma de polietileno al núcleo de espuma. Coloca el sol y los planetas en el orden correcto. Identifica cada planeta.
- Señala que el Valor Fundamental de esta insignia es el Servicio. R.W. Cunningham creía en servir mediante enseñar a otros acerca de la Biblia. Pregunta: **¿Puedes pensar en maneras en las que puedes servir a Dios mediante el intercambio de información acerca de la astronomía?**
- Distribuye los papeles con Génesis 1:14-15. Deja que los Descubridores organicen las frases para poner los versos en el orden correcto. Deja que los Descubridores digan el versículo juntos.
- Culmina con una oración, dando gracias a Dios por todo lo que han aprendido sobre el universo. Dale gracias por ser un creador tan maravilloso.

El Orden y el Tamaño Relativo de los Planetas y del Sol

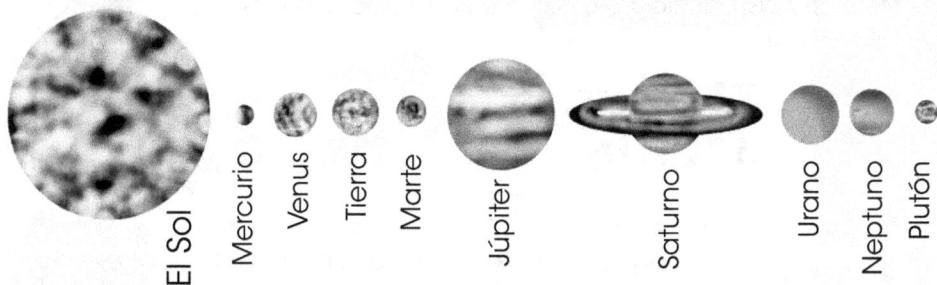

El Sol — Mercurio — Venus — Tierra — Marte — Júpiter — Saturno — Urano — Neptuno — Plutón

MINISTERIO DE PROYECTOS: Sesión 4

Elige y completa uno o más proyectos en la sección de esta insignia *Ir, Servir*. Si has seleccionado un proyecto que requiera más tiempo, considera tenerlo en un día diferente. Adapta el proyecto de ministerio para satisfacer las necesidades de tus Descubridores e iglesia. Considera la posibilidad de tener una fiesta de observar estrellas durante un evento de espacio, como una lluvia de meteoritos o de cometas.

¡Envuélvelo!

Que los Descubridores contesten las preguntas para reflexionar sobre lo que han aprendido a través de esta insignia.

COCINA

Bases Bíblicas: "Más vale comer verduras sazonadas con amor que un festín de carne sazonada con odio." (Proverbios 15:17)

Punto Bíblico: Dios quiere que nos amemos unos a otros.

Meta de la Insignia:

- Los Descubridores deben ser capaces de crear una comida completa, incluyendo un aperitivo, un plato principal y un postre.
- Los Descubridores deben saber cómo hacer un tallado de frutas u otros aderezos.
- Los Descubridores deben ser capaces de explicar el significado de Proverbios 15:17, en sus propias palabras.

Valor Fundamental: Compasión. Hacer hincapié en el Valor Fundamental de la compasión mientras les enseñas habilidades relativas a la cocina a los Descubridores.

Plan de Acción

Con la comida siendo una necesidad básica para sostener la vida, cocinar parece ser uno de los primeros pasos hacia la independencia personal. Saber cómo cocinar es una habilidad importante. También puede ser muy divertido. La gente puede disfrutar de la cocina por sí misma no por los demás, como un hobby o como una carrera. Cualquiera sea la razón para cocinar, permite que los niños sean creativos y disfruten aprendiendo las habilidades.

Varias recetas se han dibujado en el *Estudiante Descubridor*. Siéntete libre de adaptar estas recetas o cambiarlas por completo de acuerdo a las necesidades de tu grupo Caravana. Aprender que las habilidades de esta unidad son más importantes que lo que se cocina.

Haz hincapié en la importancia de como los Descubridores preparar alimentos para otros. Proverbios 15:17 dice que una simple comida con amor es mejor que una suntuosa comida servida en un ambiente de odio. Dios quiere que los Descubridores usen todas sus habilidades de una manera amorosa. Dios quiere que los Descubridores utilicen sus habilidades para servir a su reino y a otras personas.

Cada sesión está diseñada para ser intercambiable y autónoma. La insignia Cocina es una gran insignia para los visitantes.

PLANIFICADOR DE INSIGNIAS

Mental

Sesión

1 Los Descubridores revisarán las mediciones básicas y abreviaturas necesarias en la unidad, aprender nuevo vocabulario para cocinar, e ir a la tienda de comestibles.

2 Los Descubridores prepararán un aperitivo, aprenderán cómo hacer aderezos, y crear un frutero.

3 Los Descubridores aprenderán cómo hacer una comida principal y un postre.

4 Los Descubridores pueden participar en un proyecto de ministerio opcional usando sus nuevas habilidades.

Nota: Reserva la cocina de la iglesia para las semanas en las que completarás esta insignia. Si tu iglesia no tiene las instalaciones adecuadas, haz arreglos para reunirte en la casa de alguien.

Requisitos ✓ de Insignia

Elije cuatro de los cinco requisitos de los Descubridores siguientes para finalizar la insignia Cocina.

☐ Haz un plato que se utilizará como plato principal de una comida.

☐ Haz un frutero o placa de guarnición creativa.

☐ Compara los precios, la calidad y la cantidad de alimentos necesarios. Luego compra estos artículos en una tienda local de comestibles.

☐ Haz un postre.

☐ Encuentra una manera de utilizar las habilidades de cocinar para ministrar a otra persona.

RECURSOS

• Recursos de cocina para niños en Internet, tales como www.conmishi-jos.com/ocio-en-casa/recetas-de-cocina-con-ninos.html

¡R SERVIR!

¡Los Descubridores pueden servir a Dios con sus habilidades! Los Descubridores pueden utilizar cualquiera de estas sugerencias para los proyectos de ministerio. (Los Proyectos del Ministerio son opcionales y no están obligados a completar los requisitos de la insignia.)

100 Completa los requisitos básicos para la insignia Cocina.

200 Desarrolla un proyecto ministerial usando tus nuevas habilidades. Ten una feria de alimentos saludables con deliciosa comida saludable.

300 Combina las habilidades de las insignias Drama, Cocina y Entretenimiento. Desarrolla un escena de teatro. Incluye una comida de tres platos, un drama, y juegos de sobremesa.

¡Alcanzar!

Enumera algunas de tus propias opciones para proyectos ministeriales que funcionarían bien con tu iglesia y tus Descubridores.

_____

_____

_____

#1 Seguridad

■ **Ten cuidado** al usar cuchillos y otros objetos cortantes.

■ **Siempre** lee las instrucciones cuidadosamente al hacer una nueva receta o al usar nuevos equipos.

■ **Se Consciente** de los muchos peligros potenciales en la cocina:
  • Agua hirviendo
  • Objetos afilados
  • Cables eléctricos cerca del agua
  • Platos calientes, estufa, y sartenes eléctricos

■ **Lávate Bien** las manos, utensilios y la zona de trabajo después de trabajar con carne cruda.

PALABRAS PARA SABER

Bolera: Una herramienta de cocina usada para hacer bolas de frutas, vegetales y mantequilla.

Cortador Ondulado: Una herramienta de cocina usada para cortar frutas y verduras en forma ondulada.

Guarnición: Una decoración comestible utilizada cuando se muestran los alimentos.

Rizador de Mantequilla: Una forma de cuchara plana arrugada en el otro extremo se utiliza para hacer rizos de mantequilla.

¡PREPARADOS . . . LISTOS . . . FUERA!

VIAJE AL SUPERMERCADO: Sesión 1

Los Descubridores tendrán que revisar la información de cocina básica y las nuevas palabras del vocabulario antes de comenzar esta unidad.

Antes de esta sesión, reúne un conjunto completo de tazas de medir, cucharas de medir, y un tazón. Que cada padre esté consciente de tu viaje de campo a la tienda de comestibles. Obtén formularios de permiso. Consulta con tu pastor o director de Caravana sobre los requisitos de la política de seguros para las excursiones. Has arreglos para el transporte.

Materiales

- Juego completo de tazas de medir y cucharas de medir, tazón, cuchara de madera, y espátula.
- Anuncios del periódico o correo de supermercados
- Internet (opcional)
- Formularios de permiso
- Líderes adultos extras
- Bolígrafos o lápices
- Lista de la compra (una por grupo)

Buscando Direcciones

■ Introduce la Insignia Cocinar antes de comenzar la clase comiendo un plato de sopa. Di: **Comer es divertido. Para comer y mantenernos saludables, necesitamos saber cómo cocinar. Todo el mundo tiene que saber cómo cocinar.**

Que voluntarios lean el versículo Bíblico, la sección "¿Qué puedes hacer con esta habilidad?", Requisitos de la insignia, las cuestiones de seguridad, y las palabras del vocabulario. Revisa las medidas mientras los Descubridores completan la sección "Revisión rápida" en las páginas 36-37 del *Estudiante Descubridor*. Las respuestas son: 2, 3, 4, 2, 4, 3, cdta = cucharadita, tz = taza, cda = cucharada.

■ Si tienes una clase grande, organiza a los Descubridores en tres grupos. Ten un líder adulto asignado a cada grupo. Entrega a cada grupo una lista de las compras que necesitan comprar. Las listas de la compra deben ser para los alimentos que se van a realizar las próximas tres semanas. Que los Descubridores busquen los anuncios promocionales y / o de Internet para los mejores precios. Pide a los Descubridores referirse al *Estudiante Descubridor* para obtener información sobre cómo elegir, comprar y almacenar los artículos en tu lista.

■ Ora antes de salir de la iglesia, pidiendo a Dios por la seguridad durante el viaje y la sabiduría para ser buenos compradores.

■ Envía a cada grupo a comprar los comestibles en tu lista.

■ Ayuda a los Descubridores a almacenar los artículos que compraron.

Si los Descubridores tienen dificultades para recordar información crítica, toma un poco de tiempo extra para hacerles experimentar con los dispositivos de medición.

TODO SOBRE APERITIVOS: Sesión 2

Materiales

Los Descubridores harán una sabrosa salsa mexicana y aprenderán a preparar guarniciones simples. Consulta el *Estudiante Descubridor* para obtener instrucciones específicas para cada actividad.

■ Elementos para la salsa mexicana en la página 39 del *Estudiante Descubridor*.

■ Herramientas de guarnición. (Cuchillo de guarnición, Bolera / rizador de mantequilla, y el cortador ondulado)

■ Verduras / frutas para adornar

■ Fruta para cesta de frutas

■ Cuencos, platos y servilletas

■ Cuchillo con borde dentado

Antes de esta Sesión, reúne los materiales del Materiales. Reserva la cocina de la iglesia y prepara varias estaciones de trabajo. Considera la posibilidad de tener una estación de salsa, estación de guarnición, y estación de la cesta de fruta. De esta manera los niños pueden ir a través de cada actividad rápidamente.

Buscando Direcciones

- Antes de comenzar, revisa los consejos de seguridad para la insignia Cocina. Que los Descubridores señalen los peligros potenciales.

- Divide tu clase en tres grupos. Que cada grupo vaya a una estación de trabajo específica y comience una de las tareas requeridas. Rota por las actividades de 15-20 minutos. Diseña un horario que se adapte a tu tiempo asignado.

- Di, *Hoy en día trabajamos con frutas y verduras. En Proverbios 15:17, el escritor nos dice que una comida de verduras servida con amor es mejor que la mejor carne servida en un ambiente de odio. Si Dios te da grandes habilidades en la cocina, recuerda las palabras de Proverbios 15:17*. Que los Descubridores lean el versículo juntos.

- Culmina con una oración, dando gracias a Dios por todas las habilidades que Él nos da. Dale gracias por los alimentos y la nutrición que ofrece para nuestros cuerpos. Pídele a Dios que ayude a los Descubridores a descubrir maneras de utilizar las habilidades en la cocina para servir a los demás.

Mirada más ¡de cercana!

Supervisa a los Descubridores cuando estén utilizando cuchillos u otros objetos cortantes.

¡ES HORA DE COCINAR! Sesión 3

Pide a los Descubridores cocinar un plato principal y un postre. Permite a los Descubridores sumar o restar elementos para satisfacer sus gustos. Si optan por sustituir algo en el plato principal, asegúrate de que la nueva receta incorpora elementos de corte, medición, y cocinar carne.

Antes de empezar la sesión, prepara estaciones de trabajo con los materiales que aparecen en las páginas 42 a 43 del *Estudiante Descubridor*.

Buscando Direcciones

- Que cada Descubridor participe en las diferentes tareas necesarias para completar esta comida.

- Planifica concluir la sesión 15 minutos antes. Esto les dará tiempo a los Descubridores de comer sus comidas.

- Revisa Proverbios 15:17. Deja a los Descubridores decir en sus propias palabras lo que significa el versículo para ellos.

  Señala que el Valor Fundamental de esta insignia es la Compasión. Los Descubridores hablan de la importancia de un ambiente tranquilo y en calma mientras comen. Muchas familias comen en un clima de tensión debido a las difíciles circunstancias de su vida. La falta de empleo, la falta de estabilidad financiera, más cuentas que dinero, problemas de salud - todo afecta a la atmósfera de una casa.

  Cuando los Descubridores se hagan conscientes de las circunstancias difíciles de los hogares pueden reportarlas a un adulto de confianza. Esperemos que puedan utilizar las habilidades de cocina para proporcionar alimentos y consuelo y ayudar a aliviar el estrés.

- Pídele a los Descubridores agradecer a Dios por las nuevas habilidades que aprendieron y pide a Dios que bendiga la comida.

¡Mirada más De Cercana!

Dependiendo de la cantidad de tiempo transcurrido entre estas sesiones, es posible que desee comprar frescos verduras para esta actividad.

MINISTERIO DE PROYECTOS: Sesión 4

Elije y completa uno o más proyectos la sección *Ir, Servir* de esta unidad. Si has seleccionado un proyecto que combine dos o más de las insignias, ten en cuenta el número de semanas que necesitas para completar todos los requisitos. Si el proyecto que has seleccionado se toma más de una hora de la sesión, realiza el evento en un día diferente. Adapta el proyecto de ministerio para satisfacer las necesidades de tus Descubridores, sus familias, y la iglesia.

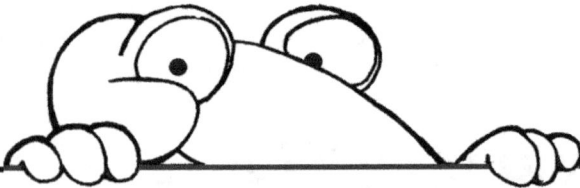

¡Envuélvelo!

Que los Descubridores contesten las preguntas para reflexionar sobre lo que han aprendido a través de esta placa.

JARDINERÍA

Bases Bíblicas: "Pero la parte que cayó en buen terreno son los que oyen la palabra con corazón noble y bueno, y la retienen; y como perseveran, producen buena cosecha." (Lucas 8:15)

Punto Bíblico: Nuestra fe en Dios puede crecer.

Meta de la Insignia:

■ Los Descubridores deben ser capaces de hablar de la parábola del sembrador (Lucas 8: 5-15), y de que la fe en Dios puede crecer.

■ Los Descubridores deben conocer los conceptos básicos de jardinería, tales como tipos de jardines y entrantes de plantas, equipos, métodos de plantación y mantenimiento de jardines.

■ Los Descubridores deben ser capaces de planificar, plantar, y cuidar un jardín.

Valor Fundamental: Servicio. Haz hincapié en el Valor Fundamental de servicio mientras enseñas las habilidades relativas a la Jardinería a Los Descubridores.

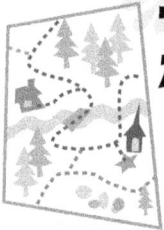

Plan de Acción

La jardinería implica mucha creatividad. El cielo es el límite cuando se diseñan jardines de flores o combinaciones de plantas. Deja que los Descubridores usen su creatividad en el diseño de sus jardines. Sea cual sea el tamaño, un jardín puede ser un gran proyecto que requiere un poco de planificación y disciplina para completarse con éxito. Es posible que desees animar a los jardineros a comenzar trabajar juntos en un pequeño jardín. Es posible que tengas que ayudarlos con los aspectos más avanzados del proyecto, tales como trabajar con una parcela de tierra.

Cuando Jesús habló a la gente, a veces se utilizaba información sobre la agricultura para enseñar algunas verdades importantes. Él utilizó semillas y malezas para decirles lo importante que es para implantar la Palabra de Dios en nuestras vidas.

Esta insignia ha sido diseñada para que cada sesión sea intercambiable con los otros y abierta para los visitantes. Ten en cuenta tu grupo de Descubridores y planifica en consecuencia. Esta insignia es ideal para los visitantes, ya que cuenta con proyectos divertidos y discute la fe.

PLANIFICADOR DE INSIGNIAS

Sesión

1 Los Descubridores aprenderán los conceptos básicos del suelo y los jardines, ya sea para las semillas o plántulas de flores o verduras.

2 Los Descubridores reciclarán ya sea una botella de refresco de dos litros o una pecera para hacer un jardín.

3 Los Descubridores plantarán un jardín de flores utilizando cualquiera de los contenedores o una pequeña parcela de tierra. Estudiarán conceptos básicos de las flores, semillas, plantones y bulbos.

4 Los Descubridores pueden participar en un proyecto de ministerio opcional usando sus habilidades de jardinería.

Nota: Planifica completar la parte exterior de esta insignia durante los meses de primavera y verano, cuando el tiempo permite la jardinería.

Requisitos ✓ de Insignia

Elije cuatro de los cinco requisitos para completar la insignia de Jardinería.

☐ Identifica tres tipos de jardines, plantas y suelos.

☐ Conoce las reglas de seguridad para mantener un jardín.

☐ Plan de planta y un tipo de jardín.

☐ Aprende cómo cuidar de un jardín.

☐ Participa en un proyecto de ministerio utilizando las habilidades de Jardinería.

¡SeRViR!

Los Descubridores pueden utilizar cualquiera de estas sugerencias para los proyectos de ministerio. (Los Proyectos del Ministerio son opcionales y no están obligados a completar los requisitos de la insignia.)

100 Completar los requisitos para la insignia de Jardinería.

200 Use los requisitos para la insignia de jardinería como un proyecto de ministerio para servir a otras personas. Considere la posibilidad de plantar plantas en macetas como un regalo para los visitantes, el Día de la Madre u otro día de fiesta.

300 Combine las habilidades de la insignia Entretenimiento y Jardinería. Cultiva verduras para la cena azul y blanca, o cultiva flores para centros de mesa.

¡Alcanzar!

Enumera algunas de tus propias opciones para proyectos ministeriales que funcionarían bien con tu iglesia y tus Descubridores.

_____

_____

_____

_____

_____

#1 Seguridad

■ **Siempre** ten un adulto que aplique pesticidas y fertilizantes. Ellos son venenosos.

■ **Siempre** tienes que saber con qué tipo de plantas estás trabajando. Muchas personas tienen reacciones alérgicas a las plantas.

■ **Siempre** usa guantes para proteger tus manos de espinas y hierbas venenosas. También puedes querer usar pantalones para proteger tus piernas de picaduras de insectos.

PALABRAS PARA SABER

Pide a los Descubridores conectar cada palabra del vocabulario de jardinería a su definición correcta.

1. Germinar	A. La planta subterránea parte en forma de cebolla de las que crecen en algunas plantas.
2. Semillero	B. Una joven planta cultivada a partir de una semilla.
3. Bulbo	C. Virutas de madera, otros materiales vegetales, o papel triturado para proteger y enriquecer el suelo.
4. Cultivar	D. Para aflojar o romper el suelo alrededor de las plantas en crecimiento. Esto permite más agua en el suelo.
5. Mantillo	E. Brotar o comenzar a crecer a partir de una semilla.
6. Paleta	F. Sustancia añadida al suelo para enriquecerlo y ayudar a que los cultivos crezcan.
7. Fertilizante	G. Suelo enriquecido puesto en contenedores para ayudar a las plantas a crecer.
8. Tenedor Cavador	H. Una herramienta con una pequeña hoja curva utilizada para la siembra.
9. Tierra Abonada	I. Una herramienta utilizada para cavar.

¡PREPARADOS . . . LISTOS . . . FUERA!

INTERIOR/CONTENEDOR DE JARDÍN: Sesión 1

Los Descubridores explorarán diferentes tipos de jardines y de suelos y determinarán qué tipos de plantas les gustaría que crecieran en sus jardines.

Antes de esta sesión, reúne suministros para crecer plántulas. Reúne un paquete de semillas, una planta de semillero, y un bulbo para

Materiales

■ Contenedor (Se creativo)
■ Flores o vegetales, semillas o plántulas
■ Pequeña pala de mano
■ Pequeño tenedor cavador de mano
■ Mezcla de suelo (tierra para maceta)
■ Agua

mostrar como ejemplos de titulares de plantas. También reúne una taza de cada uno de los tres tipos de suelo, si están disponibles: arena, limo y arcilla. Ten tierra para macetas y equipos para los que los Descubridores usen mientras que trabajan en el proyecto.

60

Buscando Direcciones

- Introduce la insignia Jardinería dejando que voluntarios lean el versículo Bíblico, la sesión "¿Qué Puedes Hacer Con Esta Habilidad?", "Requisitos de Insignia", y cuestiones de seguridad. Deja que los Descubridores hagan coincidir las palabras del vocabulario con las definiciones. Ve a "Palabras Para Saber" con los Descubridores. Las respuestas son: 1-E; 2-B; 3-A; 4-D; 5-C; 6-H; 7-F; 8-I; 9-G. Esta sesión es intercambiable con las otras y se puede hacer ya sea en interiores o al aire libre, dependiendo del clima.

- Antes de demostrar la plantación de las semillas, habla con tus Descubridores sobre la parábola del sembrador. Lee Lucas 18: 5-15. Cada tipo de suelo representa la reacción de una persona ante la Palabra de Dios. Pregunta: **¿Qué tipo de suelo deseas representar?** (Deja que los Descubridores contesten.)

- Discute los tipos de suelo. Luego deja que los Descubridores preparen sus envases y planten algunas semillas. Señala que el Valor Fundamental de esta insignia es el Servicio. Que los Descubridores piensen en una manera en que puedan servir a los demás a través de las habilidades de jardinería.

¡Mirada mas De Cercana!

Habla con tus Descubridores sobre el propósito para sus contenedores de jardines. Decide si va a ser un jardín vegetal o de flores, o una mezcla de ambos. En esta sesión puede plantar las "semillas" para un proyecto de ministerio.

RECICLAR JARDINES: Sesión 2

Antes de esta sesión, recopila materiales para la actividad y crea puestos de trabajo. Si estás utilizando botellas de refresco de dos litros, recorta las botellas. Revisa la información de la sesión. Piensa en maneras en que la parábola del sembrador se pueda tejer en la conversación.

Materiales

- Botella de refresco de dos litros con la parte superior cortada, o una pecera.
- Grava
- Tierra
- Envoltura de plástico
- Semillas de planta o plántulas (hiedra y otras plantas verdes resistentes funcionan mejor)

Buscando Direcciones

- Revisa "Palabras Para Saber" con los Descubridores, así las palabras se aplican a la sesión.
- Esta sesión es intercambiable con las otras y se puede hacer ya sea en interiores o al aire libre, dependiendo del clima.
- Explica a los Descubridores que la vida cristiana es muy parecida a una planta. Empieza como una semilla, y luego crece y florece. Al igual que las plantas, la vida cristiana necesita atención y trabajo. Pregunta a tus Descubridores en qué tipo de cosas de la vida cristiana necesitan crecer. (Asistencia a la iglesia, amigos cristianos, lectura de la Biblia, oración, contarle a otros acerca de Jesús.)
- Que los Descubridores llenen recipientes con tierra para macetas. Sigue las instrucciones en las páginas 50 a 51 del *Estudiante Descubridores* para la siembra de las plántulas. Habla acerca de la importancia de dar a las plantas la cantidad correcta de agua.

Mirada mas De ¡Cercana! ¿No tienes suficientes botellas de dos litros? Considera usar otros envases reciclables, como un galón, jarras de leche u otros recipientes de plástico. Cubre los bordes de plástico cortado con cinta correctora colorida.

EL PODER DE LA FLOR: Sesión 3

Antes de esta sesión, decide si tus Descubridores plantarán un lecho de flores o un jardín contenedor. Elije suministros apropiados desde el "Materiales". Si tienes un grupo grande de Descubridores, puede que tengas que dividirlos en grupos pequeños.

Materiales

- Rastrillo
- Azadón
- Pala o excavadora
- Tenedor cavador
- Estacas
- Manguera de jardín
- Fertilizante
- Rasero
- Macetas u otros recipientes
- Tierra para macetas
- Semillas o plántulas
- Pequeño tenedor cavador de mano

Buscando Direcciones

- Pide a los Descubridores trabajar juntos para planificar el trabajo de plantar sus flores. Ve a "Palabras Para Saber", según sea necesario para tu actividad.

- Después de plantar las flores, demuestra las técnicas adecuadas para el jardín, como el riego, el cultivo, y la fertilización.

- Lee Lucas 8: 14-15 (la parábola del sembrador). Explica que Jesús usó las cosas ordinarias para explicar las verdades religiosas a la gente. Señala que muchas personas escuchan la Palabra de Dios, pero ignoran o dejan de hacerlo parte de sus vidas. Aquellos que son buena tierra permiten que la Palabra de Dios sea parte principal de sus vidas. Esto les ayuda a crecer en su fe.

Mirada mas ¡Cercana!

Esta sesión se puede hacer en interior con cada Descubridor plantando un terrario o contenedor de jardín.

MINISTERIO DE PROYECTOS: Sesión 4

La Jardinería tiene múltiples aplicaciones. Los Descubridores pueden utilizar estas habilidades para servir a su iglesia local, individuos en la iglesia y su comunidad. Elige y completa uno o más proyectos en la sección "Ir, Servir" de esta insignia. Si has seleccionado un proyecto que combine dos insignias, ten en cuenta el número de semanas que necesitas para completar los requisitos de ambas insignias. Hay un sin fin de combinaciones de proyectos ministeriales que se pueden hacer. Usa tu imaginación. Adapta los proyectos de ministerio para satisfacer las necesidades de tus Descubridores, sus familias, y la iglesia.

¡Envuélvelo!

Que los Descubridores contesten las preguntas para reflexionar sobre lo que han aprendido a través de esta insignia.

63

LECTURA DE MAPA

Mental

Bases Bíblicas: "'Yo soy el camino, la verdad y la vida', le contestó Jesús. 'Nadie llega al Padre sino por mí.'" (Juan 14:6-7)

Punto Bíblico: Jesús es el camino a tener una relación con Dios.

Meta de la Insignia:

- Los Descubridores deben ser capaces de entender la importancia y el uso de los mapas.
- Los Descubridores deben ser capaces de identificar y utilizar varios tipos de mapas.
- Los Descubridores deben ser capaces de utilizar los mapas para localizar y llegar a lugares previstos.
- Los Descubridores pueden introducirse a un proyecto de ministerio utilizando sus habilidades de lectura de mapas.

Valor Fundamental: Compasión. Hacer hincapié en el Valor Fundamental de la compasión mientras enseñas las habilidades relativas a Lectura de Mapa a los Descubridores.

Plan de Acción

La lectura de Mapa es una necesidad en nuestro mundo. Tenemos mapas para la conducción, senderismo, paseos en bote, transporte y muchas otras actividades de la vida. La lectura de Mapa puede proporcionarles a los Descubridores un sentido de independencia, lo que les permite elegir sus propios senderos y encontrar su propio camino en el mundo.

La lectura de Mapa ayuda a los Descubridores a encontrar sus tiendas favoritas en un nuevo centro comercial. Los Descubridores pueden ayudar en las vacaciones del plan de familia, ya que calculan el tiempo y la distancia a un destino.

Los Descubridores necesitan encontrar un camino a través de la vida espiritual. Juan 14: 6-7 le dice a los Descubridores que Jesús es el Camino al Padre y la vida eterna en el cielo. La vida es un viaje, y Jesús nos muestra el camino a seguir. Ayuda a los Descubridores a expresar alabanza a Jesús para mostrar a la gente cómo vivir como Cristiano.

Las actividades relacionadas con la lectura de mapas hacen que sea fácil incluir a los visitantes en las actividades. Las actividades son interactivas y divertidas. Los visitantes no tienen que haber estado presentes durante las lecciones anteriores para disfrutar de las actividades involucradas cada semana para la insignia Lectura de Mapa.

Cada sesión está diseñada para ser intercambiable y autónoma. La insignia Lectura de Mapa es una gran insignia para los visitantes.

PLANIFICADOR DE INSIGNIAS

Sesión

1 Los Descubridores estarán familiarizados con varios mapas, demostrar el uso correcto del compás, y encontrar el norte utilizando una brújula.

2 Los Descubridores harán sus propios mapas y los compartirán con el grupo.

3 Los Descubridores usarán un mapa local para viajar a un lugar predeterminado para un aperitivo o salida en grupo.

4 Los Descubridores pueden participar en un proyecto de ministerio opcional.

Requisitos ✓ de Insignia

Elije cuatro de los cinco requisitos para completar la insignia Lectura de Mapa.

☐ Usa un mapa local, se capaz de:
- orientar el mapa para localizar el norte,
- la leyenda y describir el significado de los símbolos,
- localizar el hogar, la escuela, la iglesia y un hospital
- utilizando la escala del mapa para determinar la distancia entre los lugares.

☐ Muestra cómo utilizar al menos dos de los siguientes mapas:
- mapa de tu ciudad
- ruta de autobús local
- mapa de zona horaria
- mapa de código de área
- plano de planta
- mapa topográfico

☐ Crea un plan de piso de tu casa y la iglesia, y utilízalo para hacer un plan de evacuación de un fuego, tornado o terremoto.

☐ Crea un mapa de la zona que rodea tu iglesia o casa. Orienta el mapa hacia el Norte. Incluye las características significativas del terreno (tierra) y los puntos de referencia.

☐ Planea un viaje con tu grupo Descubridor:
  - selecciona una ubicación,
  - marca la ruta en el mapa,
  - calcula la distancia a la que viajarán,
  - utiliza el mapa para guiar al líder al destino
☐ Planea una manera de utilizar las habilidades de Lectura de Mapas para ministrar a otra persona.

RECURSOS

Estos son algunos recursos para ayudarte a enseñar la insignia Lectura de Mapa:

- Usa la búsqueda de Internet para investigar los "mapas topográficos", "Mapas", " lectura de mapas" y "orientación".
- Tu viaje o club de auto local
- Biblioteca local
- Aventura al aire libre o tienda

¡SeRViR!

Los Descubridores pueden utilizar cualquiera de estas sugerencias para los proyectos de ministerio. (Los Proyectos del Ministerio son opcionales y no están obligados a completar los requisitos de la insignia.)

100 Completa los requisitos para la insignia Lectura de Mapa.

200 Usa los requisitos para la insignia Lectura de Mapas para descubrir más acerca de una región del mundo y de sus misioneros. Usa un mapa del mundo y tachuelas para localizar tus ENLACES misioneros en el mapa. Oren por aquellos misioneros sobre una base regular. Esto puede ayudar a los Descubridores a ganar la insignia Misiones.

300 Combina las insignias Lectura de Mapa, Cometas y Audiovisuales. Usando un mapa y una brújula, que tus estudiantes planeen un viaje para volar sus cometas. Documenta el viaje utilizando fotografía o vídeo. Deben usar sus fotos o videos como una presentación en clase.

¡Alcanzar!

Enumera algunas de tus propias opciones para proyectos ministeriales que funcionarían bien con tu iglesia y tus Descubridores.

_____

_____

_____

PALABRAS PARA SABER

Que los Descubridores encuentren las palabras del vocabulario en la sopa de letras.

Nota: Algunas de las palabras respuestas se encuentran por separado.

Brújula: Dispositivo para determinar las direcciones mediante una aguja magnética en un punto de giro que apunta al norte magnético.

Escala: Una indicación de la diferencia entre la distancia en un mapa y la distancia real.

Hoja de Ruta: Una representación visual de calles, carreteras y ciudades, necesaria para viajar.

Mapa Topográfico: Un mapa que muestra las características de elevación y de superficie para un área específica.

Mapa: Una representación visual de un área específica.

Norte Magnético: La indicación del norte de una brújula causada por el campo magnético de la tierra

Norte Verdadero: Norte polar

Orientación: Un concurso en el que se utiliza un mapa y una brújula para llegar a diversos puntos de control.

Símbolo: Una representación en un mapa de los distintos puntos de referencia y el terreno (tierra) que dispone.

Sistema de Posicionamiento Global (GPS): Un dispositivo de guiado por satélite para localizar la posición exacta.

```
Ú  A  B  R  Ú  J  U  L  A  P  T  Á  C  R  N
M  O  G  C  N  D  L  Ó  W  R  W  N  D  A  O
O  S  R  P  I  W  S  P  G  A  É  M  S  W  R
R  W  F  Á  D  T  I  O  L  N  D  O  I  N  T
I  N  X  L  O  G  S  S  O  S  H  R  M  I  E
E  P  M  A  P  A  T  I  B  R  O  P  B  G  M
N  I  A  T  Ó  Z  E  C  A  Z  J  N  O  L  A
T  Y  R  Z  J  F  M  I  L  C  A  S  L  M  G
A  E  S  C  A  L  A  O  M  S  D  T  O  F  N
C  Y  M  O  P  L  Ú  N  Y  Ó  E  R  D  X  É
I  S  É  Y  I  Z  D  A  I  J  R  Y  Á  I  T
Ó  C  D  Á  X  T  E  M  É  L  U  O  M  W  I
N  M  R  J  G  N  O  I  Y  R  T  G  T  Ú  C
X  N  O  R  T  E  V  E  R  D  A  D  E  R  O
L  S  A  N  X  S  W  N  S  A  Ú  R  L  S  J
Ú  T  R  F  Ó  C  R  T  J  N  Y  T  Z  O  É
M  A  P  A  T  O  P  O  G  R  Á  F  I  C  O
```

¡PREPARADOS . . . LISTOS . . . FUERA!

BRÚJULAS Y MAPAS: Sesión 1

Esta insignia introducirá a los Descubridores a diversos tipos de mapas y cómo usarlos. Ayuda a los Descubridores a familiarizarse con el uso de una brújula y su propósito para la lectura de mapas. Los Descubridores comenzarán a utilizar el mapa para identificar y localizar las características del terreno,

Materiales

■ Mapas topográficos de carretera, ciudad, estado y país
■ Plano de planta de un edificio o casa
■ Pizarra
■ Ruta de autobús local o un mapa de tránsito
■ Atlas
■ Cuatro o cinco brújulas de senderismo

destinos y localidades importantes. Los Descubridores deben ser capaces de calcular la distancia usando la escala del mapa y reconocer símbolos comunes en la lectura de mapas.

Antes de esta sesión, familiarizarse con los mapas que les darás a tus Descubridores. Coloca símbolos importantes y sus significados en una pizarra. Aprende lo que significan los símbolos. Descubre cómo usar la escala y cómo usar una brújula para orientar un mapa. Debes familiarizarte con los puntos de referencia comunes y lugares de interés en los mapas, así como el uso adecuado de una brújula.

Buscando Direcciones

■ Deja que los Descubridores echen un vistazo a una pantalla de mapas y una brújula. Deja que los Descubridores localicen sus destinos favoritos en el mapa.

■ Que voluntarios lean el versículo Bíblico, la sección "¿Qué puedes hacer con esta Habilidad?" los Requisitos de insignia, seguridad, y las palabras del vocabulario. Deja que los Descubridores encuentren las palabras del vocabulario en la sopa de letras.

■ Revisa la información del mapa básico con los Descubridores.

■ Dales tiempo a tus Descubridores para mirar los mapas. Hazles preguntas acerca de la localización de varios puntos de interés y las características del terreno en el mapa. Señala que un mapa representa lo que van a ver en la tierra en la que están buscando.

■ Demuestra el uso correcto de la brújula (página 55 del libro del alumno), y permite que tu grupo se turne para encontrar el Norte. Da a los Descubridores varias lecturas de dirección a seguir, y luego permíteles localizar y seguir esas lecturas.

■ Explica a los Descubridores el propósito de la leyenda, la escala y como orientar el mapa al Norte utilizando una brújula.

- Si uno de los mapas es un mapa de tu ubicación, lleva a los estudiantes fuera y señala las similitudes entre el mapa y el terreno real.
- Deja que un voluntario lea Juan 14:6-7. Según este versículo, nuestra única forma de llegar a Dios en el cielo, es a través de Jesús. Él es el Camino. Tal vez haya un Descubridor que quiera encontrar la manera de tener una buena relación con Dios. Utiliza el ABC de Salvación si algún Descubridores responde.

Mirada mas ¡Cercana!

Establece un curso fácil en tu iglesia, usando pasos y direcciones. Envía a tus Descubridores en parejas y pídeles encontrar el destino final. Coloca un aperitivo o algún premio en el destino.

HAZ TU PROPIO MAPA: Sesión 2

Los Descubridores crearán sus propios mapas mediante la elaboración de un croquis, utilizando una escala aproximada para calcular la distancia y el uso de las habilidades de la brújula para ayudar a orientarse en el mapa para señalar al norte.

Antes de esta sesión, utiliza una brújula y símbolos básicos de mapa para preparar un mapa de mostrar tu iglesia. La creación de este mapa de antemano te dará una mejor comprensión de cómo trabajar con tus Descubridores y responder mejor a sus preguntas. Opción: Busca un mapa de tu ciudad. Proporciona copias suficientes para toda la clase.

Materiales

- Papel
- Brújula
- Marcadores, bolígrafos y lápices
- De 4-6 compases de senderismo
- Papel de gráfico (opcional)

Buscando Direcciones

- Explica rápidamente el uso de una brújula, escala del mapa, leyenda y los distintos tipos de mapas. Permite a los Descubridores manipular la brújula y hacer preguntas acerca de la leyenda de símbolos y las características del terreno.
- Da a los Descubridores los materiales necesarios y permíteles dibujar un mapa de la zona que rodea la iglesia. Si es posible, llévalos a un parque de la zona para que puedan tener un área más grande para dibujar.
- Pregunta, *¿Cuál fue la parte más difícil de la creación de tu mapa?*
- Dales a los Descubridores la oportunidad de compartir sus mapas con la clase. Señala las luces altas de cada mapa, y permite a los estudiantes compartir por qué se incluyen ciertas características.
- Señala que el Valor Fundamental de esta insignia es la compasión. J.P. Roberts tuvo compasión de las mujeres que estaban pasando por momentos difíciles en sus vidas. Comenzó La Casa de Descanso en Pilot Point, Texas. Que los Descubridores localicen Pilot Point, Texas, en un mapa.

Has hincapié en que la Iglesia del Nazareno tiene muchos centros de ministerios de compasión de todo el mundo. Consulte <www.nazcompassion.com> para más información. Que los Descubridores localicen algunas de las zonas del mundo con centros ministerios de compasión nazarenos.

■ Explica que una vez que una persona se convierte en un Cristiano, la Biblia se convierte en su brújula. Usar tu brújula espiritual te ayudará a saber cómo vivir la vida Cristiana. Lean juntos Juan 14:6-7.

■ Concluye con una oración agradeciendo a Dios por su guía en nuestras vidas.

Mirada más ¡Cercana!

Ayuda a los Descubridores a dibujar un plano de planta de la iglesia. Calcula la distancia, prepara una leyenda, y muestra las características significativas.

VIAJE POR CARRETERA: Sesión 3

Pide a los Descubridores planear un viaje a una tienda de helados o restaurante local de comida rápida. Ellos serán los encargados de elegir la ruta y la dirección de los controladores a la ubicación adecuada. Los Descubridores deben utilizar sus habilidades de mapa para ayudar al conductor.

Antes de esta sesión, elije un lugar que requiera que tus Descubridores usen un mapa para encontrarlo. Si tu grupo es lo suficientemente grande, llama al restaurante antes de tiempo para hacerles saber que estás llegando. Prepara un breve devocional para cuando lleguen tus Descubridores a su destino. Considera el Salmo 119:105.

Materiales

■ Formularios de permiso para cada niño
■ Dinero para un helado u otra golosina
■ Chaperones para los niños (al menos uno por cada seis niños)
■ Vehículos para el transporte
■ Una hoja de ruta local para cada grupo

Buscando Direcciones

■ Divide a los Descubridores en grupos y entrega a cada grupo una hoja de ruta local. Dile a los Descubridores a dónde vas, y dales tiempo para planificar una ruta apropiada.

■ Durante el viaje, di a Los Descubridores que den instrucciones adecuadas al destino designado. Los Descubridores deben ser capaces de dar al conductor las instrucciones adecuadas para guiarlos a la ubicación.

- Agradece a Dios por la comida antes de comer. Cuando regresen a la iglesia, discute la importancia de tener la dirección correcta mientras viajas. Pregunta: ¿Qué pasa si vas a la derecha en vez de a la izquierda? ¿Qué sucede si conduces una milla en lugar de dos millas? ¿Qué sucede si conduces al norte en lugar de hacia el sur?

  Pregunta, **¿A dónde quiere ir la gente cuando muere?** (La mayoría de la gente quiere ir al cielo) **¿Qué dice Juan 14: 6-7 acerca de llegar al cielo?** Deja que los Descubridores digan el versículo juntos.

- Cierra con una oración, dando gracias a Dios por enviar a Jesús para mostrarnos el camino para encontrar el perdón del pecado y el camino a la vida eterna en el cielo.

MINISTERIO DE PROYECTOS: Sesión 4

Elige y completa uno o más proyectos de la sección *Ir, Servir* de esta insignia. Si has seleccionado un proyecto que combine dos insignias, considera el número de semanas que necesitas para completar los requisitos de la insignia de ambas. Hay un sin fin de combinaciones de proyectos ministeriales que se pueden hacer. Usa tu imaginación. Adapta los proyectos del ministerio para satisfacer las necesidades de tus Descubridores, sus familias, y la iglesia.

¡Envuélvelo!

Pide a los Descubridores responder a las preguntas para reflexionar sobre lo que han aprendido a través de esta insignia.

FOTOGRAFÍA

M e n t a l

Bases Bíblicas: "Cada uno ponga al servicio de los demás el don que haya recibido, administrando fielmente la gracia de Dios en sus diversas formas." (1 Pedro 4:10)

Punto Bíblico: Dios quiere que usemos las habilidades que Él nos ha dado para servirle y ayudar a otros.

Meta de la Insignia:

- Los Descubridores deben estar familiarizados con una variedad de cámaras y equipo fotográfico.
- Los Descubridores pueden conocer los conceptos básicos acerca de tomar una buena foto.
- Los Descubridores entenderán cómo se desarrolla la película y cómo se pueden editar las fotos digitales.
- Los Descubridores encontrarán una manera de utilizar las habilidades de fotografía para ministrar a otra persona.

Valor Fundamental: Servicio. Haz hincapié en el Valor Fundamental de servicio al enseñar a los Descubridores las habilidades relativas a la Fotografía.

Plan de Acción

Permite que tus Descubridores cometan errores. Está bien para ellos intentar y fallar, siempre y cuando vuelvan a intentarlo. Los Descubridores son parte de una generación de "hacedores" y disfrutan de la práctica en la educación. La Fotografía ofrece una excelente oportunidad para que los estudiantes participen activamente. Ellos están aumentando rápidamente sus habilidades para resolver problemas, y pueden aplicar sus conocimientos a situaciones fotográficas. Evita competiciones creativas que puedan enajenar a algunos de tus estudiantes, pero consigue permiso para que ellos muestren sus fotografías en una zona de la iglesia. Desafía a los niños a hacer adaptaciones o ser creativos. Anima a aquellos preadolescentes que se destaquen por ayudar a otros.

Primera de Pedro 4:10 recuerda a los Descubridoresque Dios ha dado a cada persona habilidades para servirle y ayudar a otros. Dios no da a todos la misma habilidad, porque se necesitan muchas habilidades para mantener la iglesia funcionando sin problemas. Algunos de tus Descubridores pueden descubrir que son hábiles con los equipos fotográficos. En la era tecnológica actual, muchas iglesias usan cámaras y producciones digitales en el servicio. No va a ser difícil para los Descubridores aprender cómo utilizar estas habilidades dentro de su propia iglesia.

72

Cada sesión está diseñada para ser intercambiable y autónoma. La insignia de Fotografía es una gran insignia para los visitantes.

PLANIFICADOR DE INSIGNIAS

Sesión

1 Los Descubridores aprenderán los conceptos básicos sobre la fotografía, y los tipos de cámaras y películas.

2 Los Descubridores revisarán los conceptos básicos sobre cómo hacer una buena foto. Van a ir a un parque local o punto de interés y tomar fotografías que se utilizarán en una pantalla.

3 Los Descubridores visitarán un centro local de procesamiento de película o trabajarán con un programa de edición de fotografía en la computadora.

4 Los Descubridores pueden participar en un proyecto de ministerio opcional.

Nota: Planea trabajar en esta insignia cuando el clima sea agradable para que tus estudiantes puedan tomar imágenes a la intemperie.

Requisitos ✓ de Insignia

Elije cuatro de los cinco requisitos para la finalización de la insignia de Fotografía.

☐ Nombra los diferentes tipos de cámaras.

☐ Prepara una presentación de cinco o seis fotos que hayan tomado. Usa lo que has aprendido en esta insignia para tomar imágenes de calidad.

☐ Relaciona algunos consejos para tomar buenas imágenes.

☐ Visita un laboratorio fotográfico para descubrir cómo se desarrolla la película o utiliza un programa de ordenador para la edición de fotografías digitales.

☐ Participa en un proyecto de ministerio que utilice tus habilidades de fotografía para ministrar a alguien más.

RECURSOS

- *Segunda Edición de la Guía de Campo Fotografía Nacional Geográfica: Secretos para Hacer Grandes Fotos* de Peter Burian, y otros. (Geografía Nacional, 2003)

- *Guía de Kodak para Fotografía de 35mm: Técnicas para obtener mejores fotografías,* por la Compañía Eastman Kodak (Plata Pixel)

¡SERVIR!

Los Descubridores pueden utilizar cualquiera de estas sugerencias para los proyectos de ministerio. (Los Proyectos del Ministerio son opcionales y no están obligados a completar los requisitos de la insignia.)

100 Completa los requisitos para la insignia Fotografía.

200 Use los requisitos para la insignia Fotografía como un proyecto de ministerio para servir a otras personas. Considera la posibilidad de tomar fotografías de las familias después de un servicio especial.

300 Combina las habilidades para las insignias fotografía e Historia de la Iglesia, para crear un proyecto de ministerio que cree una historia fotográfica de tu iglesia local. Que tus estudiantes preparen una presentación y almacenamiento adecuado para sus imágenes.

¡Alcanzar!

Enumera algunas de tus propias opciones para proyectos ministeriales que funcionarían bien con tu iglesia y tus Descubridores.

_____

_____

_____

#1 Seguridad

- **Ten en cuenta** que algunas personas pueden no querer tomarse una foto. Se respetuoso de sus deseos.
- **Nunca** exponer una película no revelada a la luz solar.
- **Siempre** asegúrate de que la película se rebobine antes de abrir la parte trasera de una cámara.

PALABRAS PARA SABER

Escribe las palabras y definiciones en la pizarra o papel. Que tus Descubridores determinen qué definición pertenece a cada palabra. Esto ayudará a los Descubridores a recordar las palabras del vocabulario de la insignia.

Cámara: Cualquier dispositivo que se utiliza para la captura de imágenes de luz en un dispositivo de almacenamiento (película, cinta o chip de computadora).

Cuarto Oscuro: Una habitación que se mantiene completamente a oscuras con el propósito de desarrollar y producir las fotografías de la película.

Edición de Fotos: El proceso de cambio de una imagen.

Regla de los Nueve: Si una imagen se divide en nueve cuadrados, las líneas de intersección se consideran el punto de mayor interés.

Velocidad de Película: Cantidad de luz necesaria para tomar una imagen en una película en particular. También se determina por el tamaño de grano de la película.

¡PREPARADOS . . . LISTOS . . . FUERA!

CÓMO FUNCIONA: Sesión 1

Los Descubridores explorarán diferentes tipos de cámaras, cómo se desarrolla la película, y cómo tomar una buena foto. En esta actividad, cada Descubridor tendrá la oportunidad de familiarizarse con las diferentes cámaras y tener la oportunidad de diferenciar las buenas fotos de las malas.

Antes de esta sesión, reúne varios tipos de cámaras. Asegúrate de tene al menos un ejemplo de cada tipo disponible. Es mejor si tus alumnos tienen experiencia con las cámaras. Antes de comenzar la enseñanza de esta insignia, anima a cada estudiante a tener una cámara, película o disco de computadora, y los medios para procesar las imágenes.

Materiales

■ Pizarra o papelón
■ cámaras simples, Réflex de lente única y digitales
■ Varias imágenes de tu libro de recuerdos y revistas
■ Película

También, recoge algunas imágenes de tu propia colección y de artículos de revistas. Estas imágenes se utilizarán para ilustrar buenas y malas técnicas fotográficas.

NOTA: Si has prestado cámaras caras o los Descubridores están utilizando cámaras de la familia, supervisa estas actividades cuidadosamente.

Buscando Direcciones

■ Cuando los Descubridores lleguen, anímales a revisar los diferentes tipos de cámaras (simple, SLR [Réflex de lente única] y digitales). Dale a los Descubridores una oportunidad para mirar las cámaras y compararlas.

■ Introduce la placa Fotografía al dejar que voluntarios lean el versículo Bíblico, la Sección "¿Qué Puedes Hacer Con Esta

Habilidad?", "Requisitos de Insignia", seguridad, el equipo necesario, vocabulario, tipos de cámaras, y los tipos de película.

- Usa varias imágenes de revistas y de tu colección personal, demuestra cómo tomar una buena foto. Si tienes un ordenador disponible, que tus estudiantes tomen fotos con la cámara digital y analízalas en la computadora.

- Revisa con tus Descubridores los detalles para hacer una exhibición de sus fotografías.

- Deja que un voluntario lea de nuevo 1 Pedro 4:10. Brevemente habla sobre la forma en que las habilidades fotográficas podrían ser utilizadas para ayudar a otros y servir al Señor.

Mirada mas ¡Cercana!

Si no tienes acceso a un cuarto oscuro, ten fotos de los equipos que se utilizan para ayudar a ilustrar los diferentes pasos y procesos de revelado de películas y fotos.

IMAGEN PERFECTA: Sesión 2

Permite que tus Descubridores tomen fotos, animándoles a ser creativos y buscar tiros inusuales. Disfruta el momento con la cámara también. Encuentra la belleza en la creación de Dios, y reclama un pedazo de ella para tu propio libro de fotos personal.

Antes de esta sesión, reúne y prepara los materiales que se encuentran en el "Materiales".

Materiales

- Formularios de permiso (si salen de la propiedad de la iglesia)
- Transporte (si hacen un viaje de campo)
- Cámaras para cada niño
- Una bolsa Ziploc
- Un rollo de película para cada cámara
- Un parque local o lugar de interés
- Una etiqueta pegatina
- Marcador o lápiz

Asegúrate de tener formularios de permiso firmados y supervisión adulta adecuada para tu viaje. También puedes ver la disponibilidad de un parque. Si no puedes viajar a una ubicación diferente, utiliza los terrenos de la iglesia. Coloca una etiqueta con el nombre de cada estudiante en la película y en la bolsa Ziploc.

Buscando Direcciones

- Revisa la sección "Cómo Tomar Buenas Fotos" del *Estudiante Descubridor*. Discute cómo tomar una buena imagen.

- En el parque, permite a los Descubridores dar vueltas para la toma de fotografías, pero anímales a permanecer a la vista de un supervisor adulto.

- Antes de abandonar el parque, reúne a los Descubridores para hablar de sus experiencias. Pregúntales sobre las fotos que tomaron y por qué las tomaron.

- Toma tiempo para orar, agradecer a Dios por todo lo que Él ha creado y proporcionado para nosotros. Que cada Descubridor diga una oración agradeciendo a Dios por algo en la naturaleza. "Gracias, Dios, por. .. "

- Coloca, por separado, en una bolsa Ziploc etiquetada, cada rollo de la película de los Descubridores Los preadolescentes que están visitando ésta sesión pueden querer tomar la película para ellos desarrollarse. Mantén los otros rollos de película para el desarrollo de la próxima semana.

DESARROLLANDO UNA OBRA MAESTRA: Sesión 3

En esta sesión, visita un centro de procesamiento local de película y ve como las imágenes se procesan y se desarrollan.

Antes de esta sesión, has arreglos con un centro local de procesamiento de películas de una hora para recorrerlo. Informa al director que planeas traer a un grupo de la iglesia, y que a los Descubridores les gustaría pagar para tener su película revelada. Asegúrate de la cantidad de tiempo que se necesita para procesar la película para todos los niños.

Materiales

- Dinero para el procesamiento de la película
- Lápiz o un bolígrafo
- Un local de procesamiento de películas
- Hojas de permiso

Buscando Direcciones

- Discute con los Descubridores la información del *Estudiante Descubridor*, acerca de las cámaras, películas y consejos para tomar buenas imágenes.

- Si es necesario, enseña a los Descubridores cómo llenar un formulario de procesamiento de película. Que los Descubridores depositen y paguen por sus fotografías.

- Haz un recorrido por las instalaciones de procesamiento y desarrollo de película. Anima a los Descubridores a hacer preguntas sobre cualquier cosa que no entiendan.

- Después de la visita, revisa el viaje con tus estudiantes, y pregúntales que fue lo que más les gustó del viaje. Asegúrate de que cada niño complete las preguntas de la página 67 del *Estudiante Descubridor*.

- Señala que el Valor Fundamental de esta insignia es el Servicio. R.W. Cunningham dedicó su vida a servir a los demás mediante la capacitación de la Biblia para los afroamericanos y otros.

  Pregunta: ***Antes de trabajar en la insignia de fotografía, ¿habrías pensado en cómo las habilidades fotográficas podrían ayudarte a servir a Dios? ¿Quién puede decirme algunas maneras en las que se pueden utilizar esta habilidad para servir a Dios?*** (Pausa de respuestas.) Que los Descubridores lean juntos 1 Pedro 4:10.

Mirada mas DE ¡Cercana!

Si los Descubridores planean hacer una presentación visual con sus imágenes, toma algún tiempo para hablar acerca de cómo mostrar las imágenes de forma atractiva.

MINISTERIO DE PROYECTOS: Sesión 4

Elige y completa uno o más proyectos en la sección *Ir, Servir* de esta insignia. Si has seleccionado un proyecto que combine dos insignias, ten en cuenta el número de semanas que se necesita para completar los requisitos para ambas insignias. Hay un sin fin de combinaciones de proyectos ministeriales que se pueden hacer. Usa tu imaginación. Adapta los proyectos del ministerio para satisfacer las necesidades de tus Descubridores, sus familias, y la iglesia. Considera la posibilidad de tener una noche de visitante. Proporciona cámaras adicionales para los visitantes.

¡Envuélvelo!

Pide a los Descubridores responder a las preguntas para reflexionar sobre lo que han aprendido a través de esta insignia.

TIRO CON ARCO

Bases Bíblicas: "Un mazo, una espada, una aguda saeta, ¡eso es el falso testigo contra su amigo!" (Proverbios 25:18, NTV*)

Los preadolescentes están empezando a tomar decisiones por su cuenta. Mientras se encuentran con esta independencia, descubren lo que realmente creen. Ellos se enfrentarán a innumerables situaciones en las que deciden si mentir será o no fundamental. Disfruta de cada momento la enseñanza durante estas sesiones para abordar la importancia de decir la verdad y seguir el ejemplo de Cristo para vivir una vida santa.

Punto Bíblico: Lo que decimos le importa a Dios.

Meta de la Insignia:

- Los Descubridores deben identificar las diferentes partes de un arco y una flecha.
- Los Descubridores deben distinguir entre los diferentes tipos de arcos.
- Los Descubridores debe ser capaces de disparar una flecha con eficacia.
- Los Descubridores deberían considerar cómo utilizar sus habilidades de tiro con arco en un proyecto de ministerio.

Valor Fundamental: Servicio. Hacer hincapié en el Valor Fundamental de servicio mientras enseñas a los Descubridores las habilidades relativas al Tiro con Arco.

*De la Santa Biblia, Nueva Traducción Viviente (NTV), derechos de autor © 1996. Usado con permiso de la Casa de Publicaciones, Tyndale, Inc., Wheaton, IL 60189. Todos los derechos reservados.

Plan de Acción

Tiro con arco como deporte sólo se ha desarrollado en los últimos siglos. Se ha utilizado en la guerra y para la caza. Los Ejércitos ganan o pierden en base a la fuerza de sus arqueros. Hoy en día, el tiro con arco es un deporte olímpico con una variedad de diferentes disciplinas y estilos. Algunas personas todavía utilizan el tiro con arco como una forma desafiante de caza. A los Descubridores les encanta la acción, la variedad y la competencia. A causa de la alegría y la falta de atención de los Descubridores' el guía debe tener precaución y vigilancia adicional mientras les enseña el tiro con arco. El deporte del tiro con arco será de interés para la naturaleza competitiva de los Descubridores.

Los visitantes disfrutarán de la naturaleza orientada a la acción de tiro con arco. Anímelos a participar, y enséñales las partes del arco y la flecha y los procedimientos a medida que avanzas.

Cada sesión está diseñada para ser intercambiable y autónoma. La insignia Tiro con Arco es una gran insignia para los visitantes.

PLANIFICADOR DE INSIGNIAS

Sesión

1 Los Descubridores aprenderán el equipo necesario, los procedimientos de seguridad, y las habilidades de tiro con arco.

2 Los Descubridores tendrán objetivo y comenzarán a utilizar los arcos y flechas. Es importante que todos los Descubridores conozcan las pautas de seguridad antes de comenzar esta sesión.

3 Los Descubridores participarán en un evento de tiro con arco para poner a prueba sus habilidades en desarrollo.

4 Los Descubridores pueden participar en un proyecto de ministerio opcional.

Física

Requisitos ✓ de Insignia

Elije cuatro de los cinco requisitos para completar la insignia Tiro con Arco.

☐ Muestra a tu guía las siguientes partes de un arco y una flecha.

Partes de un arco: punta, cuerda, cuerda de primera clase, descanso de flecha y agarre.

Partes de una flecha: muesca, emplumado, eje, y cabeza o punta

☐ Muestra a tu guía cómo determinar la longitud de la flecha correcta.

☐ Demuestra la técnica de tiro adecuada a tu guía.

☐ Dispara al menos un conjunto (cinco flechas) a las siguientes distancias. Registra tu puntaje para cada uno. Utiliza un objetivo de regulación de 48 pulgadas.

     a. 33 pies o más puntuación_____

     b. 44-55 pies puntuación_____

☐ Encuentra una manera en la que puedes usar tus nuevas habilidades de Tiro con Arco para ministrar a alguien más.

RECURSOS

- Búsqueda en Internet sobre el tiro con arco
- Biblioteca local
- Tienda de artículos deportivos
- Local de tiro con arco

SERVIR!

Los Descubridores pueden utilizar cualquiera de estas sugerencias para los proyectos de ministerio. (Los Proyectos del Ministerio son opcionales y no están obligados a completar los requisitos de la insignia.)

100 Completa los requisitos para la insignia Tiro con Arco.

200 Combina las insignias de Tiro con arco y Deporte. Que tus Descubridores planifiquen un evento de alcance comunitario para los arqueros locales. Realiza una competencia para distintos niveles de aficionados y grupos de edad. Has publicidad en el periódico local.

300 Combina las insignias tiro con arco, lectura de mapa, y Evangelismo. Usando un mapa y una brújula, que tus estudiantes hagan un concurso de orientación con los objetivos de tiro con arco como los destinos.

Ten premios para el mejor tiempo, la mayoría de puntos anotados, y la mejor puntuación global. Anima a tus Descubridores a invitar a sus amigos.

¡Alcanzar!

Tiro con arco es un deporte divertido, activo que requiere poca habilidad para disfrutar. Los visitantes se sentirán como en casa, ya que aprenderán esta nueva habilidad y son capaces de ponerla en práctica. Anima a los Descubridores regulares a hacer equipo con los visitantes para que se sientan más cómodos.

Haz una lista de opciones para proyectos ministeriales que funcionarían bien para tu iglesia y tus Descubridores.

_____

_____

_____

_____

#1 seguRidad

Tiro con arco puede ser muy peligroso si no se siguen las reglas de seguridad. Los Arcos y flechas no son juguetes. Pueden llegar a ser armas que pueden lesionar gravemente o matar a alguien.

- **SiempRe** ten supervisión de un adulto y escucha con atención las instrucciones del director.

- **Nunca** apuntes un arco a un animal, persona o cosa que no quieras golpear.

- **AsegúRate** de que el área detrás de su objetivo esté libre.

- **DispaRa sólo** en áreas autorizadas y en los objetivos adecuados.

- **Sólo dispaRa** cuando estés seguro de que nadie está alrededor o detrás del objetivo.

- **AsegúRate** de que tu destino es lo suficientemente grueso como para detener la flecha.

- **Nunca** utilices una cuerda deshilachada.

- **Nunca** recuperes tus flechas mientras que otros arqueros sigan disparando.

- **Camina** al manipular flechas.

PALABRAS PARA SABER

Arco Compuesto: Un arco que utiliza una serie de poleas para crear tensión en la cuerda del arco. Se utilizando sobre todo para la caza.

Arco Recto: Un arco que es recto de arriba a abajo.

Arco Recurvo: Una fibra de madera, de vidrio, o de grafito / carbono de arco compuesto que se enrosca en los extremos.

Cabeza o Punta: El extremo aplanado de una flecha. Los tres tipos principales son: campo, objetivo, y la caza.

Carcaj: Un caso para sostener las flechas que no han sido despedidas.

Culatín: La ranura en el extremo de una flecha utilizada para sostener la cuerda del arco.

Eje: El cuerpo de madera, aluminio o grafito / carbono de una flecha.

Emplumado: Plumas unidas a la flecha ayuda para estabilizar su vuelo.

Estabilizador: Un peso montado en un arco para minimizar la extensión indeseable de la cadena cuando se libera.

Grupo: El modelo de flechas sobre el objetivo.

Protector de Brazo: Protege el brazo del arco de las abrasiones de la cuerda del arco.

Vista: Dispositivo utilizado para ayudar al arquero en el objetivo de la meta.

82

¡PREPARADOS . . . LISTOS . . . FUERA!

TODO SOBRE TIRO CON ARCO: Sesión 1

Tus Descubridores disfrutarán el deporte del tiro con arco más si hay un enfoque práctico. Esta actividad introducirá a tus Descubridores al equipamiento necesario, los procedimientos de seguridad, y las habilidades de tiro con arco.

Antes de esta sesión: Investiga la historia de tiro con arco y sus múltiples usos. Busca a una persona en tu iglesia o comunidad que sea un arquero e invítalo a hablar con tu grupo. Tiro con arco es mejor hacerlo como una práctica en la actividad. Que tus Descubridores manejen el equipo y participen mientras les enseñas la información general sobre el tiro con arco.

Materiales

- De cinco a seis arcos (dependiendo del tamaño de tu grupo)
- Cinco flechas por arco
- Cuatro balas de heno por blanco
- Tres dianas de tiro con arco

Buscando Direcciones

- A medida que lleguen los Descubridores deja que vean los arcos y flechas, pero no dejes que los preadolescentes los utilicen. Introduce la insignia de Tiro con Arco al tener voluntarios que lean el versículo Bíblico, la sección "¿Qué Puedes Hacer Con Esta Habilidad?", "Requisitos de Insignia", y cuestiones de seguridad. Deja que los Descubridores hagan el rompecabezas antes de discutir "Palabras Para Saber."

- Que los Descubridores lean la información en las páginas 70-74 del *Estudiante Descubridor.*

- Demuestra la seguridad necesaria y las habilidades prácticas de tiro con arco.

- Demuestra el cuidado adecuado de la técnica de equipos de tiro con arco y tiro.

- Pregunta: *¿Alguna vez han oído a alguien decir que otra persona es "recto como una flecha"? Esto significa que la persona sigue las reglas y actúa correctamente.*

  Lee Proverbios 25:18. *Este versículo dice que mentir es como disparar a alguien con una flecha aguda. Todo el mundo tiene que seguir las reglas de seguridad para evitar que otros sean heridos en el tiro con arco. También tenemos que cuidar nuestras palabras para evitar herir a los demás.*

- Concluye con una oración, pidiendo a Dios que ayude a los preadolescentes a decir la verdad.

83

LA PRÁCTICA HACE LA PERFECCIÓN: **Sesión 2**

Esta actividad revisará los equipos, procedimientos de seguridad, y las habilidades necesarias para el tiro con arco. También les dará tiempo a los Descubridores para practicar sus habilidades de Tiro con Arco.

Antes de esta sesión, reúne el equipo necesario, y crea un rango de objetivo de tiro con arco. Revisa el equipo, los procedimientos de seguridad, y las habilidades de tiro con arco.

Materiales

- De cinco a seis arcos (dependiendo del tamaño de tu grupo)
- Cinco flechas por arco
- Cuatro pacas de heno por blanco
- Tres dianas de tiro con arco

Buscando Direcciones

- Revise el equipo necesario de tiro con arco, los procedimientos de seguridad, y las habilidades para disparar.
- Usar los procedimientos adecuados, permitirá que tus Descubridores practiquen sus habilidades de tiro con arco. A medida que se están disparando dales consejos para mejorar.
- Que un voluntario lea Proverbios 25:18. Pregunta a los Descubridores algunas situaciones en las que sea difícil de decir la verdad. (Es posible que lastime los sentimientos de alguien. Puedes meterte a ti o a otros en problemas. No estás seguro de cómo reaccionará la gente a la verdad.) Di: *Hubo momentos en que Jesús habló sin rodeos a la gente. A veces Él le dijo a la gente cosas que perturbaban su zona de confort. Él tenía que decir algunas cosas difíciles para que las personas se dieran cuenta de su necesidad de un Salvador. Jesús tuvo el valor de decir la verdad. Dios quiere que nosotros digamos la verdad también.*

Señala que el Valor Fundamental de esta insignia es el Servicio. R.W. Cunningham venció prejuicios y tendencias culturales al insistir en la formación teológica para afroamericanos. Estuvo en el blanco del cumplimiento de una necesidad. Él sirvió a la Iglesia del Nazareno también.

Concluye con una oración, dando gracias a Dios por Jesús y el ejemplo que Él fijó para nosotros. Pídele a Dios que ayude a los Descubridores a decir la verdad.

LA COMPETENCIA: **Sesión 3**

Esta actividad es un evento de tiro con arco para comprobar el desarrollo de la habilidad de los Descubridores.

Antes de esta sesión, establece un rango de objetivo de tiro con arco. Incluye los dos rangos de distancia de los requisitos para la insignia. Determina cómo van a ejecutar el evento, incluyendo reglas, premios, soportes y divisiones. Esto puede ser un evento de equipo o un evento individual.

Materiales

- De cinco a seis arcos (dependiendo del tamaño de tu grupo)
- Cinco flechas por arco
- Cuatro pacas de heno por blanco
- Tres dianas de tiro con arco
- Barras de caramelo o pequeños premios

Buscando Direcciones

- Lleva a tus Aventureros a un campo de tiro. Llévalos a un rango establecido o crea uno propio. Utiliza los objetivos que sean todos de la misma distancia.

- Dale a tus Descubridores un poco de tiempo para calentar.

- Que los preadolescentes inicien la sesión, y establece el orden de participación individual o en equipo. Cada persona debe disparar cinco flechas, a objetivos a corta a larga distancia. Que los Descubridores sumen las puntuaciones.

- Que los Descubridores demuestren sus habilidades. Anima a todos los que lo intenten. Da premios para todo tipo de categorías. Los premios se pueden dar por una variedad de diferentes hazañas: más mejorado, ganador total, puntuación más alta, la más cercana al centro de la diana, y las flechas más generales del arco. Da a cada uno un premio.

- Que los Descubridores revisen los diferentes tipos de flechas. Pregunta: **¿Qué tipo de flecha se menciona en Proverbios 25:18?** (Una saeta aguda) *La punta de la flecha debe ser afilada para perforar la meta. Dios quiere que seamos "flechas afiladas" con mentes agudas y cuerpos sanos. Dios quiere que tomes buen cuidado de tu cuerpo y mente. Tu agilidad mental te ayudará a ser un mejor testigo Cristiano para los demás.*

- Concluye con una oración, dando gracias a Dios por darnos habilidades maravillosas. Pídeles que ayuden a los preadolescentes a utilizar sus habilidades para la diversión y oportunidades para ser un testimonio Cristiano a los otros.

Mirada más ¡Cercana!

Este evento se puede organizar en cualquier número de maneras. Los Descubridores pueden participar de forma individual o en equipo. Mantén todo divertido y animado.

MINISTERIO DE PROYECTOS: **Sesión 4**

Elige y completa uno o más proyectos de la sección *Ir, Servir* de esta insignia. Si has seleccionado un proyecto que combine dos insignias, considera el número de semanas que necesitas para completar los requisitos de la insignia de ambas. Hay un sin fin de combinaciones de proyectos ministeriales que se pueden hacer. Usa tu imaginación. Adapta los proyectos del ministerio para satisfacer las necesidades de tus Descubridores, sus familias, y la iglesia.

¡Envuélvelo!

Que los Descubridores contesten las preguntas para reflexionar sobre lo que han aprendido a través de esta insignia.

SALUD

Bases Bíblicas: "¿Acaso no saben que su cuerpo es templo del Espíritu Santo, quien está en ustedes y al que han recibido de parte de Dios? Ustedes no son sus propios dueños; fueron comprados por un precio. Por tanto, honren con su cuerpo a Dios "(1 Corintios 6:19-20).

Punto Bíblico: Dios quiere que lo honremos al cuidar de nuestro cuerpo.

Meta de la Insignia:

- Los Descubridores deben saber acerca de las opciones de estilo de vida que pueden mejorar y mantener su salud.
- Los Descubridores deben ser conscientes de sus decisiones diarias y mantener un registro de esas opciones.
- Los Descubridores deben ser capaces de establecer metas razonables para un estilo de vida saludable y establecer un plan para alcanzar esas metas.
- Los Descubridores deben pueden participar en un proyecto de ministerio opcional.

Valor Fundamental: Compasión. Hacer hincapié en el Valor Fundamental de la compasión mientras enseñas las habilidades relativas a la salud adecuada.

Física

Plan de Acción

¡Los estilos de vida saludables no son sólo para adultos! Los niños pueden conseguir un salto de inicio en un estilo de vida saludable por ser conscientes de sus estilos de vida y hacer algunos cambios en sus rutinas diarias.

Los Descubridores están empezando a hacer algunas decisiones propias. Algunas de estas opciones se convertirán en hábitos que afecten su salud por el resto de sus vidas. Por ejemplo, una vida sedentaria ahora o vivir con una enorme cantidad de estrés puede hacer que los preadolescentes sean adultos menos saludables. Para servir a Dios completamente, tenemos que cuidar de nuestros cuerpos. En 1Corintios 6:19-20, Pablo dice a los Corintios que Dios pensó lo suficiente en ellos para enviar a su Hijo a morir por ellos. Si Dios tiene el ser humano en tan alta estima, entonces la gente debe honrar a Dios mediante la práctica de buenos hábitos de salud.

Cada sesión está diseñada para ser intercambiable y autónoma. La insignia de la Salud es una gran insignia para los visitantes.

PLANIFICADOR DE INSIGNIAS

Sesión

1 Los Descubridores aprenderán la información básica sobre cuatro hábitos saludables: dormir, bocadillos saludables, actividad física y equilibrio. También aprenderán sobre la cafeína y sus efectos en el cuerpo.

2 Los Descubridores pensarán sobre sus estilos de vida y las decisiones que toman todos los días. Se hará un seguimiento de sus decisiones por un periodo de tiempo.

3 Los Descubridores tendrán en cuenta su estilo de vida y establecerán metas actuales y un plan para alcanzar esas metas saludables.

4 Los Descubridores puede participar en un proyecto de ministerio opcional usando sus habilidades de Salud.

F
í
s
i
c
a

Requisitos ✓ de Insignia

Elija cuatro de los cinco requisitos siguientes para que los Descubridores completen la insignia de la Salud.

☐ Aprenda los cuatro hábitos saludables que conforman un estilo de vida saludable.

☐ Observa tus rutinas diarias y registra los hábitos saludables y los no saludables.

☐ Crear un plan de juego para un estilo de vida saludable.

☐ Cambia un hábito de estilo de vida y registra los cambios por un periodo de tiempo.

☐ Encuentra una manera de utilizar las habilidades de Salud para ministrar a otra persona.

RECURSOS

Utilice estos recursos o similares:

- *Salud de los Niños* <http://www.kidshealth.org>
- *FDA Niños* <www.fda.gov/oc/opacom/kids/>   Sitio de Alimentos y Administración de Drogas de la infancia.

¡SeRVIR!

¡Los Descubridores pueden servir a Dios con sus habilidades! Los Descubridores pueden utilizar cualquiera de estas sugerencias para los proyectos de ministerio. (Los Proyectos del Ministerio son opcionales y no están obligados a completar los requisitos de la insignia.)

100 Usa tus habilidades de vida saludables para ayudar a un amigo a aprender hábitos de vida saludables. Haz que tu amigo mantenga registro y seguimiento de los cambios contigo.

200 Combina las insignias Salud y Entretenimiento. Planea una fiesta "estilo de vida saludable". Juega juegos activos, come bocadillos saludables, y enseña los cuatro hábitos saludables para el resto del grupo.

300 Combina las insignias Salud, Fotografía, y Drama. Ayuda a tu iglesia a patrocinar una "Semana de Apagar la TV." Presenta la información sobre la vida sana en una presentación de diapositivas, retrata familias jugando e interactuando de otras maneras. Escribe una parodia acerca de apaga el televisor, y haz carteles para recordar a todos sobre apagar el televisor por una semana.

¡Alcanzar!

Haz una lista de opciones para proyectos ministeriales que funcionarían bien con tu iglesia y tus Descubridores.

_____

_____

_____

_____

_____

#1 Seguridad

Si un Descubridor tiene problemas de salud o tiene sobrepeso, pregunta a los padres para llevar al niño al médico antes de hacer ejercicio o practicar algún deporte con regularidad. El médico puede ayudar al niño a elegir el tipo de actividades que él o ella puede hacer con seguridad.

89

PALABRAS PARA SABER

Que los Descubridores localicen las palabras del vocabulario en la sopa de letras. Las letras sin marcar en las primeras seis filas revelan un mensaje secreto: "Dios quiere que nosotros lo honremos al cuidar de nuestros cuerpos".

Balance: Firmeza mental, emocional y física. Si tu vida está equilibrada, puedes tener tiempo suficiente para trabajar, jugar y cuidar de ti mismo.

Cafeína: Un químico que se encuentra en los refrescos y otras bebidas, así como en el chocolate. La cafeína es un estimulante.

Estilo de vida: Los tipos de hábitos que una persona mantiene.

Estimulante: Algo que te hace estar más despierto y activo, pero sólo por un rato.

Estrés: Las cosas que ponen presión sobre ti, como pruebas, enfermedades, problemas en casa, tareas, actividades extras. El estrés también se refiere a la forma en que su cuerpo responde a la presión.

Teleadicto: Una persona que no es muy activa. Por lo general, ve mucha televisión o pasa mucho tiempo frente a los juegos de ordenador o de vídeo.

```
d  i  o  s  q  u  i  e  r  e  q  u  e  n
o  s  o  t  c  a  f  e  í  n  a  r  b  o
s  e  l  o  h  o  n  s  r  e  m  o  a  s
a  s  l  c  u  i  d  t  a  r  d  e  l  n
u  t  e  l  e  a  d  i  c  t  o  e  a  s
t  i  r  o  s  c  u  l  e  r  p  o  n  s
s  m  d  í  t  e  d  o  b  a  n  í  c  o
é  u  a  s  r  c  n  d  c  s  t  m  e  a
d  l  l  é  n  a  t  e  u  é  e  l  n  f
e  a  f  r  d  l  m  v  n  d  r  d  e  n
t  n  c  v  n  í  o  i  t  s  o  c  l  t
v  t  u  s  n  b  f  d  v  o  a  m  f  n
b  e  s  t  r  é  s  a  o  d  o  t  í  b
í  r  n  d  o  e  m  u  é  r  s  v  d  a
```

¡PREPARADOS . . . LISTOS . . . FUERA!

LOS ESTILOS DE VIDA NO SON SÓLO PARA LOS RICOS Y FAMOSOS! Sesión 1

Los Descubridores aprenderán cuatro partes importantes de un estilo de vida saludable.

Antes de esta sesión, reúne suministros y establece cuatro estaciones, una en cada esquina de la habitación. Pon los aperitivos en una mesa en un área, el saco de dormir, verduras y galletas saladas y una almohada en un área, el ejercicio y el despertador por lo menos a seis pies de largo en otra área, y la barra de equilibrio o de dos por cuatro en los otros equipos deportivos.

Materiales

■ Un saco de dormir, una barra de equilibrio o de dos por cuatro

■ Piezas de madera por lo menos de seis pies de largo

■ Páginas 79-82 del *Estudiante Descubridor*

■ Refrigerios saludables, como frutas, queso, verduras crudas y galletas.

■ Cuerdas para saltar, pelotas.

■ Ayudantes adultos adicional

Buscando Direcciones

- Cuando tus Descubridores lleguen, permíteles visitar cada una de las cuatro estaciones.

- Después de un tiempo, reúne a los Descubridores y pasa por cada estación como un grupo. Introduce insignia Salud al permitir que voluntarios lean el versículo Bíblico, la sección "¿Qué Puedes Hacer Con Esta Habilidad?", "Requisitos de Insignia", y cuestiones de seguridad.

- Que los Descubridores lean las definiciones de las "Palabras Para Saber". Que hagan la sopa de letras. El mensaje secreto es: Dios quiere que lo honremos al cuidar de nuestro cuerpo.

- Sirve los bocadillos para el grupo como cubrir la información sobre refrigerios saludables.

- Divide a los Descubridores en grupos pequeños. En cada estación, pídeles que discutan sus propios estilos de vida, decidir qué opciones son saludables y que deben cambiar. Ten un adulto para supervisar a cada grupo pequeño.

- Deja que voluntarios lean las secciones "Lo que comía", " Lo que hacía" en el *Estudiante Descubridor.* Los Descubridores deben completar las actividades.

- Que un voluntario lea 1 Corintios 6: 19-20. Di: U**stedes están empezando a tomar algunas decisiones por sí mismos. Algunas de estas opciones se convertirán en hábitos que afecten a su salud durante el resto de su vida. Dios quiere que tengan cuidado de su cuerpo.**

- Tómate tu tiempo para agradecer a Dios por la creación de las personas con este tipo de cuerpos maravillosos. Pídele que ayude a los Descubridores a tener buen cuidado de sus cuerpos.

- Si el tiempo y el clima lo permiten, acompaña al grupo afuera a jugar un juego de etiqueta.

Mirada más ¡Cercana!

Si tu grupo es grande, ten un adulto en cada estación para llevar a los niños a través de la información en el *Estudiante Descubridor* y facilitar la discusión después.

Los Descubridores evaluarán sus hábitos diarios y decidirán qué cambios necesitan hacer. Ellos hablarán sobre las cosas que desencadenan el estrés y la manera de aliviar el estrés.

Antes de esta sesión, escribe tres títulos en la pizarra: Bocadillos, Actividades y Estrés. Bajo cada encabezado haz dos columnas: buenos hábitos y malos hábitos.

Materiales

- "Lo que me Estresa" y "El alivio del Estrés" en las páginas 83-84 del *Estudiante Descubrido*r
- Pizarra
- Cuaderno
- Bolígrafos o lápices
- Marcadores
- Goma grande

Buscando Direcciones

- Que el grupo se reúna alrededor de las listas que has creado. Pide a voluntarios que digan cuales son algunos hábitos buenos y malos para cada categoría. Luego dile a los Descubridores que pueden mejorar sus estilos de vida, y aprenderán, en esta sesión, cómo hacerlo.
- Que los Descubridores lean y discutan "Lo que me Estresa" y "El alivio del Estrés."
- Que los Descubridores escriban en pedazos de papel, situaciones que desencadenan estrés para los preadolescentes. Mezcla los papeles y colócalos en un recipiente abierto. Deja que los Descubridores se turnen para seleccionar un documento, lean la situación, y cuenten una forma de aliviar el estrés.
- Lee 1 Corintios 6: 19-20. Oren, dándole gracias a Dios por la creación de los seres humanos con los órganos maravillosos. Pídele a Dios que ayude a los Descubridores a tomar buenas decisiones sobre sus cuerpos. Agradece a Dios por escuchar nuestros problemas y ayudarnos con ellos.
- Si el clima y el tiempo lo permiten, acompaña al grupo para un juego de kickball a la intemperie.
- Señala que el Valor Fundamental de esta insignia es el Servicio. Anima a los Descubridores para promover buenos hábitos de salud con sus amigos. Ellos pueden servir de ejemplo.

Mirada mas ¡Cercana!

Los Descubridores pueden ser reacios a compartir sobre su vida personal. Es posible que desees darles ejemplos de tu propia vida y permitirles decidir si cada actividad corresponde a la lista de "bueno" o "malo". Esto puede abrir la puerta a una mayor discusión.

HAZLO UN HÁBITO: **Sesión 3**

Los Descubridores planificarán objetivos de estilo de vida saludables y practicarán algunas técnicas sencillas de relajación.

Antes de esta sesión, crea un ambiente relajante en tu habitación de Caravana. Mueve las sillas y mesas a un lado y coloca cojines y almohadas en el suelo. Apaga la luz principal y sitúa la lámpara en su ajuste más tenue. Ten música instrumental tocando suavemente en el fondo.

Materiales

- Habitación abierta para que los niños puedan sentarse en el suelo
- Cuaderno
- Pequeña lámpara
- Bolígrafos o lápices
- Cojines o almohadas grandes
- Reproductor de CD
- CD de música clásica o instrumental

Buscando Direcciones

- Mientras los Descubridores llegan, invítalos a sentarse en el suelo. Discute la información sobre el estrés en la página 84 del *Estudiante Descubridor*. Pregunta si algún Descubridor utilizó un calmante para el estrés esta semana.

- Que cada Descubridor practique esta simple técnica de relajación:
  1. Acuéstate boca arriba en el suelo.
  2. Inhala lentamente por la nariz y exhala lentamente por la boca. Repite esto varias veces.
  3. Comenzando por los dedos del pie, tensa y relaja los músculos por separado y lentamente. Tensa y relaja los músculos hasta la parte superior de la cabeza.

- Después de esto, que los Descubridores lean la información en las páginas 84 a 85 del *Estudiante Descubridor*. Pide a los Descubridores listar algunos objetivos específicos del estilo de vida saludable que esperan lograr. Pídeles enumerar los pasos para lograr esas metas. (Sería útil si deseas completar esta sección, antes de la sesión que los Descubridores tengan una muestra a seguir.) Anima a los Descubridores a monitorear sus objetivos al menos una vez a la semana para comprobar su progreso.

- Lee 1 Corintios 6:19-20. Recuerda a los Descubridores que las buenas decisiones benefician nuestros cuerpos, pero también honran a Dios.

- Concluye con un tiempo de oración. Pregunta peticiones de oración o alabanza. Pídele a Dios que ayude a los Descubridores a tomar buenas decisiones.

Los Descubridores pueden no estar familiarizados con las técnicas de relajación y silencio, así que puedes escuchar algunas risitas y susurros. ¡No te desesperes! Esto es normal.

MINISTERIO DE PROYECTOS: Sesión 4

Elige y completa uno o más proyectos en la sección *Ir, Servir* de esta insignia. Si has seleccionado un proyecto que combine dos insignias, ten en cuenta el número de semanas que se necesita para completar los requisitos para ambas insignias. Hay un sin fin de combinaciones de proyectos ministeriales que se pueden hacer. Usa tu imaginación. Adapta los proyectos del ministerio para satisfacer las necesidades de tus Descubridores, sus familias, y la iglesia.

¡Envuélvelo!

Pide a los Descubridores responder a las preguntas para reflexionar sobre lo que han aprendido a través de esta insignia.

COMETAS

Bases Bíblicas: "El viento sopla por donde quiere, y lo oyes silbar, aunque ignoras de dónde viene y a dónde va. Lo mismo pasa con todo el que nace del Espíritu." (Juan 3:8)

Punto Bíblico: El Espíritu de Dios se mueve en nosotros.

Meta de la Insignia:

- Los Descubridores deben ser capaces de decir cómo el Espíritu Santo les ayuda.
- Los Descubridores deben saber cómo construir y volar una cometa.
- Los Descubridores pueden introducirse a un proyecto de ministerio utilizando cometas.

Valor Fundamental: Servicio. Hacer hincapié en el Valor Fundamental de servicio mientras enseñas las habilidades relativas a los Descubridores.

Plan de Acción

Recuerda, ensayo y error son aspectos importantes del proceso del inventor. Sería fácil de solucionar problemas por sí mismo o ser "demasiado amable" durante esta insignia.

Sin embargo, resiste la tentación. Los Descubridores son parte de una generación de "hacedores" y disfrutan de la práctica en la educación. Ellos están aumentando rápidamente sus habilidades para resolver problemas. Algunos de sus cometas pueden no volar como lo habían anticipado o de la forma en que pensaban que deberían. Si este es el caso, desafía a los niños a hacer adaptaciones o revisar el proceso de creación.

Descubrir donde se encuentra el problema será tan beneficioso como la creación propia del cometa. Anima a los preadolescentes a sobresalir al hacer sus cometas y ayudar a otros a hacer modificaciones y mejoras.

Mientras los Descubridores vuelan sus cometas en el viento, recuérdales que el Espíritu de Dios, como el viento, es invisible. Sin embargo, podemos sentir la presencia de Dios y ver los resultados de sus acciones en nuestras vidas.

Cada sesión está diseñada para ser intercambiable y autónoma. La insignia Cometas es una gran insignia para los visitantes.

Cada sesión está diseñada para ser intercambiable y autónoma.
La insignia Cometas es una gran insignia para los visitantes.

PLANIFICADOR DE INSIGNIAS

Sesión

1 Los Descubridores estudiarán distintos tipos de cometas, cómo un cometa y otros aerodinos vuelan, y cuándo y dónde volar una cometa. Harán y volarán aviones de papel.

2 Los Descubridores harán su propia cometa o montarán una cometa comprada y empezarán a aprender lo básico sobre volar cometas.

3 Los Descubridores descubrirán las reglas de seguridad de la cometa, la forma de lanzar y volar una cometa, lo que hay que hacer cuando un cometa está fuera de balance, y los ajustes de la cometa.

4 Los Descubridores pueden participar en un proyecto de ministerio opcional.

Física

Nota: Planea trabajar y completar esta insignia cuando los vientos sean adecuados para volar cometas.

Requisitos √ de Insignia

Elige cuatro de los cinco requisitos para finalizar la insignia Cometas.

☐ Identificar tres tipos de cometas.

☐ Conocer las reglas de seguridad para volar una cometa.

☐ Hacer una cometa.

☐ Volar tu cometa.

☐ Encuentra una manera en la que puedes usar tus nuevas habilidades de Cometa para ministrar a alguien más.

RECURSOS

Considera comprar tus cometas en una tienda local o hacer la tuya propia. Para obtener instrucciones para hacer cometas, consulta las páginas 91 y 92 del *Estudiante Descubridor.* Aquí está un recurso para ayudarte.

- La Asociación Americana de Voladores de Cometa <http://kite.org/mdocs-posts/kites-in-the-classroom-spanish/>

¡R SeRViR!

Los Descubridores pueden utilizar cualquiera de estas sugerencias para los proyectos de ministerio. (Los Proyectos del Ministerio son opcionales y no están obligados a completar los requisitos de la insignia.)

100 Completa los requisitos para la insignia

200 Usa los requisitos para la insignia como un proyecto de ministerio para servir a otras personas. Considera hacer cometas para ser utilizados como regalo para los niños de estas familias.

300 Combina las habilidades de las insignias Cometas y Entretenimiento para crear un proyecto de ministerio para que los preadolescentes inviten a amigos para hacer y volar cometas. Los preadolescentes también pueden planificar y presidir una "fiesta de vuelo de cometa" para iniciar o terminar la insignia.

¡Alcanzar!

Haz una lista de opciones para proyectos ministeriales que funcionarían bien con tu iglesia y tus Descubridores.

_____

_____

_____

_____

_____

#1 Seguridad

- **Nunca** volar tu cometa cerca de cables eléctricos o postes.

- **Nunca** intentes empujar tu cometa hacia abajo si se queda atrapada en el cielo.

- **Nunca** volar tu cometa en tiempo de lluvia o cuando haya nubes oscuras

- **Nunca** uses metal cuando construyas tu cometa.

- **Nunca** uses alambre para la cuerda del cometa.

PALABRAS PARA SABER

Coloca las palabras y definiciones en tarjetas individuales 3"x 5". Mezcla las tarjetas y colócalas en una mesa. Mientras enseñas las diferentes sesiones, dales a los Descubridores una oportunidad para que hagan coincidir las palabras con las definiciones. Esto les ayudará a recordar las palabras del vocabulario de la insignia.

Aerodino: Objetos que superan la gravedad de la Tierra y que son capaces de volar debido a la fuerza de la presión del viento o eólica.

Brida: El conjunto de cadenas que conectan la parte superior e inferior de la cometa a la línea.

Cola: Una combinación decorativa de cadena y paño unido a la parte inferior de una cometa.

Lanzamiento: Proceso de hacer volar con éxito el cometa.

Línea: La cadena que conecta la cometa en el aire con el carrete en tu mano.

Nota: Brida es un término específico de "Cómo construir una cometa" en las páginas 91 a 92 estudiantes.

¡PREPARADOS . . . LISTOS . . . FUERA!

¿CÓMO HACER ESO? Sesión 1

Los Descubridores explorarán diferentes tipos de cometas, cómo vuela un cometa y otros aerodinos, y lo que hace una gran zona de vuelo de cometas. En esta actividad, cada Descubridor tendrá la oportunidad de familiarizarse con diferentes cometas, la oportunidad de volar una cometa, y hacer y volar sus propios aviones de papel.

Antes de esta sesión, compra tres cometas; una caja, un plano, y un arco. Luego, encuentra un campo abierto donde varias cometas puedan ser voladas de forma simultánea. Coloca los tres estilos de cometas en el suelo y etiqueta cada cometa con una tarjeta de índice A, B o C. Ten plumas extra y tarjetas de índice en la mano para que los Descubridores las usen. Haz varios aviones de papel y ten los suministros preparados y varias copias de las instrucciones para hacer aviones de papel.

Materiales

- Tres cometas una caja, un plano, y un arco
- Lápices o bolígrafos
- Fichas
- Cinta adhesiva
- Papel grueso "81/2x11" (al menos dos hojas por Descubridor)

98

- Cuando llegue tu grupo, anímales a revisar los diferentes tipos de cometas (arco, plano, caja). En una ficha, que cada Descubridor adivine qué tipo de cometa serían los cometas A, B y C.

- Lanza con éxito una cometa. Anima a tu grupo a dar ideas de cómo el cometa es capaz de volar. Revisa la información ¿Cómo Hacer Eso? en el *Estudiante Descubridor*.

- Habla de tus alrededores y qué cosas hacen una gran zona de vuelo de cometas. Consulta la página 92 en el *Estudiante Descubridor*.

- Instruye a los Descubridores sobre cómo hacer un avión de papel. Dedica unos momentos a "volar" los aviones de papel.

- Que un voluntario lea Juan 3: 8. Di: **Este versículo es parte de un pasaje en el que Jesús habla a Nicodemo sobre cómo tener vida eterna. ¿Puedes citar Juan 3:16?** (Pausa) **¿Algunos de ustedes están interesados en tener la vida eterna?** Si algún Descubridor responde, ora por él y usa el ABC de Salvación.

Cómo Hacer un Avión de Papel

1. Toma una hoja de papel "81/2x11" y dóblala por la mitad a lo largo.
2. Dobla hacia abajo las dos esquinas delanteras, hacia el interior del avión, haciendo que el borde del papel haga un pliegue.
3. Dobla hacia abajo los lados de nuevo, para que los bordes de la tapa se encuentren el uno al otro en el centro.
4. Doble los lados de nuevo.

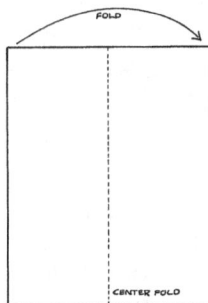

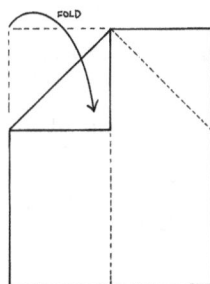

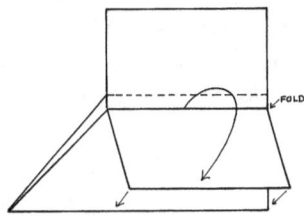

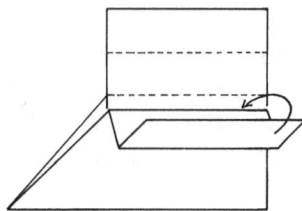

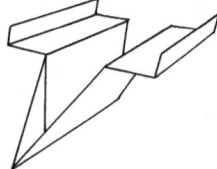

 **Mirada mas Cercana**

¿Está lloviendo? Vuela tu avión de papel en el interior. Usa un ventilador grande para "lanzar" tus cometas de muestra. Tomará varios pies en el aire mientras discutes el material de la sesión.

DISEÑO Y CONSTRUCCIÓN DE TU COMETA: Sesión 2

Si construyes tus propias cometas, deja que la creatividad corra salvaje mientras los Descubridores diseñan sus propias cometas. Anima a los Descubridores a recordar lo que han aprendido en relación con la ascensión, los aerodinos, y el equilibrio de la cometa. Cuando todos hayan terminado, toma las cometas para un vuelo de prueba.

Antes de esta sesión, reúne y prepara los materiales que se encuentran en el "Materiales." Si tienes un grupo Descubridor grande, configura varias estaciones de trabajo. Intenta no tener más de cinco estudiantes en cada estación de trabajo.

Materiales

- Cuerda de cometa
- Dos barras de pasador, una de 36 de largo y una de 30 de largo que sean de 1/4 "de espesor y 3/8 de ancho
- Papel de regalo o periódico
- Tijeras
- Pegamento
- Cuchillo pequeño
- Marcadores o crayones
- Hacer instrucciones de la cometa en las páginas 91-92 del *Estudiante Descubridor*

Buscando Direcciones

- Si los Descubridores construyen sus propias cometas, que construyan y decoren sus cometas. O monta tiendas de compra de cometas.
- Los Descubridores deben utilizar su libro del alumno, mientras que recuerdan la información sobre elevación y cómo volar las cometas.
- Ve a un área de cometas segura y permite que los Descubridores lancen sus cometas.
- Señala que el Valor Fundamental de esta insignia es el Servicio. Los Descubridores pueden servir a la iglesia proporcionando actividades inter-generacionales, como un evento de cometas. Los Descubridores pueden ayudar a los niños más pequeños a aprender a volar una cometa. Los Descubridores pueden vincularse con las personas mayores, mientras que comparten una experiencia de vuelo de cometa.
- Lee Juan 3:8. Di: *¿No fue divertido volar nuestras cometas en el viento? No podemos ver el viento pero podemos sentirlo. No podemos ver a Dios, pero podemos sentir su presencia.*
- Ora dándole gracias a Dios por su amor y su don de la vida eterna en Cristo Jesús.

REGLAS DEL AIRE: Sesión 3

En esta sesión, los Descubridores volarán sus cometas, aprenderán a reparar un cometa "fuera de balance", y dirán cuando una zona es segura para volar cometas. Recuerda tener cometas adicionales disponibles para los invitados inesperados.

Antes de esta sesión, utiliza una cometa de muestra, haz un pequeño agujero en una cometa o acorta la parte superior o inferior de la cuerda. Esto sacará de balance la cometa. Utiliza esta cometa mientras demuestras cómo hacer reparaciones a un cometa. Por último, encuentra un área que no sea seguro para el vuelo de cometas. Utiliza las directrices de seguridad de la cometa volando, y la lista de lo que no es seguro sobre esa zona.

Materiales

- Cinta transparente
- Una cometa para cada Descubridor
- Un cometa que se desbalance como muestra
- Zona con una gran cantidad de árboles, líneas eléctricas y casas

Buscando Direcciones

- Antes de ir a una zona de vuelo de cometas segura, lleva a los Descubridores a un área que no sea segura para volar cometas. Pídeles que utilicen su *Estudiante Descubridor* para determinar lo que es seguro en la zona.

- Que cada Descubridor lance con éxito una cometa de acuerdo con el proceso descrito en las páginas 92 a 94 de sus libros estudiantiles.

- Consulta el libro del alumno para la instrucción sobre los ajustes del cometa.

- Intenta volar la cometa rota, y discute los problemas que surgen al tratar de volar una cometa desequilibrada. Permite a los Descubridores dar sugerencias sobre cómo solucionar la cometa. Deja que experimenten con sus sugerencias.

  Nota: *Proporciona una cometa desequilibrada por cada 10 Descubridores.*

- Lee Juan 3:8. Di: **Han disfrutado volando cometas en el viento. Han experimentado la presencia de Dios en nuestras sesiones.**

- Agradece a Dios por las nuevas habilidades que los Descubridores están aprendiendo. Dale gracias por su amor y bendiciones.

Mirada mas ¡Cercana!

Recuerda probar la cometa desequilibrada antes de que los Descubridores lleguen. Una cometa desequilibrada será difícil de volar, o hará piruetas antes de estrellarse.

MINISTERIO DE PROYECTOS: Sesión 4

Elige y completa uno o más proyectos de la sección *Ir, Servir* de esta insignia. Si has seleccionado un proyecto que combine dos insignias, considera el número de semanas que necesitas para completar los requisitos de la insignia de ambas. Hay un sin fin de combinaciones de proyectos ministeriales que se pueden hacer. Usa tu imaginación. Adapta los proyectos del ministerio para satisfacer las necesidades de tus Descubridores, sus familias, y la iglesia. Los Descubridoress pueden hacer cometas adicionales para los visitantes.

¡Envuélvelo!

Que los Descubridores contesten las preguntas para reflexionar sobre lo que han aprendido a través de esta insignia.

101

NUTRICIÓN

Bases Bíblicas: "Yo soy el pan de vida- declaró Jesús. El que a mí viene nunca pasará hambre, y el que en mí cree nunca más volverá a tener sed." (Juan 6:35)

Punto Bíblico: Jesús provee todo lo que necesitamos para crecer espiritualmente.

Meta de la Insignia:

■ Los Descubridores deben entender el valor de una buena nutrición.

■ Los Descubridores evitarán las trampas de la dieta y la mala nutrición.

■ Los Descubridores entenderán la necesidad de una dieta equilibrada y los nutrientes necesarios para una dieta saludable.

Valor Fundamental: Compasión. Hacer hincapié en el Valor Fundamental de la compasión mientras enseñas las habilidades relativas a la Compasión a los Descubridores.

Plan de Acción

Los preadolescentes están cada vez obsesionados con sus cuerpos. Los programas deportivos competitivos en las escuelas ofrecen a los Descubridores tanto oportunidades como desafíos. Muchos van a los extremos para ser más fuertes, más rápidos, más delgados o con el fin de ser competitivos en su deporte. Los preadolescentes pueden recurrir a medios peligrosos para lograr esos objetivos. La anorexia, la bulimia, los esteroides, y la dieta son todos intentos de desarrollar una ventaja competitiva. En lugar de ayudar a una persona, estas prácticas son perjudiciales para los que las practican. Comer alimentos nutritivos bien balanceados y hacer ejercicio regularmente es la única manera de hacer un logro atlético a largo plazo y llevar una vida saludable.

Junto con un cuerpo físico sano, necesitamos un cuerpo espiritual saludable. En Juan 6:35, Jesús nos dice que Él es el Pan de Vida. Cuando los preadolescentes confían en Él, Él satisface su hambre de paz espiritual y su sed de una relación correcta con Dios.

Cada sesión está diseñada para ser intercambiable y autónoma. La insignia de nutrición es una gran insignia para los visitantes.

PLANIFICADOR DE INSIGNIAS

Sesión

1 Los Descubridores aprenderán los "fundamentos" de la nutrición. Con sus nuevos conocimientos, crearán un boletín educativo utilizando diversos recursos basados en la nutrición.

2 Los Descubridores descubrirán hábitos alimenticios adecuados y desarrollarán un libro de cocina nutricional.

3 Los Descubridores discutirán algunos trastornos alimentarios comunes y peligros que rodean a los hábitos nutricionales inadecuados.

4 Los Descubridores pueden participar en un proyecto de ministerio opcional.

Física

Requisitos ✓ de Insignia

Elige cuatro de los cinco requisitos para finalizar la insignia Nutrición.

☐ Crea un tablón educativo de anuncios.
   a. Incluir información sobre diversos nutrientes y su propósito.
   b. Incluir información sobre las calorías para varios restaurantes de comida rápida.
   c. Incluir información de la pirámide de alimentos.
   d. Incluir un ejemplo de menú para una dieta nutritiva.

☐ Mantén un registro de tus hábitos alimenticios durante tres días.
   a. Incluye: comidas, aperitivos y bebidas.
   b. Haz un recuento de las calorías que comiste por cada día.
   c. Compara lo que has comido con las porciones recomendadas en la pirámide de alimentos.

☐ Usa la pirámide de alimentos como una guía, crea un menú nutritivo para una semana completa. Asegúrate de que tus calorías son apropiadas para tu edad y de constitución.

☐ Que tu grupo Descubridor cree un libro de cocina de nutrición.
   a. Incluir información nutricional y recuento de calorías.
   b. Encuentra o crea recetas de alimentos en al menos cinco zonas diferentes (lácteos, carne, verduras, ensaladas, postre).
   c. Incluir al menos 30 recetas.

☐ Encuentra una manera en la que puedes utilizar las habilidades y conocimientos de nutrición para ministrar a alguien más.

RECURSOS

- Internet
- Tienda de alimentos saludables
- Biblioteca
- Centro de bienestar
- Médicos o enfermeras

¡R SeRViR!

Los Descubridores pueden utilizar cualquiera de estas sugerencias para los proyectos de ministerio. (Los Proyectos del Ministerio son opcionales y no están obligados a completar los requisitos de la insignia.)

100 Completa los requisitos para la insignia Nutrición.

200 Combina la insignia Nutrición con Desarrollo Físico. Desarrolla un plan para comer comidas saludables, nutritivas, combinados con un programa de ejercicio regular. Sigue el plan durante al menos dos semanas.

300 Combina la insignia de Nutrición con Cocinar y Entretenimiento. Planifica y prepara una comida nutritiva o refrigerio para una reunión de estudio o junta de la iglesia. Haz tiempo de refrigerio y limpieza después del evento.

¡Alcanzar!

Haz una lista de opciones para proyectos ministeriales que funcionarían bien con tu iglesia y tus Descubridores.

_____

_____

_____

#1 Seguridad

- **Siempre** consulta a un médico antes de participar en cualquier programa de dieta o ejercicio.
- **Siempre** come alimentos suficientes para sostener tus necesidades de crecimiento y de energía, especialmente al hacer ejercicio o tomar parte en una actividad deportiva.
- **Siempre** bebe agua abundante.
- **Siempre** come alimentos sanos y evitar las dietas.
- **Siempre** come una variedad de alimentos y céntrate en las frutas y verduras frescas.

104

PALABRAS PARA SABER

Vitaminas: Estas son necesarias para mantener una buena salud y desencadenar reacciones químicas dentro de tu cuerpo. A menudo se venden como una píldora para complementar comidas regulares.

Nutrición: El estudio de cómo los alimentos afectan la salud y la supervivencia de una persona.

Nutrientes: Productos químicos en los alimentos que tu cuerpo necesita para una buena salud.

Carbohidratos: Los nutrientes que sirven como fuente principal de energía del cuerpo. Se encuentran en las pastas, el pan y las papas. Ellos se convierten en azúcares.

Proteínas: Los nutrientes que se encuentran principalmente en la carne y productos de origen animal. Ayudan a construir y reparar los tejidos del cuerpo y los músculos.

Grasa: La forma más concentrada de nutrientes que dan energía. Absorben algunas vitaminas en el torrente sanguíneo.

¡PREPARADOS . . . LISTOS . . . FUERA!

LOS BÁSICOS: Sesión 1

Los Descubridores descubrirán el valor de la nutrición, aprenderán diversos aspectos de la nutrición apropiada, y crearán un tablón de anuncios para ayudar a educar a otros acerca de una nutrición adecuada. Los Descubridores deben ser capaces de discutir los diversos nutrientes, y leer la información nutricional de diversos productos alimenticios.

Antes de esta sesión, lee las páginas 97-99 del *Estudiante Descubridor* para aprender los conceptos básicos de una buena nutrición. Hacer seguimiento de la investigación que utilice la biblioteca o Internet. Familiarízate con los diferentes nutrientes y su propósito de alimentar y mantener el cuerpo humano.

Configura una visualización de una variedad de alimentos, algunos que sean nutritivos y algunos que no lo sean.

Materiales

- Estudiante Descubridor
- Folletos de nutrición
- Libros sobre nutrición apropiados para la edad
- Varias tablas de elementos de alimentos con información nutricional
- Tijeras
- Una copia ampliada de la pirámide de alimentos
- Revistas u otros libros con fotos de varios alimentos
- Papel construcción
- Marcadores, lápices y bolígrafos

105

■ A medida que lleguen los Descubridores que vean en la pantalla los alimentos e indiquen cuáles les gusta comer. Introduce la insignia Nutrición al tener voluntarios que lean el versículo Bíblico, la sesión "¿Qué Puedes Hacer Con Esta Habilidad?", "Requisitos de Insignia" y las cuestiones de seguridad.

■ Que los Descubridores hagan coincidir las palabras del vocabulario y las definiciones.

■ Discute con los Descubridores la nutrición apropiada. Explica los diversos nutrientes y su utilidad para el cuerpo humano. Señala la necesidad de una nutrición adecuada para obtener mejor rendimiento atlético.

■ Usando la información nutricional, demuestra cómo leer una etiqueta de alimentos. Discute cómo los Descubridores pueden utilizar esta información para crear comidas más nutritivas. Los preadolescentes también pueden mejorar sus hábitos alimenticios.

■ Pide a los Descubridores crear un boletín educativo. Incluir la pirámide de los alimentos y la información de la etiqueta de la lectura. Asigna grupos para trabajar sobre cada tema.

■ Anima a los Descubridores a no perder de vista lo que comen durante tres días. Deben llevar un registro de las comidas, aperitivos y bebidas.

■ Señala que el Valor Fundamental de esta insignia es la compasión. Hacer hincapié en que todos los días hay muchos niños que mueren de desnutrición. Probablemente hay niños en tu comunidad que no tienen suficientes alimentos saludables. Habla acerca de cómo los Descubridores pueden mostrar compasión a cualquiera de los de su comunidad local o a los niños que mueren de hambre en una zona del mundo.

J.P. Roberts mostró compasión y proporcionó un hogar para las mujeres que pasaban por momentos difíciles. Los Descubridores pueden mostrar compasión al suministrar alimentos a otros.

■ Lean Juan 6:35 juntos. Di: *Hemos hablado de las necesidades físicas de nuestro cuerpo. Jesús estaba hablando acerca de nuestras necesidades espirituales. ¿Sabías que las personas pueden estar espiritualmente hambrientas? Jesús dijo que Él podría satisfacer el hambre y la sed espiritual de todos.*

■ Concluye con una oración, dando gracias a Dios por satisfacer todas nuestras necesidades.

Si tienes un nutricionista, dietista, o entrenador entusiasta o practicante de deporte en tu iglesia, cualquiera de ellos podría ser una persona excelente recurso o invitado especial.

¡Mirada mas de Cercana!

¿CÓMO DEBEMOS COMER? Sesión 2

Esta actividad enseñará a los Descubridores cómo evaluar y planificar una comida nutritiva. También crearán un libro de cocina con recetas para preparar comidas nutritivas. Utilizando la información de la sesión anterior o del *Estudiante Descubridor*, los preadolescentes deben ser capaces de planificar varias comidas y crear el libro de cocina.

Materiales

Antes de esta Sesión, localiza varios libros de cocina. Si es posible reúne libros de cocina que se puedan cortar para que los estudiantes lo utilicen. Revisa tu libro de segunda mano o tienda local de libros de cocina de bajo costo. Obtén cuadernos de espiral.

- Un récord de tres días de todo lo comido
- Guías de conteo/ nutrición
- Guía de nutrición de varios restaurantes de comida rápida o copias de la información nutricional de sus páginas web

- Papel
- Tijeras
- Plumas y lápices
- Pegamento o cinta adhesiva
- Varios libros de cocina
- Un cuaderno de espiral para cada Descubridor
- Varias copias de la pirámide de alimentos

Buscando Direcciones

- Que los Descubridores expliquen sus típicos hábitos alimenticios durante un período de tiempo de tres días. (Pueden escribir esto en papel, o pueden haber realizado esta actividad en la Sesión 1.) Luego, mediante la guía conteo de calorías / nutrición, que tus Descubridores calculen su consumo de calorías. Deja que califiquen el nivel de nutrición de sus hábitos alimenticios. Discute la necesidad de un enfoque equilibrado y saludable para comer en lugar de hacer dieta.

- Distribuye copias de la información nutricional de la comida rápida, y permite que los Descubridores calculen los niveles de nutrición de su comida rápida favorita.

- Usando los libros de cocina, que los Descubridores creen un libro de cocina de alimentos saludables que puedan utilizar en casa. Que los preadolescentes corten recetas de los libros de cocina y los añadan a su libro. Permite a los preadolescentes decorar sus libros de cocina.

- Usando su libro de cocina y la pirámide de los alimentos, que los Descubridores creen un plan de comidas nutritivas. Si hay tiempo, planifica las comidas para toda la semana.

- Que los Descubridores localicen y lean Juan 6:35. Di, *Jesús está diciendo a la gente que Él es el Único que puede satisfacer su hambre y sed espiritual. Él es nuestra fuente de vida eterna con Dios en el cielo.* Pregunta si algún Descubridor quiere pedir perdón de Dios y empezar a vivir para Él. Ora y usa el ABC de Salvación con el que responda.

LOS PELIGROS: **Sesión 3**

Los peligros de la malnutrición parecen obvios para muchos, pero los Descubridores pueden enfrentarse a una presión extrema para adaptarse a un molde cultural. Los preadolescentes pueden verse tentados a dietas extremas o tomar suplementos saludables para obtener una ventaja competitiva. Esta sesión podría poner en contacto a los Descubridores con personas que han sufrido de desnutrición o abuso de suplementos auto-inducidos o son capaces de explicar los problemas asociados con los dos.
Antes de esta sesión, localiza dos oradores, un hombre y una mujer, que esté

cualificados para discutir los temas de los trastornos alimentarios, suplementos o abuso de esteroides, o la desnutrición auto-inducida. Consulta con médicos locales, nutricionistas, o personas que han sufrido esos abusos.

Materiales

- Oradores invitados
- Folletos informativos sobre la desnutrición y el abuso de dieta

Buscando Direcciones

- Divide tu grupo en dos grupos, femenino y masculino. Si es posible, invita a un orador masculino para darle a los niños una charla y un orador femenino para darle a las niñas una charla. Ten un guía en cada grupo e invita a los padres que estén interesados.

- Que tus invitados discutan, comparen y contrasten los beneficios percibidos con los peligros del abuso de complemento y los trastornos alimentarios. Ambos grupos tienen que oír hablar de estos temas.

- Anima a los Descubridores a hacer preguntas.

- Lee Juan 6:35. Ten un tiempo especial de oración para agradecer a Dios por que Jesús vino para ser nuestro Salvador. Agradece a Dios por la manera maravillosa en que creó el cuerpo humano y diseñó un plan para mantener ese cuerpo. Pídele a Dios que ayude a los Descubridores a tomar decisiones sabias sobre lo que comen y beben y cómo mantienen sus cuerpos.

MINISTERIO DE PROYECTOS: **Sesión 4**

Elige y completa uno o más proyectos de la sección *Ir, Servir* de esta insignia. Si has seleccionado un proyecto que combine dos insignias, considera el número de semanas que necesitas para completar los requisitos de la insignia de ambas. Hay un sin fin de combinaciones de proyectos ministeriales que se pueden hacer. Usa tu imaginación. Adapta los proyectos del ministerio para satisfacer las necesidades de tus Descubridores, sus familias, y la iglesia.

¡Envuélvelo!

Que los Descubridores contesten las preguntas para reflexionar sobre lo que han aprendido a través de esta insignia.

DEPORTES

Bases Bíblicas: "El corazón tranquilo da vida al cuerpo" (Proverbios 14:30a).

Punto Bíblico: Dios quiere que cuides de tu cuerpo.

Meta de la Insignia:

■ Los Descubridores deben saber cómo mantener una dieta adecuada mediante el uso de la pirámide alimentaria.

■ Los Descubridores deben saber cómo llevar a cabo adecuados ejercicios de calentamiento.

■ Los Descubridores deben reunirse o planear reunirse, en la Unión Atlética Amateur (UAA) de aptitud física para su grupo de edad.

■ Los Descubridores deben entender la importancia de contar con Cristo y con una Actitud durante la competición.

Valor Fundamental: Servicio. Hacer hincapié en el Valor Fundamental de servicio mientras enseñas las habilidades a los Descubridores las relativas a Deportes.

Plan de Acción

En los últimos años el deporte y otros juegos han acelerado las vidas ya presionadas de los niños. Parece que los juegos que solían ser divertidos se han convertido en competencia. Este pensamiento sesgado ha llevado a muchos niños a perder de vista los beneficios reales de los deportes. Algunos niños, cuando la presión se vuelve demasiada, renuncian a los deportes.

Proverbios 14:30a nos recuerda que cuando tenemos paz en nuestros corazones, nuestros cuerpos experimentan vida. La insignia Deportes está diseñada para mostrar a los niños la importancia de la actividad física y mantener una actitud como la de Cristo.

Esta insignia permitirá a los niños dar un paso atrás de los juegos tradicionales que juegan en ligas organizadas. Cada actividad se centra en el disfrute del juego y en el desafío personal que presenta, en lugar de en quién gana o pierde.

Los Descubridores rearán y jugarán nuevos juegos. Los Descubridores deben encontrar estas actividades desafiantes y divertidas. Es importante que conozcas las fortalezas y debilidades de tus Descubridores para que puedas ayudarles a tener éxito. Considera sus personalidades y habilidades a medida que los asignas a los grupos pequeños.

Cada sesión está diseñada para ser intercambiable y autónoma. La insignia de la Salud es una gran insignia para los visitantes.

PLANIFICADOR DE INSIGNIAS

Sesión

1 Los Descubridores aprenderán sobre la pirámide alimenticia, las palabras importantes para los deportes y calentamiento o ejercicios de estiramiento.

2 Los Descubridores completarán las actividades descritas en el gráfico de la aptitud de la Unión Atlética Amateur.

3 Los Descubridores crearán nuevos juegos que se jugarán por clase. Estos juegos también pueden ser utilizados durante un proyecto de ministerio.

4 Los Descubridores pueden participar en un proyecto de ministerio opcional.

Física

Requisitos ✓ de Insignia

Elije cuatro de los cinco requisitos siguientes para que los Descubridores finalicen la insignia Deportes.

☐ Completa seis ejercicios de calentamiento.

☐ Intenta cada actividad en el gráfico de la tabla de la Unión Atlética Amateur.

☐ Desarrolla un nuevo juego, ya sea individual o en grupo.

☐ Pasa 25 minutos al día haciendo ejercicios aeróbicos.

☐ Encuentra una manera de utilizar las habilidades deportivas para ministrar a otra persona.

SeRViR!

¡Los Descubridores pueden servir a Dios con sus habilidades! Los Descubridores pueden utilizar cualquiera de estas sugerencias para los proyectos de ministerio. (Los Proyectos del Ministerio son opcionales y no están obligados a completar los requisitos de la insignia.)

100 Completa todos los requisitos para la insignia de Deportes.

200 Combina la insignia Nutrición y la insignia Deporte. Pide a los Descubridores creen un gráfico de aptitud nutricional y física. Muestra la información en tu iglesia.

300 Combina las insignias Deporte, Entretenimiento y Evangelismo. Ten un " Festival de Juegos Nuevos". Invita a tu comunidad a este evento. Ten juegos para diferentes niveles de edad, alimentación, y posiblemente un video o acto musical.

¡Alcanzar!

Enumera algunas de tus propias opciones para proyectos ministeriales que funcionarían bien con tu iglesia y tus Descubridores.

_____

_____

_____

_____

_____

#1 Seguridad

- **SieMPRe** conocer las reglas antes de jugar un juego.
- **SieMPRe** utiliza el equipo adecuado.
- **Asegúrate SieMPRe** de que los ejercicios son apropiados para su edad y desarrollo del cuerpo.
- **SieMPRe** informar a un adulto.
- **SieMPRe** calienta tu cuerpo a través del adecuado estiramiento.
- **SieMPRe** bebe agua en abundancia en el ejercicio.

PALABRAS PARA SABER

Calentamiento de Ejercicios: Doblando, girando y girando movimientos que estiran los músculos y preparan el cuerpo para ejercicios de resistencia.

Pirámide de Alimentos: Un gráfico de nutrición que indica qué tipos de alimentos necesitas comer y cuánto de cada alimento.

Ejercicios Aeróbicos: Ejercicios que aumentan los latidos del corazón y la respiración. Estos ejercicios fortalecen el corazón y los pulmones.

Nuevos Juegos: En estos juegos, no hay un ganador o perdedor. En Nuevos juegos, los equipos juegan porque quieren divertirse.

Programa de Ejercicios: Un conjunto de ejercicios regulares terminados en una base consistente.

Deshidratación: El cuerpo pierde demasiados fluidos sin tener reemplazo.

¡PREPARADOS . . . LISTOS . . . FUERA!

CALENTAMIENTO: Sesión 1

Materiales

Antes de esta esión, revisa la tabla de la pirámide de alimentos y los diversos ejercicios de estiramiento. Ponte cómodo demostrando cada ejercicio.

■ Diagrama de la pirámide de alimentos de la página 104 del *Estudiante Descubridor*

■ Ejercicios de calentamiento de las páginas 105 a 106 del *Estudiante Descubridor*

Buscando Direcciones

- Cuando lleguen los Descubridores aliéntalos a encontrar un área alrededor de la habitación donde puedan verte y escucharte fácilmente.

- Introduce la insignia Deportes al tener voluntarios que lean el versículo Bíblico, la sección "¿Qué Puedes Hacer Con Esta Habilidad?", "Requisitos de Insignia", cuestiones de seguridad, y el plan de comida.

- Dale a cada Descubridor la oportunidad de leer las "Palabras Para Saber."

- Demuestra cada ejercicio de estiramiento. Luego deja que los Descubridores intenten el mismo ejercicio.

- Que los Descubridores lean juntos Proverbios 14:30a. Discute sobre cómo te sientes mucho mejor físicamente cuando la vida va bien y eres es feliz. Di, ***Proverbios 14:30a nos recuerda que la ira y la envidia nos roban la paz y la alegría. El ejercicio físico puede ayudar a trabajar los malos sentimientos y recuperar nuestra alegría.***

- Señala que el Valor Fundamental de esta insignia es el Servicio. Los Descubridores pueden servir a la iglesia al estar dispuestos a enseñar a otros niños en la iglesia algunos de los juegos que están aprendiendo. Ellos pueden enseñar a los niños del vecindario estos juegos. Pueden obtener permiso de padres voluntarios para enseñar los juegos en un centro comunitario.

  Mientras los Descubridores leen acerca del servicio de R.W. Cunningham, deben ser inspirados a servir donde están.

- Concluye con una oración, dando gracias a Dios por la oportunidad de servir a Dios en una variedad de maneras.

Mirada mas ¡Cercana!

Si eres incapaz de realizar los estiramientos, trae a un voluntario para ayudarte durante esta sesión.

PONTE EN FORMA: **Sesión 2**

Los Descubridores completarán las diferentes actividades gráfico de gimnasio AAU.

Antes de esta sesión, recuerda a los Descubridores usar ropa apropiada para hacer ejercicio. Además, verifica con cada estudiante y pregunta acerca de las circunstancias especiales a las que no puedan dedicarse para completar todas las actividades.

Informa a los padres si has cambiado de ubicación (por ejemplo, un gimnasio) y dales instrucciones para llegar al nuevo sitio.

Materiales

- Gráfico de gimnasio AAU (Pág. 107 en el *Estudiante Descubridor*)
- Ropa casual o de hacer ejercicio
- Cronómetro
- Entorno de pista y campo (considera reunirse en una escuela)
- Lápiz o pluma (uno para cada estudiante)

Buscando Direcciones

- Entra en calor con ejercicios de estiramiento adecuados.
- Que cada Descubridor haga las actividades descritas en el gráfico de gimnasio AAU.
- Que los Descubridores graben su tiempo en su *Estudiante Descubridor*. Anima a todos los estudiantes en sus esfuerzos.
- Lee Proverbios 14:30a. Pregunta: **¿Cuáles son algunas cosas que molestan a los Descubridores?** (Pausa para respuestas.) **Este versículo Bíblico dice claramente que nuestras emociones afectan nuestra salud. Pídele a Dios que te ayude a encontrar maneras de controlar sus emociones y encontrar satisfacción en cualquier situación.**
- Concluye con una oración.

Mirada mas ¡Cercana!

Consulta con las autoridades escolares locales antes de utilizar sus instalaciones. Si no puedes utilizar un sitio de pista y campo, usa conos o banderas para marcar el curso de milla en un barrio o de campo grande.

¡JUEGOS! Sesión 3

Permite a los Descubridores ser creativos mientras que crean sus propios juegos. Sin embargo, se consciente de los problemas de seguridad que ellos pueden no tener en cuenta. Trae estos temas a su atención y adapta el juego.

Antes de esta sesión, reúne y prepara los materiales que se encuentran en el "Materiales". Informa a los Descubridores y a sus padres si has cambiado de ubicación (por ejemplo, un gimnasio) para esta noche.

Materiales

- Varios elementos de juego (aros de hula-hula, pelotas de playa, pelotas Nerf, pelotas de patear, banderas, conos naranja)
- Campo de juego grande
- Lápices o bolígrafos
- Hoja de actividades Juego Nuevo en las páginas 109-110 del *Estudiante Descubridor*

Buscando Direcciones

- Juega El Blob. Ve las instrucciones de la página 108 del *Estudiante Descubridor.*
- Discute con los Descubridores los componentes clave de un "Juego Nuevo". Consulta las páginas 109-110 en el *Estudiante Descubridor.*
- Divide la clase en grupos pequeños. Que cada grupo cree un "juego nuevo". Los Descubridores deben registrar las reglas y un pequeño gráfico del juego.
- Juega los juegos.
- Lee Proverbios 14:30a. Divide a los Descubridores en grupos pequeños. Haz una lluvia de ideas de respuestas a estas preguntas: ¿Cuáles son cinco maneras positivas para superar la ira? ¿Cuáles son cinco maneras positivas para superar la envidia? Concluye con oración, pidiendo a Dios que ayude a los Descubridores a tener un corazón en paz.

MINISTERIO DE PROYECTOS: Sesión 4

Elige y completa uno o más proyectos en la sección *Ir, Servir* de esta insignia. Si has seleccionado un proyecto que combine dos insignias, ten en cuenta el número de semanas que se necesita para completar los requisitos para ambas insignias. Hay un sin fin de combinaciones de proyectos ministeriales que se pueden hacer. Usa tu imaginación. Adapta los proyectos del ministerio para satisfacer las necesidades de tus Descubridores, sus familias, y la iglesia.

¡Envuélvelo!

Pide a los Descubridores responder a las preguntas para reflexionar sobre lo que han aprendido a través de esta insignia.

ESTUDIO BÍBLICO

Bases Bíblicas: "He guardado tus palabras en mi corazón para no pecar contra ti." (Salmo 119:11)

Punto Bíblico: Estudio de la Biblia nos ayuda a aprender acerca de Dios y lo que Él nos dice.

Meta de la Insignia:

- Los Descubridores deben saber sobre las diferentes herramientas y métodos de estudio de la Biblia.
- Los Descubridores deben desarrollar un hábito regular para estudiar la Biblia.
- Los Descubridores deben disfrutar aprendiendo acerca de Dios a través del estudio de la Biblia.

Valor Fundamental: Servicio. Hacer hincapié en el Valor Fundamental de servicio mientras enseñas a los Descubridores las habilidades relativas al Estudio Bíblico.

Plan de Acción

Los preadolescentes están creciendo en un mundo de ritmo rápido. Ellos están familiarizados con el enfoque de tareas "Entrar, lograr, y salir". El Estudio Bíblico puede ser un poco más difícil para ellos, ya que les obliga a reducir la velocidad y realmente pensar en lo que están leyendo. Se paciente con tus Descubridores a medida que aprenden la importancia del estudio de la Biblia y tratan de emplearlo como una disciplina espiritual.

Si a tus preadolescentes les gusta la computadora, es posible que quieran mantener un archivo de notas de estudio bíblico en sus equipos. Y recuerda, la mejor manera de conseguir que los demás empiecen a estudiar la Biblia con regularidad, es modelar el comportamiento de uno mismo.

Cada sesión está diseñada para ser intercambiable y autónoma. La insignia de Estudio Bíblico es una gran insignia para los visitantes.

PLANIFICADOR DE INSIGNIAS

Sesión

1 Los Descubridores se familiarizarán con las diferentes herramientas que se pueden utilizar en el estudio de la Biblia.

2 Los Descubridores utilizarán las herramientas de estudio bíblico para responder a cada pregunta de la sección "Excavando" en las páginas 115-117 del *Estudiante Descubridor*.

3 Los Descubridores crearán un diario para ser utilizado mientras continúan su estudio Bíblico.

4 Los Descubridores pueden participar en un proyecto de ministerio opcional.

Requisitos ✓ de Insignia

Elije cuatro de los cinco requisitos siguientes para la finalización de la insignia Estudio Bíblico.

☐ Identifica diferentes herramientas utilizadas para estudiar la Biblia.

☐ Nombra y describe los tres métodos de estudio Bíblico que se indican en el *Estudiante Descubridor*.

☐ Crea un diario diseñado específicamente para estudiar la Biblia.

☐ Lee y estudia la Biblia todos los días durante una semana.

☐ Encuentra una manera en que puedas utilizar las habilidades de estudio bíblico en un proyecto de ministerio.

Espiritual

RECURSOS

• Estos son algunos libros que pueden ayudarte a enseñar esta insignia:

Biblia Aventura NVI
Biblia de Estudio NVI
Biblia de Estudio Búsqueda NVI
Nueva Concordancia Exhaustiva de la Biblia Strong
Nuevo Diccionario Ilustrado de la Bíblia

¡R SeRViR!

Los Descubridores pueden utilizar cualquiera de estas sugerencias para los proyectos de ministerio. (Los Proyectos del Ministerio son opcionales y no están obligados a completar los requisitos de la insignia.)

100 Utiliza tus habilidades de estudio bíblico para dirigir un estudio bíblico para otros preadolescentes en la iglesia, en casa, o si es posible, después de la escuela. Trata de mantener el estudio Bíblico con regularidad durante al menos un mes.

200 Combina técnicas de estudios Bíblicos y audiovisuales para crear un estudio Bíblico y presentarlo bien en PowerPoint o en una página web.

300 Combina las habilidades de Cocinar, de Entretenimiento y de Estudio Bíblico para hacer una noche de diversión en tu iglesia. Proporciona refrigerios, juegos y entretenimiento. Durante la noche, comparte tu estudio bíblico con el grupo. ¡Asegúrate de invitar a amigos que no van a la iglesia!

Enumera algunas de tus propias opciones para proyectos ministeriales que funcionarían bien con tu iglesia y tus Descubridores.

¡Alcanzar!

_____

_____

_____

PALABRAS PARA SABER

Atlas Bíblico: Una colección de mapas que muestran, en tiempo y países, donde estaban ubicadas las ciudades de la Biblia.

Diccionario Bíblico: Un libro que explica las palabras, Costumbres en los tiempos bíblicos, y la información geográfica.

Enciclopedia Bíblica: Esto da una información similar a un diccionario Bíblico pero da más detalles.

Comentario: Un libro que explica el significado de la Biblia, quien escribió los libros, dónde, cuándo y por qué fueron escritos.

Concordancia: Una lista de palabras en la Biblia con referencias de donde se encuentran las palabras.

Traducción: El cambio de palabras para que las personas que hablan otra lengua puedan leerlo y entenderlo.

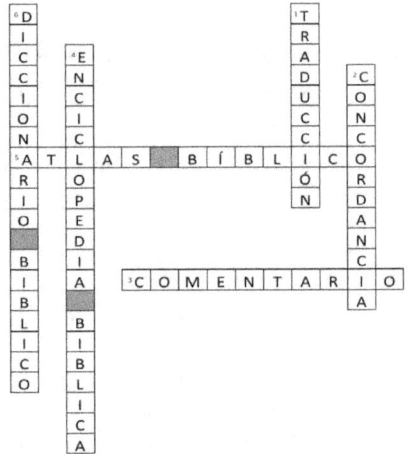

118

¡PREPARADOS . . . LISTOS . . . FUERA!

CONSIGUE TUS HERRAMIENTAS: Sesión 1

Los Descubridores estarán trabajando con varias traducciones diferentes de un solo verso de la escritura. Permite a los Descubridores la libertad de elegir el verso con el que van a trabajar. Si tienes visitantes o niños que no están familiarizados con la Biblia, selecciona un versículo para ellos y condúcelos a través de donde se encuentra en la Biblia.

Antes de esta sesión, reúne varias traducciones de la Biblia, incluyendo Nueva Versión Internacional, Reina-Valera, Nueva Traduccion Viviente, Nueva Versión Internacional, y La Palabra. Dependiendo del tamaño de tu clase, puede que tengas que tener varias copias de cada versión.

Materiales

- Bolígrafos o lápices
- Varias traducciones de la Biblia
- Varios comentarios diferentes

Consulta con tu pastor o la biblioteca de la iglesia para múltiples versiones.

Buscando Direcciones

- Cuando los Descubridores lleguen, deja que vean las diferentes versiones de la Biblia. Introduce la insignia Estudio Bíblico al dejar que voluntarios lean el versículo de la Biblia, la sesión "¿Qué Puedes Hacer Con Esta Habilidad?", y "Requisitos de Insignia". Pídeles completar el crucigrama.

- Anima a los Descubridores a comenzar a pensar en un versículo de la Biblia que les gustaría estudiar. Si es posible, como grupo, selecciona tres versículos para estudiar. Luego, divide tu clase de Descubridor en tres grupos. Cada grupo debe centrarse en uno de los versos.

- Permite que los Descubridores trabajen unos 20 minutos con el verso de la escritura que tienen seleccionado. Que los grupos consideren las preguntas en el recuadro sombreado en la página siguiente.

- Reúne nuevamente a la clase para discutir las diferencias que descubrieron en cada traducción. Usa las siguientes preguntas para guiar la conversación.
  NOTA: Haz una lista de los versos usados para la Sesión 1. Reúne los comentarios relacionados con estos versos para la Sesión 2.

- Señala que el Valor Fundamental de esta insignia es el Servicio. Mientras los Descubridores estudian la Biblia, ayúdales a estar mejor cualificados para decirle a otros acerca de Dios.
  R.W. Cunningham entrenó a afroamericanos en el estudio bíblico y la teología. Él utilizó su conocimiento para entrenar a otros. A través de las habilidades de estudio bíblico, los Descubridores fortalecerán su propia vida cristiana y estarán mejor preparados para testificar a otros.

- Deja que un voluntario concluya en oración, dando gracias a Dios por darnos la Biblia para que pudiéramos aprender sobre él.

Mirada mas !Cercana!

- ¿Qué palabras eran diferentes?
- Traducción ¿Qué fue más fácil para ti entender?
- ¿En que eran similares las traducciones?
- ¿Si vas a estudiar la Biblia, que traducción crees que utilizarías? ¿Por qué?

¡OBTÉN LA EXCAVACIÓN! Sesión 2

El lenguaje de los comentarios a veces puede ser confuso para los preadolescentes. Trabaja con tu pastor para seleccionar una serie de comentarios que sean más amigables para los niños. Además, no dudes en utilizar las Biblias que ofrecen comentario en la parte inferior de la página. Hay Biblias de Estudio para adolescentes. Estas Biblias ofrecen gran comprensión en la parte inferior de la página o en la columna estrecha.

Antes de esta sesión, reúne y pre-visualiza los comentarios y estudia la Biblia que has seleccionado. Ten suficientes materiales para que cada niño de tu clase tenga acceso por lo menos a un libro.

Materiales

- Bolígrafos o lápices
- Lista de versículos bíblicos usados en la Sesión 1
- Los comentarios que dan información sobre los versículos seleccionados

Buscando Direcciones

- Cuando llegue tu clase Descubridor que se reúnan en los mismos grupos que se encontraban de la semana pasada. Si se han unido personas nuevas a tu clase Descubridor o algunos miembros no están ahí, ajusta los grupos en consecuencia. Antes de comenzar tu actividad, revisa la información debajo de las porciones en el Estudio de la Palabra y Estudio del Libro en el *Estudiante Descubridor*.

- Permite a los Descubridores unos 20 minutos para trabajar con el verso de la escritura que tienen seleccionado. Anímalos a utilizar todos los recursos que has proporcionado.

- Reúne a la clase de nuevo para discutir las cuestiones esbozadas en las páginas 115-116 el *Estudiante Descubridor*. Las respuestas pueden variar de acuerdo a los versos o temas elegidos.

- Concluye con una oración, dando gracias a Dios por darnos su Palabra y proporcionarnos métodos para ayudar a entenderla mejor.

¡QUE SEA UN HÁBITO! **Sesión 3**

Durante esta sesión, los Descubridores crearán un diario de estudio Bíblico. Pídeles que utilicen las preguntas que se encuentran en las páginas 116-117 del *Estudiante Descubridor* bajo los títulos *Palabra de Estudio, Estudio de Libro, y Personaje de (Persona) Estudio.*

Antes de esta sesión, reúne los suministros enumerados en "Materiales". Es una gran idea tener una maqueta del proyecto de Descubridores para ver. Tómate tu tiempo para crear tu propio diario antes de la clase. Esto también hará que instruir a los Descubridores sea más fácil.

Materiales

- Instrucciones Cómo hacer un diario para cada Descubridor
- Libro de autógrafos
- Bolígrafos, lápices, crayones y marcadores
- Papel construcción o bolsas de papel de comestibles
- Pegatinas
- Pegamento, cinta adhesiva y tijeras
- Regla
- Brillo y diversos materiales de decoración
- Un cuaderno de espiral para cada Descubridor

Buscando Direcciones

- Cuando los Descubridores llegan, proporciónales las instrucciones de cómo hacer un Diario. Divide la clase en tres grupos. Cada grupo debe centrarse en un pasaje.

- Dales tiempo a los Descubridores para crear su revista.

- Antes de finalizar la clase, habla con tu clase tus planes para utilizar las revistas que han creado.

- Agradece a Dios por proveer la Biblia para que podamos aprender más acerca de Él y como Él quiere que vivamos.

Cómo Hacer Un Diario

Materiales:

- tu elección de papel
- tijeras
- cinta adhesiva transparente
- regla
- lápiz para hacer mediciones
- otros elementos decorativos que elija (como marcadores, pegatinas, sellos de goma)

1. Coloca el trozo de papel de "17 x 36" horizontalmente en su mesa. Si hay un patrón en un lado, este lado debe estar orientado hacia la superficie de trabajo.
2. Usa una regla para encontrar el centro del papel y el centro de tu libro. Coloca tu libro en el centro del papel y marca dónde necesitas que estén los pliegues en la parte superior e inferior del papel.
3. Usando tu libro como guía, dobla los bordes superior e inferior del papel. La portada de tu libro ahora tendrá la misma altura que tu libro.
4. Alinea el libro con los pliegues. Centra el libro y dobla los bordes izquierdo y derecho del papel sobre la portada y contraportada del libro.
5. El borde izquierdo del papel debe llegar a la mitad de la cubierta frontal interior, y el borde derecho debe cubrir la misma distancia en la cubierta posterior cuando el libro está cerrado. Recorta los bordes derecho e izquierdo del papel si es necesario.
6. Mantén los bordes izquierdo y derecho del papel doblado en la parte frontal y posterior del libro.
7. Dobla la cinta en un rizo y deslízala debajo de los bucles de la cubierta del libro para que no se muestre ninguna cinta ni toque el libro.
8. Toma los elementos decorativos que has elegido y úsalos para decorar el libro de la manera que desees.

Lee el Salmo 119:11. Pregunta: **¿Qué significa esconder la Palabra de Dios en tu corazón? ¿Por qué es importante memorizar la Palabra de Dios?** Deja que los preadolescentes que conocen el lenguaje de señas firmen el verso y enseñen las señas al resto de la clase.

MINISTERIO DE PROYECTOS: Sesión 4

Elige y completa uno o más proyectos de la sección *Ir, Servir* de esta insignia. Si has seleccionado un proyecto que combine dos insignias, considera el número de semanas que necesitas para completar los requisitos de la insignia de ambas. Hay un sin fin de combinaciones de proyectos ministeriales que se pueden hacer. Usa tu imaginación. Adapta los proyectos del ministerio para satisfacer las necesidades de tus Descubridores, sus familias, y la iglesia.

¡Envuélvelo!

Pide a los Descubridores responder a las preguntas para reflexionar sobre lo que han aprendido a través de esta insignia.

HISTORIA DE LA IGLESIA: IGLESIA DEL NAZARENO

1908 N

Bases Bíblicas: "y fue (Jesús) a vivir en un pueblo llamado Nazaret. Con esto se cumplió lo dicho por los profetas: 'Lo llamaran nazareno.'" (Mateo 2:23)

Punto Bíblico: Dios guía continuamente su Iglesia.

Meta de la Insignia:

- Los Descubridores deben entender las raíces históricas de la Iglesia del Nazareno.
- Los Descubridores aprenderán acerca de la historia de su iglesia local.
- Los Descubridores considerarán su papel en el futuro de la iglesia.

Valor Fundamental: Compasión. Hacer hincapié en el Valor Fundamental de la compasión mientras enseña Descubridores sobre la Historia de la Iglesia el Nazareno.

AVENTURERO

Espiritual

Plan de Acción

Mientras enseñas la insignia Historia de la Iglesia: Iglesia del Nazareno, puedes tener la tentación de confiar demasiado en el material escrito. A los Descubridores les resultará casi imposible aprender el material a menos que utilices actividades y juegos divertidos para enseñar esta insignia.

Si la Internet está disponible, deja que tus Descubridores exploren la página de la Iglesia y los enlaces Nazarenos. Trae oradores especiales para hablar de la historia de tu iglesia local. Pídeles traer fotos, registros y elementos históricos que podrían resultarles interesantes a los Descubridores.

Cada sesión está diseñada para ser intercambiable y autónoma. La insignia Historia de la Iglesia: Iglesia del Nazareno es una gran insignia para los visitantes.

PLANIFICADOR DE INSIGNIAS

Sesión

1 Los Descubridores revisarán las raíces históricas de la Iglesia del Nazareno.

2 Los Descubridores aprenderán acerca de los líderes del pasado y del presente de la Iglesia del Nazareno.

3 Los Descubridores aprenderán sobre la historia de su iglesia local.

4 Los Descubridores pueden participar en un proyecto de ministerio opcional usando sus nuevas habilidades.

Requisitos √ de Insignia

espiritual

Elije cuatro de los cinco requisitos para finalizar la insignia Historia de la Iglesia: Iglesia del Nazareno.

☐ Describe quién era John Wesley y su impacto en la Iglesia del Nazareno. Nombra los tres grupos principales que formaron la Iglesia del Nazareno y la fecha en que se unieron.

☐ Nombra los primeros tres superintendentes generales y di una cosa de cada uno.

☐ Crea una historia de tu iglesia local. Asegúrate de incluir lo siguiente:

    a. Una lista de todos los pastores y de los años que sirvieron

    b. Fotos históricas de la iglesia

    c. Utiliza la búsqueda de la Iglesia del Nazareno en el sitio web para localizar un gráfico de la historia de la asistencia de tu iglesia.

    d. Crea un sistema de conservación de esta información histórica para las generaciones futuras.

☐ Encuentra una manera en la que puedas utilizar el conocimiento que has aprendido acerca de la Iglesia del Nazareno para ministrar a otros.

124

RECURSOS

- <www.nazarene.org>
- <www.nazareneresearch.org>
- Manual de la Iglesia del Nazareno

SeRViR!

Los Descubridores pueden utilizar cualquiera de estas sugerencias para los proyectos de ministerio. (Los Proyectos del Ministerio son opcionales y no están obligados a completar los requisitos de la insignia.)

100 Completa los requisitos de la insignia Historia de la Iglesia.

200 Combina la insignia Historia de la Iglesia con la insignia de Fotografía y crea una foto histórica de tu iglesia local. Muestra la colección en una celebración de aniversario para tu iglesia.

300 Combina la insignia Historia de la Iglesia con la insignia Drama y la insignia Entretenimiento y crea una cena drama que represente los primeros años de la Iglesia del Nazareno. También puedes relacionar la historia de tu congregación local.

¡Alcanzar!

Haz una lista de opciones para proyectos ministeriales que funcionarían bien con tu iglesia y tus Descubridores.

_____

_____

_____

_____

_____

_____

_____

PALABRAS PARA SABER

Phineas Bresee: Él es el fundador de la Iglesia del Nazareno en California.

1919: Esto es cuando el nombre de la iglesia cambió de Iglesia Pentecostal del Nazareno a Iglesia del Nazareno.

Punto Piloto: En este lugar el 13 de octubre de 1908, la Iglesia Santidad de Cristo se unió a la Iglesia del Nazareno Pentecostal.

Ciudad de Kansas: Esta es la posición actual sede internacional de la Iglesia del Nazarena y la Editorial Nazarena.

Superintendente General: Este es el líder elegido más alto en la Iglesia del Nazareno.

¡PREPARADOS . . . LISTOS . . . FUERA!

EN EL PRINCIPIO . . . : Sesión 1

Esta actividad introducirá a tus Descubridores a tu iglesia local y su patrimonio. Tus Descubridores se beneficiarán de saber cómo se inició tu iglesia local, los pastores que han ministrado allí, y los ministerios de la iglesia. Haz hincapié en los roles que los Descubridores están jugando actualmente en la iglesia, y la forma en que tienen una maravillosa oportunidad de ser parte de su futuro.

Antes de esta sesión, utiliza la página principal de la Iglesia del Nazareno para explorar la información estadística e histórica de tu iglesia local. Además, consulta con el Departamento de Archivos para determinar si existe alguna información de tu iglesia local. Reúne fotos de tu iglesia local de diferentes períodos de la historia. Puede que tengas que localizar a miembros pasados,

Materiales

- Fotos de diferentes períodos de la historia de la iglesia
- Ordenador con conexión a Internet
- Tu pastor o alguien familiarizado con la historia de tu iglesia local
- Cualquier historia escrita de tu iglesia local

miembros desde hace mucho tiempo, o al archivo histórico de la iglesia para localizar imágenes. Pídele a tu pastor unirse a tu clase para explicar la estructura y visión futura de tu iglesia local. Organiza la información histórica acerca de tu iglesia local en una mesa u otra área donde los Descubridores puedan mirarlo a medida que lleguen.

Buscando Direcciones

■ Utilizando la información de tu investigación y estudio histórico de tu iglesia local, explica a los Descubridores la historia de tu iglesia local. Habla acerca de cómo y por qué se inició la iglesia, el tiempo que ha existido, cómo han asistido muchas personas, y las tendencias de asistencia.

■ Permite a los Descubridores utilizar las imágenes que han recogido para crear un tablón de anuncios o archivo histórico para su iglesia local. Ayuda a los Descubridores a escribir una breve historia de la iglesia local para incluir en el archivo.

■ Invita a tu pastor para hablar durante la sesión de clase. Instruye al pastor para hablar de cómo está organizada tu iglesia y la estructura de liderazgo de la iglesia. También pide al pastor incluir una descripción de la visión futura de la iglesia. Permite que tu grupo haga preguntas.

■ Señala que el Valor Fundamental de esta insignia es la compasión. La Iglesia del Nazareno comenzó como cristianos alcanzados con compasión hacia los pobres. Los cristianos de hoy tienen que continuar con ese espíritu de compasión. Mediante el estudio de esta insignia, los Descubridores deben apreciar más la Iglesia del Nazareno.

LLÉVAME CON TU LÍDER: Sesión 2

Utilizando el *Estudiante Descubridor*, enseña a tus Descubridores sobre la historia de la Iglesia del Nazareno. Utiliza cualquier información obtenida de la página web de los Archivos y varios libros. También debes tener tiempo para seguir trabajando en tu propia historia de la iglesia.

Antes de esta sesión, utiliza, tu conexión a Internet para investigar los Archivos históricos de la Iglesia del Nazareno en el sitio web de los Archivos. Explora los diversos enlaces que te ayudarán a obtener una mejor comprensión de John Wesley, el Movimiento de Santidad, y el comienzo de la Iglesia del Nazareno.

Usando la información en las páginas 121-125 del *Estudiante Descubridor*, has al menos 10 preguntas para usar con un juego.

Materiales

■ Computadora con conexión a Internet
■ Dos campanas de llamada
■ Historias de tu iglesia local
■ Imágenes de diferentes períodos de la historia de la iglesia

Buscando Direcciones

■ Divide a los Descubridores en parejas o pequeños grupos. Dales a los Descubridores de 10 a 15 minutos para leer y estudiar el material en el *Estudiante Descubridor.*

■ Coloca las dos campanas de llamada en la parte delantera de la clase, y divide el grupo en dos equipos. Permite a los Descubridores usar sus libros para contestar las preguntas.

■ Has a una de las preguntas. El primer Descubridor que encuentre la respuesta corre al frente para tocar la campana del equipo. Si la respuesta es correcta, el equipo obtiene un punto.

■ Habla con tus Descubridores de la importancia de conocer la historia de la Iglesia del Nazareno, el futuro de la denominación, y la posibilidad de que Dios puede llamarlos a convertirse en pastor, misionero, director de ministerio de compasión, o servir en alguna otra área. La iglesia necesita laicos dedicados que puedan llevar a cabo el trabajo del superintendente local de la iglesia, escuela dominical, maestros, miembros del coro, mujieres, guías de Caravana.

Mirada mas De ¡Cercana!

Si tienes tiempo extra, sigue trabajando en el desarrollo de una historia de la iglesia local. Anima a los Descubridores a comenzar a tomar fotos y escribir las cosas de la iglesia que podrían ayudar a la gente en el futuro a entender la historia de la iglesia.

EXPLORANDO TU IGLESIA: Sesión 3

Esta actividad introducirá a los Descubridores a una comprensión de primera mano de la historia de la Iglesia del Nazareno. Si es posible, invita a más de uno de los invitados, cada uno con diferentes años de pertenencia a la Iglesia. Dale a tu grupo la oportunidad de hacer preguntas, pero ten preguntas adicionales preparadas.

Antes de esta sesión, pide a varios miembros de tu iglesia, u otra Iglesia del Nazareno local, unirse a la clase para un foro de discusión abierto. Que tus Descubridores planeen un pequeño tiempo de refrigerio para que los invitados se sientan más cómodos. Además de trabajar con tu grupo para crear una lista de preguntas que puedan hacer a los invitados.

Dependiendo de la edad de tu iglesia, pregunta a miembros con diferentes años de pertenencia. Si tienes a alguien en tu iglesia o comunidad que tiene 20 o más años de afiliación, asegúrate de invitar a esa persona a tu discusión. Anima a tus invitados a que traigan imágenes u otros objetos de interés que puedan poseer.

Materiales

- Invita a un miembro de la Iglesia del Nazareno de mucho tiempo como orador.
- Prepara la lista de preguntas para el orador invitado

Buscando Direcciones

- Que tus Descubridores preparen y organicen un refrigerio para tus invitados.
- Sienta a tus invitados en la parte delantera de la sala, y permite a los Descubridores hacer preguntas concernientes a la Iglesia del Nazareno.
- Da seguimiento a tus invitados con tarjetas de agradecimiento de la clase.

MINISTERIO DE PROYECTOS: Sesión 4

Elige y completa uno o más proyectos de la sección *Ir, Servir* de esta insignia. Si has seleccionado un proyecto que combine dos insignias, considera el número de semanas que necesitas para completar los requisitos de la insignia de ambas. Hay un sin fin de combinaciones de proyectos ministeriales que se pueden hacer. Usa tu imaginación. Adapta los proyectos del ministerio para satisfacer las necesidades de tus Descubridores, sus familias, y la iglesia.

¡Envuélvelo!

Pide a los Descubridores responder a las preguntas para reflexionar sobre lo que han aprendido a través de esta insignia.

MISIONES

Bases Bíblicas: "Por tanto, vayan y hagan discípulos de todas las naciones, bautizándolos en el nombre del Padre y del Hijo y del Espíritu Santo, y enseñándoles a obedecer en todo lo que les he mandado a ustedes. Y les aseguro que estaré con ustedes siempre, hasta el fin del mundo." (Mateo 28:19-20)

Punto Bíblico: Dios quiere que enseñemos a otros acerca de Él.

Meta de la Insignia:

- Los Descubridores deben ser capaces de decir lo que significa ser un misionero y relacionar lo que hacen los misioneros.
- Los Descubridores deben ser capaces de decir maneras específicas en las que pueden apoyar las misiones y a los misioneros nazarenos.
- Los Descubridores crearán un tablón de anuncios que muestre las diferentes áreas del mundo donde los misioneros están actualmente sirviendo.
- Los Descubridores pueden participar en una feria de cultura.
- Los Descubridores pueden introducirse a un proyecto de ministerio utilizando su conocimiento de las diferentes culturas.

Valor Fundamental: Compasión. Hacer hincapié en el Valor Fundamental de la compasión mientras enseñas a los Descubridores las habilidades relativas a las Misiones.

Plan de Acción

Los Niños posmodernos quieren "experimentar" la vida. De los videojuegos interactivos y deportes que juegan a la forma en que aprenden, esta generación no quiere sentarse en el banquillo. Los Proyectos de Misiones proporcionan oportunidades increíbles a los niños para participar. Desde detrás de la escena de las misiones de apoyo a las misiones de servicio de primera línea, esta unidad le ayudará a tus niños a reconocer la mejor forma de cumplir con el mandamiento de Jesús en Mateo 28: 19-20.

Desafía a los niños a través de las actividades y preguntas de esta insignia. Está atento a las preguntas de los Descubridores y ayúdales a encontrar respuestas. Finalmente, ayuda a los niños que se sienten llamados al servicio misionero de tiempo completo a tomar los pasos iniciales contactando MNI (Misiones Nazarenas Internacionales).

Cada sesión está diseñada para ser intercambiable y autónoma. La insignia Misiones es una gran insignia para los visitantes.

PLANIFICADOR DE INSIGNIAS

Sesión

1 Los Descubridores discutirán las diferentes culturas, lo que hacen los misioneros en las diferentes culturas, y crearán un tablón de anuncios de misiones interactivas.

2 Los Descubridores planificarán una cultura justa y harán uno de los alimentos bajo el título "¿Cómo lo llamas?"

3 Los Descubridores descubrirán los pasos necesarios para convertirse en un misionero de la Iglesia del Nazareno. Ellos escucharán al presidente de MNI local o un misionero respondiendo preguntas sobre los misioneros.

4 Los Descubridores pueden participar en un proyecto de ministerio opcional.

Requisitos √ de Insignia

Elije cuatro de los cinco requisitos para finalizar la insignia misiones.

☐ Cuenta que significa ser un misionero y lo que hacen los misioneros.

☐ Nombra al menos tres maneras en que los misioneros cuentan con tu apoyo. Nombra algunas formas específicas en que los Descubridores pueden apoyar a las Misiones Nazarenas y a los misioneros.

☐ Crea un tablón de anuncios que muestre las diferentes áreas del mundo donde los misioneros están actualmente sirviendo.

☐ Participa en una feria de cultura.

☐ Planea una manera de usar la información de Misiones para ministrar a otros.

Espiritual

RECURSOS

Considera usar varios recursos incluyendo el Internet, videos de MNI, revistas, un atlas, y un globo durante esta unidad. Aquí hay algunos recursos específicos para ayudarte.

- *Revista Misión Conexión* (Un recurso para los líderes de MNI)
- *Santidad Hoy* <www.holinesstoday@nazarene.org>
- Sitios Web:
  - *www.nazarene.org*
  - *www.nazarenemissions.org*
  - *www.nazarenecompassion.org*

Nota: Si no puedes encontrar uno de los sitios web de la lista, por favor revisa la página web Caravana de noticias sobre este material.

SeRVíR!

Los Descubridores pueden utilizar cualquiera de estas sugerencias para los proyectos de ministerio. (Los Proyectos del Ministerio son opcionales y no están obligados a completar los requisitos de la insignia.)

100 Completa los requisitos para la insignia Misiones.

200 Usa los requisitos para la insignia de Misiones como un proyecto de ministerio para servir a otras personas. Considera la posibilidad de participar en un proyecto de misiones. Algunos ejemplos serían el apadrinamiento de niños, juegos de cuidado de crisis, o toma una ofrenda para las misiones.

300 Combina las habilidades de las insignias Misiones y Entretenimiento para crear un proyecto de ministerio para que los preadolescentes inviten a amigos a una feria de la cultura.

¡Alcanzar!

Enumera algunas de tus propias opciones para proyectos ministeriales que funcionarían bien con tu iglesia y tus Descubridores.

_____

_____

_____

_____

_____

PALABRAS PARA SABER

Misionero: Un misionero es alguien llamado por Dios y enviado por la iglesia para enseñar y/o predicar el evangelio a personas de otra cultura.

Cultura: La forma de vida, ideas, costumbres y tradiciones de un grupo de personas.

Shock de Cultura: Cuando una persona se coloca en una cultura diferente y se siente deprimido, confundido, y no está seguro.

Departamento de Misión Mundial: Departamento en la Iglesia del Nazareno que planea la estrategia de la misión, distribuye los fondos de Misión Mundial, y proporciona servicios de apoyo que permiten a los misioneros concentrarse en sus tareas en áreas del mundo.

El Fondo Nazareno de Hambre y Desastres: Este fondo ayuda a comprar comida para gente hambrienta. También proporciona ayuda de emergencia después de desastres naturales, como huracanes, tornados y terremotos.

¡PREPARADOS . . . LISTOS . . . FUERA!

VISIÓN GLOBAL: Sesión 1

Los Descubridores descubrirán donde viven los misioneros y las diferentes cosas que hacen. Los Descubridores serán introducidos a la idea de cultura. Una de las actividades requiere que los Descubridores determinen qué grupo o tribu es diferente de la cultura americana. Después de completar este ejercicio tendrás que revelar que la tribu Anacirema es en realidad la cultura americana. Anacirema se escribe americana hacia atrás.

Aunque hay algunos ejercicios cortos en el *Estudiante Descubridor*, tu objetivo principal es el software de presentación (opcional) esta sesión de clase debe ser para crear una presentación interactiva del tablón de anuncios o multimedia. Gran parte de la información que los Descubridores aprenderán durante esta sesión serán llevados a cabo a medida que trabajen a través de este proyecto.

Materiales

- Ordenador con acceso a Internet
- Un mapa del mundo grande
- Papel de construcción y diversos materiales de decoración
- Lápices o bolígrafos
- Cinta adhesiva
- Conexión Misión, Santidad Hoy, sitio web de MNI, un atlas y un globo

Antes de esta Sesión, reúne los materiales que te permitirán crear un tablón de anuncios divertido y educativo. Que los materiales estén bien organizados y sean de fácil acceso. Anima a los Descubridores a trabajar de manera eficiente mientras que hacen su presentación. En un tablero marcador, dibuja un blanco para cada letra de la palabra *misionero.*

Buscando Direcciones

■ Cuando llegue tu grupo, juega el juego una letra perdida para ayudar a que los estudiantes comiencen a pensar en las misiones. Deja que voluntarios se turnen para tratar de adivinar las letras que faltan para la palabra misionero.

■ Introduce la insignia Misiones al tener voluntarios que lean el versículo Bíblico, la sección "¿Qué puedes hacer con esta habilidad?", Y los requisitos de la insignia. Discute el material debajo de la sección "¿Qué hacen los misioneros en el mundo?", "¿Quién es quién?" y "Palabras Para Saber."

■ Pida a los Descubridores usar la información para crear un tablón de anuncios. Comienza tu investigación, centrando la atención del Descubridor en las regiones del mundo donde actualmente la Iglesia del Nazareno tiene misioneros (África, Asia-Pacífico, América del Sur, Mésoamérica, Eurasia y EE.UU./Canadá). Continúa agregando nueva información para el tablón de anuncios. Incluye los nombres de los misioneros, sus asignaciones y/o hechos culturales.

■ Que los Descubridores decidan sobre algunos aspectos de su BBS o presentación multimedia que podrían ayudar a educar a los adultos de la iglesia.

■ Señala que el Valor Fundamental de esta insignia es la compasión. La Iglesia del Nazareno ha puesto gran importancia en la compasión al establecer los Ministerios Nazarenos de Compasión. Ve a www. nazarenecompassion.org para ver lo que la Iglesia del Nazareno está haciendo actualmente.

■ Pregunta: ***¿Por qué es necesario que la gente vaya como misioneros a una tierra o cultura diferente?*** Que los Descubridores lean Mateo 28: 19-20.

■ Cierra con una oración, dando gracias a Dios por amar a todas las personas y pidiendo porque misioneros vayan a aquellos que necesitan oír hablar de su amor.

Mirada mas ¡Cercana! Si tienes un grupo Descubridor grande, considera ponlos en dos o más grupos. Asigna a cada grupo una responsabilidad específica en la primera mitad de la clase. Luego, únelos durante la segunda parte de la clase para crear el tablón de anuncios.

CHOQUE DE CULTURAS: **Sesión 2**

Si planeas tener una feria de cultura, usa este tiempo para investigar áreas del mundo, recopilar recetas, asignar responsabilidades, buscar ropa culturalmente específica y reservar la ubicación del evento. Si no vas a tener una feria de cultura, discute el material en la sección "¿Cómo lo llamas?". Luego haz la comida recomendada a continuación y haz que Los Descubridores intenten envolver un turbante alrededor de sus cabezas.

Antes de esta sesión, reúne y prepare los suministros que se encuentran en el "Materiales". Si tienes un grupo grande, configura varias estaciones de trabajo. Planea tener no más de cinco Los Descubridores en cada estación de trabajo.

Materiales

- Plumas y lápices
- Papel
- "¿Cómo Lo Llamas?" En el *Estudiante Descubridor*

Buscando Direcciones

- Utiliza la Internet o un libro de recetas para encontrar instrucciones específicas para hacer varios de los platos en la sección de alimentos de "¿Cómo lo llamas?" Si tienes algo más en mente, no dudes en ampliar esta lista.
- Pide a los Descubridores decidir sobre lo que van a usar durante la feria de la cultura. Luego, dale a los preadolescentes prendas específicas que sean responsables por traer a la feria cultural.
- Busca y practica varios juegos de diferentes culturas.
- Cierra con una oración, dando gracias a Dios por todas las variaciones que hizo en su creación. Tener diferentes culturas le da variedad a la vida.

¿CÓMO UNA PERSONA SE CONVIERTE EN MISIONERO?
Sesión 3

Los Descubridores aprenderán los pasos para convertirse en un misionero y cómo pueden apoyar las misiones si no sienten un llamado específico para el servicio misional de tiempo completo.

Antes de esta sesión, ponte en contacto con un misionero local/jubilado o de tu localidad/barrio presidente de MNI. Pídele a esta persona ayudarte a enseñar esta sesión de la insignia Misiones. Trabaja con tus voluntarios para organizar un formato de preguntas y respuestas para la sesión. Suministra a los invitados varias preguntas por adelantado. La persona también debe estar preparada para responder a otras preguntas.

Materiales

- Plumas y lápices
- Presidente MNI o misionero actual o jubilado
- Preguntas de la página 136 del *Estudiante Descubridor* "Los Misioneros Cuentan Con Nuestra Ayuda"

Buscando Direcciones

■ Pide a los Descubridores organizar sus sillas de manera que conduzcan a un formato de discusión. Un pequeño círculo va a funcionar bien en la mayoría de las circunstancias. Deja que voluntarios lean la información debajo de "Aceptar el llamado" y "Pasos prácticos."

■ Dispón de un misionero o presidente local de MNI para ayudar a los Descubridores a contestar las preguntas de " Los Misioneros cuentan con nuestra ayuda" en la página 136 del *Estudiante Descubridor.* Las respuestas van a variar en función de la situación de la iglesia local.

■ Deja tiempo para que los Descubridores hagan al presidente de MNI otras preguntas que puedan tener. Sugerir que el presidente de MNI revise los seis libros actuales de lectura misioneras y anima a los Descubridores a leer acerca de las misiones.

■ Agradece a Dios por los niños y niñas que aceptan el llamado de Dios al servicio misionero de tiempo completo. Agradece a Dios por los misioneros que llevan el evangelio a otros países y culturas. Pídele a Dios que te ayude a apoyar a los misioneros a través de ofrendas, oración, y aprender acerca de su ministerio.

Mirada más ¡Cercana! Recuerda pedir a tus invitados si tienen medios de comunicación específicos (reproductor de DVD, reproductor de CD, o computadora) para la presentación.

MINISTERIO DE PROYECTOS: Sesión 4

Elige y completa uno o más proyectos de la sección *Ir, Servir* de esta insignia. Si has seleccionado un proyecto que combine dos insignias, considera el número de semanas que necesitas para completar los requisitos de la insignia de ambas. Hay un sin fin de combinaciones de proyectos ministeriales que se pueden hacer. Usa tu imaginación. Adapta los proyectos del ministerio para satisfacer las necesidades de tus Descubridores, sus familias, y la iglesia.

¡Envuélvelo!

Que los Descubridores contesten las preguntas para reflexionar sobre lo que han aprendido a través de esta insignia.

ADORACIÓN

Bases Bíblicas: "Vengan, postrémonos reverentes, doblemos la rodilla ante el SEÑOR nuestro Hacedor." (Salmo 95:6)

Punto Bíblico: Sólo Dios es digno de nuestra adoración.

Meta de la Insignia:

■ Los Descubridores deben conocer las diferentes partes de un servicio de adoración.

■ Los Descubridores deben ser capaces de nombrar las diferentes formas en que pueden adorar a Dios en el hogar, la iglesia y la escuela.

■ Los Descubridores deben ser capaces de planear un servicio de adoración.

■ Los Descubridores deben conocer la importancia de la adoración a Dios y sólo a Dios.

Valor Fundamental: Servicio. Hacer hincapié en el Valor Fundamental del servicio mientras enseñas a los Descubridores sobre Adoración.

Plan de Acción

Las actividades descritas en esta insignia están diseñadas para mejorar la experiencia de adoración de los Descubridores y educarlos acerca de "por qué hacen lo que hacen". Muchos de ellos han pasado por los movimientos de culto pero nunca han entendido el propósito detrás de sus acciones.

Si no te sientes cómodo enseñando esta insignia, pide a un pastor o miembro del personal enseñar las sesiones. También puede ser beneficioso adaptar algunos de los contenidos para reflejar con mayor precisión los elementos de adoración en tu iglesia.

Espiritual

Cada sesión está diseñada para ser intercambiable y autónoma. La insignia Adoración es una gran insignia para los visitantes.

PLANIFICADOR DE INSIGNIAS

Sesión

1 Los Descubridores aprenderán lo que dice la Biblia acerca de la adoración y el significado de las palabras del vocabulario acerca de la adoración.

2 Los Descubridores aprenderán sobre las diferentes partes de un servicio de adoración.

3 Los Descubridores desarrollarán un servicio de adoración y discutirán las diferentes actividades que se incluyen en su servicio.

4 Los Descubridores pueden participar en un proyecto de ministerio opcional.

Espiritual

Requisitos √ de Insignia

Elije cuatro de los cinco requisitos Descubridores siguientes para finalizar la insignia Adoración.

☐ Completa la sección "¿Qué dice la Biblia acerca de la adoración?" en el *Estudiante Descubridor.*

☐ Define cada palabra del vocabulario adoración en tus propias palabras.

☐ Planea un servicio de adoración.

☐ En algún nivel, participa en el servicio de adoración del domingo por la mañana de tu iglesia (ujier, leer las Escrituras, dar avisos, cantar).

☐ Participa en un proyecto de ministerio que te permita utilizar las habilidades de adoración.

¡R SeRViR!

Los Descubridores pueden utilizar cualquiera de estas sugerencias para los proyectos de ministerio. (Los Proyectos del Ministerio son opcionales y no están obligados a completar los requisitos de la insignia.)

100 Completa todos los requisitos para la insignia Adoración.

200 Combina la insignia Evangelismo con la insignia de Adoración. Desarrolla un servicio de adoración e invita a tus amigos a asistir.

300 Combina las insignias Drama, Adoración, y Títeres incorporando creativamente estas actividades en un servicio de adoración. Luego, facilita este servicio para la adoración ya sea de adultos o de niños.

¡Alcanzar!

Haz una lista de opciones para proyectos ministeriales que funcionarían bien con tu iglesia y tus Descubridores.

_____

_____

_____

_____

_____

#1 Seguridad

■ Si seleccionas una actividad que requiera dejar el sitio de la iglesia, asegúrate de haber firmado los formularios de permiso para cada Descubridor.

■ Si estás conduciendo a otro sitio, asegúrate de que tienes suficientes conductores y cinturones de seguridad suficientes para que todos los niños estén asegurados.

PALABRAS PARA SABER

Preludio: Esta es la música que se reproduce en el comienzo del servicio. Esta música está diseñada para enfocar tu atención en Dios. Durante este tiempo a algunas personas les gusta sentarse y orar, leer su Biblia u orar en el altar.

Post-ludio: Esta es una canción que te ayuda a reflexionar sobre el servicio de adoración y celebrar la esperanza que tienes en Cristo.

Lectura en Respuesta: Este es un pasaje de las Escrituras que todos leen juntos. Las lecturas en respuesta se encuentran en la parte posterior de la mayoría de los himnos de la iglesia. Las lecturas por lo general tienen dos partes: el líder y la congregación. El líder y la congregación se turnan para leer las partes. A veces, leen juntos.

Llamado a la Adoración: Esta es una canción o un versículo Bíblico utilizado al comienzo del servicio de adoración.

Diezmo: Dar a Dios el 10 por ciento de lo que ganas a través de subsidio, empleos, y regalos.

Bendición: Esta es una oración de bendición. Esta es la última oración en el servicio. Es una oración pidiendo a Dios ir con las personas a medida que se vayan.

Sacramento: Un acto religioso basado en eventos especiales en la vida de Jesús. Los sacramentos más comunes son la Cena del Señor (Comunión) y el Bautismo.

¡PREPARADOS . . . LISTOS . . . FUERA!

¿QUÉ DICE LA BIBLIA ACERCA DE LA ADORACIÓN?: Sesión 1

Antes de esta sesión, revisa cada uno de los pasajes y las preguntas de la sección "¿Qué Dice La Biblia Acerca de la Adoración?". Familiarízate con esta sección para que puedas ayudar a facilitar la discusión.

Materiales

- Bolígrafos o lápices
- Preguntas de las páginas 138 a 139 del *Estudiante Descubridor*

Buscando Direcciones

- Cuando los Descubridores lleguen, aliéntalos a encontrar un área alrededor de la habitación donde puedan ver y oír fácilmente. Introduce la insignia Adoración mediante voluntarios que lean el versículo bíblico, la Sección "¿Qué Puedes Hacer Con Esta Habilidad?", y "Requisitos de Insignia".

- Crea cuatro grupos pequeños de tu clase. Asigna a cada grupo uno de los pasajes de las Escrituras de las páginas 138-139.
- Después de que cada grupo haya completado la sección, vuelve al círculo y discute lo que cada grupo ha aprendido.
- Que los Descubridores revisen el vocabulario de la insignia Adoración. Escribe las palabras y definiciones en tarjetas separadas. Mezcla las tarjetas, y deja que los Descubridores las hagan coincidir.
- Concluye con una oración, dando gracias a Dios por ser un Dios tan grande.

Si no tienes suficientes Descubridores para formar pequeños grupos, completa la actividad como clase.

UN SERVICIO DE ADORACIÓN: Sesión 2

Los Descubridores aprenderán acerca de la adoración en su iglesia y por qué se venera de una manera determinada. También revisarán las diferentes partes de un servicio de adoración.

Antes de esta sesión, programa que el pastor o un miembro del personal pastoral enseñe esta sesión. Si es posible, reserva el santuario o centro de adoración para esta sesión.

Buscando Direcciones

- Revisa los diferentes componentes de un servicio de adoración.
- Explica los diferentes elementos incluidos en el servicio de adoración. Que los Descubridores hagan el rol de algunos de los diferentes roles en el servicio de adoración (ejemplo: ujieres, pastor, líder de canción o grupo de alabanza, anfitriones, y lector de escritura).
- Señala que el Valor Fundamental para esta insignia es el Servicio. Que los Descubridores cuenten algunas formas en que pueden servir a la iglesia a través de las habilidades de Adoración.

  R.W. Cunningham encontró muchas maneras de servir al Señor a través de su enseñanza y habilidades de liderazgo.

  Los Descubridores pueden utilizar sus habilidades ahora para ayudar con las actividades de adoración en la iglesia.
- Ten alguna pregunta y tiempo de respuesta con tu orador invitado. Anima a los niños a preguntar qué papel juegan durante la adoración y cómo los Descubridores pueden estar activos en el servicio de adoración.
- Cierra con una oración, dando gracias a Dios por la oportunidad de adorarlo de muchas maneras diferentes.

Mirada más ¡Cercana!

Si sientes que tu clase tiene una buena comprensión de tu servicio de adoración, contacta con una iglesia de una tradición cristiana diferente. Pide al pastor reunirse con tu clase Caravana y completar la actividad anterior.

SERVICIO DE ADORACIÓN: **Sesión 3**

Permite que estalle la creatividad de los niños, mientras crean su propio servicio de adoración. Ayúdales a tener en cuenta que un servicio de adoración está diseñado para centrar la atención en Dios y es dirigido a él como audiencia. Considera qué actividades ayudan a que esto suceda. ¿Cuál sería el papel de los Descubridores?

Antes de esta sesión, reúne y prepara los materiales que se encuentran en el "Materiales" Reserva el santuario o centro de culto para esta sesión.

Materiales

■ Libros de canciones, Biblias y otros recursos de adoración. Pídele a tu pastor libros sobre la adoración.

Buscando Direcciones

■ Si tienes una clase grande, divídela en pequeños grupos y asigna a cada grupo una parte del servicio.

■ Crea un esquema de las actividades a incluir en el servicio de adoración y de la persona que será responsable de cada actividad.

■ Haz una breve práctica del culto de adoración y discute cómo funciona todo en conjunto.

■ Lean juntos el Salmo 95: 6.

■ Concluye con una oración.

MINISTERIO DE PROYECTOS: **Sesión 4**

Elige y completa uno o más proyectos de la sección *Ir, Servir* de esta insignia. Si has seleccionado un proyecto que combine dos insignias, considera el número de semanas que necesitas para completar los requisitos de la insignia de ambas. Hay un sin fin de combinaciones de proyectos ministeriales que se pueden hacer. Usa tu imaginación. Adapta los proyectos del ministerio para satisfacer las necesidades de tus Descubridores, sus familias, y la iglesia.

¡Envuélvelo!

Que los Descubridores contesten las preguntas para reflexionar sobre lo que han aprendido a través de esta insignia.

DRAMA

Bases Bíblicas: "En tanto que llego, dedícate a la lectura pública de las Escrituras, y a enseñar y animar a los hermanos." (1 Timoteo 4:13)

Punto Bíblico: Dios quiere que enseñemos a otros de Su Palabra.

Meta de la Insignia:

■ Los Descubridores deben conocer los términos de drama y de los diversos puestos de trabajo involucrados a hacer en un drama.

■ Los Descubridores deben entender cómo leer un guión de teatro.

■ Los Descubridores deben participar en una presentación de teatro.

■ Los Descubridores deben considerar cómo sus habilidades de drama pueden ser útiles para compartir la Palabra de Dios.

Valor Fundamental: Compasión. Hacer hincapié en el Valor Fundamental de la compasión mientras enseñas a los Descubridores las habilidades relativas al Drama.

Plan de Acción

El drama es una forma muy efectiva de obtener el mensaje de Dios a través de todo tipo de personas. ¡Pero el drama también puede ser divertido! Cada sesión de la insignia es autónoma, por lo que debe ser fácil para los visitantes saltar a la acción. Enseña a los niños a estar a gusto en el escenario o en las diversas funciones que hagan, un drama de éxito les da las herramientas necesarias para un ministerio muy efectivo. A medida que tu grupo trabaja en esta insignia, comunícate con tu pastor o líder de adoración. Trata de involucrar al grupo en los dramas durante los servicios de adoración, o deja que realicen su propio drama ante el grupo Descubridores.

Social

Cada sesión está diseñada para ser intercambiable y autónoma. La insignia del drama es una gran insignia para los visitantes.

PLANIFICADOR DE INSIGNIAS

Sesión

1 Los Descubridores aprenderán términos de drama y acotaciones. Utilizarán un script para practicar las siguientes acotaciones.

2 Los Descubridores aprenderán normas básicas de actuación y las costumbres de la etapa.

3 Los Descubridores aprenderán acerca de los trabajos de no actuación involucrados en un drama y harán una puesta en escena sencilla.

4 Los Descubridores pueden participar en un proyecto de ministerio opcional.

Requisitos ✓ de Insignia

Elije cuatro de los cinco requisitos para completar la insignia Drama.

☐ Aprende términos de etapa y los diversos aspectos de las presentaciones teatrales.

☐ Practica y realiza un boceto de drama ante tu iglesia o grupo Descubridor.

☐ Crea un escenario.

☐ Aprende reglas de actuación y costumbres de la etapa.

☐ Participa en un proyecto de ministerio opcional usando las habilidades del drama.

Social

RECURSOS

Estos son algunos emocionantes recursos teatrales para ayudate a enseñar esta insignia. Utiliza estos o sitios similares.

- *Recursos Cristianos de Drama <www.dramashare.org>*

¡R SeRViR!

¡Los Descubridores pueden servir a Dios con sus habilidades! Los Descubridores pueden utilizar cualquiera de estas sugerencias para los proyectos de ministerio. (Los Proyectos del Ministerio son opcionales y no están obligados a completar los requisitos de la insignia.)

100 Completa los requisitos para la insignia Drama.

200 Usa los requisitos para la insignia Drama como un proyecto de ministerio para servir a otras personas. Considera realizar un boceto de drama para un evento de la iglesia o culto de adoración.

300 Combina las insignias Drama, Entretenimiento y Evangelismo para celebrar un evento de cena de teatro, e invita a la comunidad a asistir. Pide a los Descubridores hacer bocetos de teatro en pequeños grupos. Asegúrate de que los bocetos hablen de Jesús o enseñen una verdad bíblica. Sirve una buena cena y diviértanse con los bocetos de teatro.

¡Alcanzar!

Enumera algunas de tus propias opciones para proyectos ministeriales que funcionarían bien con tu iglesia y tus Descubridores.

_____

_____

_____

_____

_____

#1 SeguRidad

- **SiemPRe** mantén una distancia segura de las cortinas del escenario. Son pesadas y pueden causar lesiones si caen sobre ti.
- **SiemPRe** ver cables de electricidad y de micrófono a tu alrededor!

PALABRAS PARA SABER

Que los Descubridores localicen las palabras del vocabulario en la sopa de letras.

Bastidores: El área detrás del escenario que el público no ve.

Fondo del escenario: El área de fondo del escenario, más alejada de la audiencia.

Frente del Escenario: La zona frente al escenario, más cercana a la audiencia.

Centro del Escenario: Esta es el área en el centro del escenario. A menudo está marcada con cinta, una letra X, o una letra C.

Izquierda del Escenario: La izquierda del actor, no la izquierda del público.

Derecha del Escenario: La derecha del actor, no la derecha del público.

Eclipsar / Robar la escena: Tomar la atención de un actor que debe ser el centro de interés. (Las payasadas alrededor están eclipsando.)

Escenario: El escenario de un acto o escena.

Escena: Una pequeña parte de una obra de teatro donde ocurre toda la acción en un solo lugar.

Señal: Una señal que indica a un actor cuando decir una línea o realizar una acción. Las señales pueden ser palabras, acciones, efectos de sonido, cambios de iluminación, etc.

Pantomima: El relato de una historia con gestos, movimientos corporales y expresiones faciales en lugar de palabras.

```
D E R E C H A D E L E S C E N A R I O C A
S R Z A L O A H I F B D F E P F S M Z O C
B H E S C N T M L O S T O C Z R H E L T E
A F M R P E Ñ K B N Y R H L L E I Ñ R F N
S T N D O S P C W D I A N I S N M O D S T
T X L F A I Z J T O X S W P J T B K A I R
I Z Q U I E R D A D E L E S C E N A R I O
D O Y R W L O I X E N C O A Y D N I L P D
O S P T C F B T R L P A T R Z E F E N Z E
R W A H M Z A M N E H E I K F L S H R T L
E Y N A E I R B E S B S Ñ L O E N A O W E
S S T O D R L S O C W E Y D B S I M D S S
I E O N L K A E L E S M Z E S C E N A T C
R J M C T S E W M N T A P B H E X S W H E
X F I I A W S E Ñ A L K O E F N P R Ñ A N
E N M F P Z C N J R N I S N Y A D O A F A
H D A Ñ S B E P R I H D C A I R T E I M P
A Y S O A L N T L O X E Z B O I S N L R I
O C Z E F M A E S C E N A R I O A M C D O
```

¡PREPARADOS . . . LISTOS . . . FUERA!

ENCUENTRA TU CAMINO ALREDEDOR DE UN ESCENARIO: Sesión 1

Los Descubridores aprenderán a encontrar su camino alrededor de un escenario. Ellos "aprenderán las cuerdas" de acotaciones y practicarán el uso de la dirección de escena de un guión.

Antes de esta sesión, haz arreglos para reunirse en un lugar que tenga un escenario. Si esto no es posible, utiliza cinta adhesiva para marcar un escenario y los bastidores en tu salón de clases.

Materiales

- "Palabras Para Saber" en la página 146 del *Estudiante Descubridor.*
- Bolsas de frijol
- Cinta adhesiva
- Copias de un boceto de drama corto.
- Área vacía que sirva de escenario.

■ Cuando los Descubridores lleguen, que se sienten en y alrededor del centro del escenario. Deja que los Descubridores compartan brevemente sus experiencias con el drama. Lee el versículo Bíblico, la sección "¿Qué Puedes Hacer Con Esta Habilidad?", y las cuestiones de seguridad.

■ Revisa las "Palabras Para Saber" en la página 146 del *Estudiante Descubridor*. Cuando sea necesario, trasládate a las diferentes áreas del escenario mientras repasas las palabras, por lo que los Descubridores tienen un ejemplo visual de acotaciones. Deja que los Descubridores hagan la sopa de letras.

■ Juega el juego de "Carrera Por El Escenario" en la página 148 del *Estudiante Descubridor*. Repite el juego hasta que todos los Descubridores tengan la oportunidad de participar.

■ Dale a cada Descubridor una copia de un boceto de drama con acotaciones sobre el mismo. En grupos, que lean los guiones, el movimiento y pantomima como las acotaciones indican.

■ Deja que un voluntario lea 1 Timoteo 4:13. Pregunta: *¿Cómo podríamos relacionar este versículo por lo que hemos hecho hoy? El drama es una forma muy efectiva para enseñar historias de la Biblia y las verdades Bíblicas. Pidámosle a Dios que nos ayude a medida que aprendemos las habilidades teatrales.* Cierra con una oración.

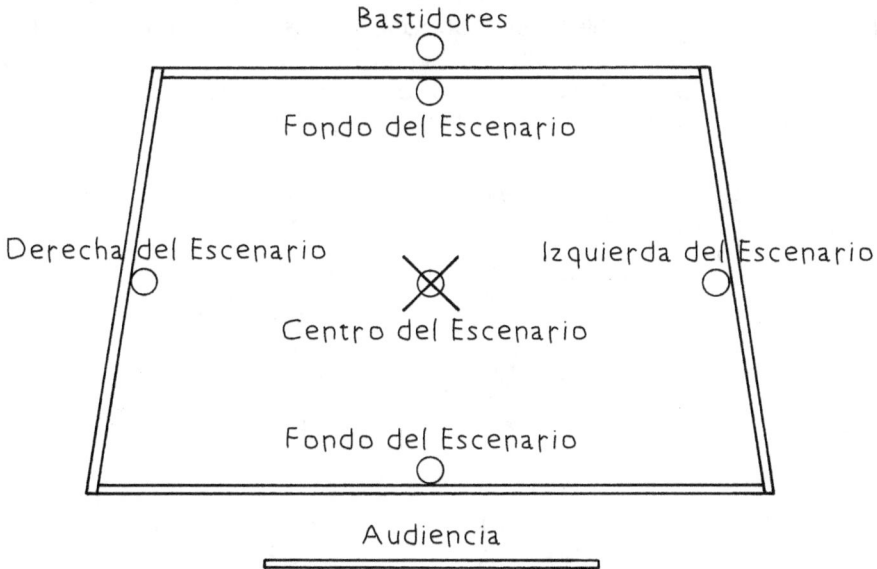

Bastidores
○

○
Fondo del Escenario

Derecha del Escenario   Izquierda del Escenario
○   ⊗   ○
Centro del Escenario

Fondo del Escenario
○

Audiencia

Mirada más ¡Cercana!

Algunos teatros ofrecen precios más bajos de entradas para grupos y para matinés. Haz que esta insignia Drama cobre vida a través de que tus Descubridores vean una obra de teatro profesional o de la comunidad.

147

LOGRAR TU ACTO JUNTOS: **Sesión 2**

Los Descubridores aprenderán cómo presentarse a sí mismos de una manera positiva en el escenario. Tómate el tiempo suficiente para cada uno de los juegos de teatro que enseñan una técnica de actuación importante.

Antes de esta sesión, reúne y prepara los materiales que se encuentran en el "Materiales." Haz arreglos para reunirse en un escenario o plataforma, o convertir tu salón de clases en un "escenario". Usa la cinta adhesiva para marcar un área del escenario. Coloca sillas frente al escenario para la "audiencia". Es posible que desees

Materiales

- Copias de un boceto de drama
- Bolsas
- Pequeños trozos de papel
- Bolígrafos o lápices
- Cinta adhesiva

pedirle a un líder de drama de tu iglesia o comunidad que asista a esta reunión y te ayude a enseñar los modales teatrales y conceptos básicos de actuación.

Buscando Direcciones

- A medida que lleguen los Descubridores invítalos a sentarse en la zona de "audiencia" de la clase.

- Introduce los modales del escenario y revisa las palabras de la lista "Palabras Para Saber" de la página 146. Por cada idea que presentes, selecciona dos Descubridores para ayudarte, sirviendo como ejemplos buenos y malos de la conducta escenario y técnicas de actuación.

- Juega cada uno de los tres juegos de teatro que se encuentran en las páginas 149-150 del *Estudiante Descubridor*. Permite 5-10 minutos por partido.

DETRÁS DE LAS ESCENAS: **Sesión 3**

Los Descubridores aprenderán sobre los diferentes roles detrás-de-las-escenas que son parte de una producción teatral de éxito. También crearán un conjunto simple para una actuación.

Antes de esta sesión, invita a una persona que sepa mucho trabajar en producciones de teatro detrás de las escenas para que visite al grupo. Reúne todos los materiales de la lista del "Materiales". Borra un área de la sala y utiliza cinta adhesiva para marcar un área que sirva como escenario.
Imprime las "Palabras Para Saber" y sus definiciones en piezas separadas de papel construcción. Mezcla el orden.

Materiales

- Copias de un boceto de drama (Nota: Selecciona un boceto que requiera accesorios.)
- Libros con dibujos religiosos cortos
- Accesorios para el boceto que has seleccionado.
- Pedazos de papel de construcción de color claro.
- Cinta adhesiva

Buscando Direcciones

- A medida que lleguen los Descubridores deja que miren los libros con bocetos cortos. Si el tiempo lo permite, permíteles formar grupos pequeños y leer algunos de los bocetos

- Revisa el vocabulario mediante la distribución de las hojas de papel de construcción y deja que los Descubridores hagan coincidir las palabras con las definiciones.

- Si has conseguido un experto en producción de teatro, deja que esa persona enseñe a los Descubridores acerca de la configuración y la gestión del escenario. Si no lo hiciste, discute con el grupo los distintos puestos de trabajo técnicos involucrados en las producciones teatrales.

- Dale a cada Descubridor una copia de un boceto de drama, papel y un lápiz.

- Que los Descubridores se dividan en grupos y determinen cómo van a establecer el escenario para este bosquejo. Que dibujen sus planes.

- Cuando hayan decidido cómo configurar el escenario y los accesorios, que los Descubridores establezcan el escenario ellos mismos.

- Si el tiempo lo permite, permite a los estudiantes leer el bosquejo drama, usando los accesorios como se indica en el croquis.

- Lee 1 Timoteo 4:13. Pregunta: *¿Cómo hemos obedecido este versículo? ¿Cómo puedes usar las habilidades de teatro para ayudar a la gente a ser cristiano?*

- Señala que el Valor Fundamental de esta insignia es la compasión. Que los Descubridores digan formas de drama que pueden tener un impacto en la vida de una persona. Los dramas que presentan la historia de la salvación puede llevar a las personas a aceptar a Jesús como su Salvador. Los Descubridores pueden utilizar las habilidades de Drama para compartir el evangelio y las verdades bíblicas de muchas maneras.

■ Cierra con una oración, dando gracias a Dios por permitir que los Descubridores se diviertan mientras aprenden una habilidad que ayudará a los demás.

¿Tienes acceso al teatro de tu comunidad? Pide prestado accesorios y disfraces. Si es posible, haz arreglos para reunirte con los Descubridores en las instalaciones de teatro de la comunidad para un recorrido por los espacios escénicos.

MINISTERIO DE PROYECTOS: Sesión 4

Elige y completa uno o más proyectos de la sección *Ir, Servir* de esta insignia. Si has seleccionado un proyecto que combine dos insignias, considera el número de semanas que necesitas para completar los requisitos de la insignia de ambas. Hay un sin fin de combinaciones de proyectos ministeriales que se pueden hacer. Usa tu imaginación. Adapta los proyectos del ministerio para satisfacer las necesidades de tus Descubridores, sus familias, y la iglesia. Considera tener una cena teatral o un escaparate de drama. Siempre ten a mano suficientes copias de bocetos dramáticos para los visitantes.

¡Envuélvelo!

Que los Descubridores contesten las preguntas para reflexionar sobre lo que han aprendido a través de esta insignia.

150

ENTRETENIMIENTO

Bases Bíblicas: "Dichoso el que coma en el banquete del reino de Dios." (Lucas 14:15b)

Punto Bíblico: Dios invita a todos a su banquete.

Meta de la Insignia:

- Los Descubridores deben ser capaces de planificar una fiesta y crear y enviar invitaciones o avisos de la fiesta.

- Los Descubridores deberían saber cómo desarrollar un presupuesto de fiesta.

- Los Descubridores deben ser capaces de decorar y limpiar después de una fiesta.

- Los Descubridores deben ser capaces de discutir el significado de la parábola de Lucas 14:15-24.

Valor Fundamental: Servicio. Hacer hincapié en el Valor Fundamental de servicio mientras enseñas a los Descubridores las habilidades para entretener a los demás.

Plan de Acción

El mundo ha acusado a algunos Cristianos de no poder divertirse. La insignia Entretenimiento es una gran manera de mostrar a los Descubridores que los Cristianos pueden tener un montón de diversión. ¡Los Cristianos definitivamente tienen algo que celebrar! Dios nos creó para ser seres sociales y alabarle. ¡Qué gran manera de honrar a Dios al reunirnos para celebrar nuestra vida en Cristo.

Permite que los Descubridores sean los planificadores principales para una fiesta. ¡Disfruta tu papel como facilitador! Que los Descubridores sigan las instrucciones del *Estudiante Descubridor* mientras completan sus tareas.

Social

151

Cada sesión está diseñada para ser intercambiable y autónoma. El Entretenido insignia es una gran insignia para los visitantes.

PLANIFICADOR DE INSIGNIAS

Sesión

1 Los Descubridores aprenderán cómo organizar una fiesta al seleccionar la hora, fecha, lugar y propósito de una fiesta.

2 Los Descubridores diseñarán invitaciones y desarrollarán un presupuesto de fiesta. Jugarán *La Gran Pinch Penny*.

3 Los Descubridores seleccionarán y practicarán juegos de fiesta, decidirán cómo entregar las invitaciones de la fiesta, y discutirán las decoraciones de la fiesta.

4 Los Descubridores puede participar en un proyecto de ministerio opcional usando sus habilidades de Entretenimiento.

Requisitos ✓ de Insignia

Elije cuatro de los cinco requisitos Descubridor a continuación para la realización del Entretenido insignia.

☐ Discute cómo planificar una fiesta.

☐ Crea y envía una invitación a una fiesta.

☐ Organiza un presupuesto para una fiesta.

☐ Planifica juegos para una fiesta.

☐ Planifica el tema y decoraciones para una fiesta.

☐ Planifica una manera de utilizar las habilidades Entretenimiento para ministrar a otra persona.

Social

RECURSOS

- *Microsoft Publisher* u otro software de tarjeta.

IR SERVIR!

Los Descubridores pueden utilizar cualquiera de estas sugerencias para los proyectos de ministerio. (Los Proyectos del Ministerio son opcionales y no están obligados a completar los requisitos de la insignia.)

100 Completa los requisitos para la insignia Entretenimiento.

200 Utiliza los requisitos para la insignia Entretenimiento como un proyecto de ministerio para servir a otras personas. Considera la posibilidad de planear una fiesta para los de la tercera edad en tu iglesia.

300 Planifica una fiesta "Quinto Trimestre" a raíz de una escuela secundaria local o partido de fútbol de escuela secundaria. (Combina las insignias Entretenimiento, Evangelismo y Cocina.)

¡Alcanzar!

Haz una lista de opciones para proyectos ministeriales que funcionarían bien con tu iglesia y tus Descubridores.

_____

_____

_____

_____

#1 Seguridad

■ **Siempre** pide permiso a tus padres antes de planificar unos invitados.

■ **Siempre** asegúrate de que haya espacio suficiente para el número que hayas invitado.

PALABRAS PARA SABER

Presupuesto: Un plan financiero para lo que tu fiesta va a costar y cuánto tienes que gastar en cada artículo.

Juegos: Divertidas actividades que involucren a las personas que asistan a una fiesta.

Invitaciones: Tarjetas o volantes que anuncian la hora, la fecha, el propósito y la ubicación de la fiesta.

¡PREPARADOS . . . LISTOS . . . FUERA!

¡COSAS PARA PENSAR! Sesión 1

Los Descubridores aprenderán cómo organizar una fiesta. Formarán grupos para decidir qué tipo de fiesta quieren tener, donde la quieren hacer, y cómo hacer reservaciones si es necesario.

Materiales

- Bolígrafos o lápices
- Guía telefónica
- Teléfono
- Fichas
- Computadora con acceso a Internet

Buscando Direcciones

- Introduce la insignia Entretenimiento dejando que un voluntario lea el versículo Bíblico, la sección "¿Qué Puedes Hacer Con Esta Habilidad?", "Requisitos de Insignia", cuestiones de seguridad, y "Palabras Para Saber".

- Discute la información de ¡Cosas en que Pensar! en las páginas 154-155 del *Estudiante Descubridor*. Pide a los Descubridores decidir sobre un tema de fiesta y comenzar a planificar la fecha, lugar, hora y propósito de la fiesta. Pídele a alguien en el grupo registrar las decisiones finales.

- Lee Lucas 14:15-24. Pregunta, **¿Cuáles fueron algunas de las excusas que las personas dieron para no aceptar la invitación a la fiesta?** (Acabo de comprar tierra, me acabo de comprar algunos bueyes, y me acabo de casar.) **Dios te invita a ser parte de su familia. Su plan de salvación a través de Jesucristo nos permite hacer esto. ¿Quieres aceptar esa invitación ahora?** Utilice el ABC de Salvación y ora con los Descubridores que respondan.

Mientras trabajabas en la insignia Entretenimiento, puede ser beneficioso reunirse en casa de alguien en lugar de en la iglesia. Sea cual sea el ajuste, asegúrate de que esté equipado con teléfono y acceso a Internet.

INVITACIONES Y PRESUPUESTO: Sesión 2

El grupo de trabajo sobre las invitaciones decidirá qué tipo de invitación quieren crear (hechas en casa, generadas por ordenador, o E-Card).

Antes de esta sesión, reúne los materiales que necesitarás para esta sesión. Ten dos estaciones de trabajo especiales establecidas grupo "presupuesto" y grupo "invitaciones".

Materiales

- Computadora con un programa de edición de tarjetas
  O
- Hoja de presupuesto de la p.156
- Materiales de manualidades
- Calculadora

Buscando Direcciones

- Discute las cosas generales que hay que hacer para planear una fiesta. Hacer invitaciones y planificar un presupuesto son dos piezas importantes de tu planificación. Deja que voluntarios lean la información sobre la creación de las invitaciones y la planificación del presupuesto que se encuentra en el *Estudiante Descubridor*.

- Divide el grupo en dos grupos: uno que haga las invitaciones y uno que haga el presupuesto. Dirige a los Descubridores a sus estaciones de trabajo especificadas para trabajar en su proyecto asignado. Ten un adulto facilitador en cada grupo para responder preguntas y mantener al grupo en la tarea.

- Que todos los Descubridores participen en la actividad *El Gran Ahorrador*.

- Discute Lucas 14:15b. Repasa la parábola del gran banquete en Lucas 14:15-24. Di, **tienen la oportunidad de responder a la invitación de Dios para ser parte de su familia. ¿Alguien quiere aceptar esa invitación ahora?** Utiliza el ABC de Salvación y ora con los Descubridores que respondan.

Ajusta el tiempo que pasas en cada actividad. No te sientas atado a un horario determinado, pero ten en cuenta que la realización de las invitaciones y el presupuesto son tus principales objetivos para esta sesión.

TOQUES FINALES: **Sesión 3**

Los Descubridores seleccionarán y /o crearán juegos para jugar en la fiesta. Esta actividad hay que hacerla en una habitación del mismo tamaño que la habitación que vas a utilizar para la fiesta.

Antes de esta sesión, reúne elementos genéricos, como pelotas de Nerf, aros hula hula, un disco volador y otros objetos utilizados en juegos.

Materiales

■ Cosas que se puedan utilizar para crear un juego

Buscando Direcciones

■ Pide que voluntarios lean las secciones en el *Estudiante Descubridor* relativas a los juegos, decoraciones, fiesta de etiqueta, y la limpieza. Discute las decoraciones para la fiesta de tu elección.

■ Divide tu clase Descubridor en tres grupos. Cada grupo desarrollará un juego para la fiesta. Proporciona un patrocinador adulto para facilitar cada grupo, o viaja de grupo en grupo para supervisar los planes.

■ La segunda media hora pasa a jugar los juegos.

■ Decide sobre los juegos que se jugarán en tu fiesta.

■ Deja que voluntarios lean la información del *Estudiante Descubridor* sobre los amigos que se alojan desde la noche hasta la mañana.

■ Revisa la parábola del gran banquete (Lucas 14:15-24). Habla acerca dl gran amor de Dios en que nos invita a ser parte de su familia. Está preparado para orar con los Descubridores que podrían responder a la invitación de Dios.

■ Señala que el Valor Fundamental de esta insignia es el Servicio. Como los Descubridores y sus familias entretienen a los demás, y construyen lazos de amistad. Los Descubridores y sus familias pueden utilizar técnicas de "amistad" de evangelismo para ganar esos amigos para el Señor.

R.W. Cunningham probablemente entretuvo a muchas personas mientras él enseñó en el Colegio Mount Vernon y se desempeñó como director del Instituto de Virginia Occidental. Los cristianos pueden usar las habilidades de Entretenimiento para servir al Señor.

■ Cierra con una oración, dando gracias a Dios por la oportunidad de entretener y de compartir el amor de Dios con otros.

MINISTERIO DE PROYECTOS: **Sesión 4**

Elige y completa uno o más proyectos de la sección *Ir, Servir* de esta insignia. Si has seleccionado un proyecto que combine dos insignias, considera el número de semanas que necesitas para completar los requisitos de la insignia de ambas. Hay un sin fin de combinaciones de proyectos ministeriales que se pueden hacer. Usa tu imaginación. Adapta los proyectos del ministerio para satisfacer las necesidades de tus Descubridores, sus familias, y la iglesia. Hay infinitas combinaciones de proyectos ministeriales que se pueden hacer. Use su imaginación.

¡Envuélvelo!

Que los Descubridores contesten las preguntas para reflexionar sobre lo que han aprendido a través de esta insignia.

ADMINISTRACIÓN PERSONAL

Bases Bíblicas: "Así que tengan cuidado de su manera de vivir. No vivan como necios sino como sabios, aprovechando al máximo cada momento oportuno, porque los días son malos." (Efesios 5:15-16)

Punto Bíblico: El Tiempo, el dinero y las posesiones son regalos de Dios. Él espera que los usemos sabiamente.

Meta de la Insignia:

- Los Descubridores deben ser capaces de crear un presupuesto semanal.
- Los Descubridores deben saber lo que son las tarjetas de crédito y cuentas de ahorro, el significado de interés, y la manera de comparar precios.
- Los Descubridores deben tener devociones regulares y mantener un registro del tiempo pasado con Dios.
- Los Descubridores deben ser capaces de explicar el significado de Efesios 5: 15-16 en sus propias palabras.
- Los Descubridores pueden introducirse a un proyecto de ministerio opcional usando las habilidades de administración personal.

Valor Fundamental: Servicio. Haz hincapié en el Valor Fundamental de servicio mientras enseñas a los Descubridores las habilidades relativas a la Administración Personal.

Plan de Acción

Los Descubridores están madurando. Mientras que no queremos empujarlos a la edad adulta, están listos para comenzar a tomar algunas responsabilidades.

Ahora es un momento perfecto para que los preadolescentes aprendan a utilizar su tiempo, dinero y posesiones sabiamente. Los buenos hábitos de mayordomía que aprenden ahora permanecerán con ellos durante toda la vida.

El camino del mundo es estar demasiado ocupado, incurrir en deudas innecesarias, y tener demasiadas posesiones. Pero esa no es la manera de Dios. Al enseñar a los Descubridores a tomar tiempo para Dios, manejar su dinero sabiamente, y gestionar bien sus posesiones, es de esperar que se conviertan en buenos administradores de los dones que Dios les ha dado. Los hábitos que empiezan ahora ayudarán a evitar muchos problemas financieros y el estrés más adelante.

Social

Cada sesión está diseñada para ser intercambiable y autónoma. La insignia Administración Personal es una gran insignia para los visitantes.

PLANIFICADOR DE INSIGNIAS

Sesión

1 Los Descubridores aprenderán la información básica acerca de la buena administración, incluyendo la administración del dinero, tiempo y posesiones. Ellos harán un presupuesto semanal simple y practicarán el uso de anuncios de las tiendas para comparar precios.

2 Los Descubridores discutirán la importancia de las devociones diarias y crearán un registro para realizar un seguimiento del tiempo pasado con Dios.

3 Los Descubridores practicarán organizar las posesiones.

4 Los Descubridores pueden participar en un proyecto de ministerio opcional usando las habilidades de gestión de personal.

Requisitos ✓ de Insignia

Elije cuatro de los cinco requisitos siguientes para que los Descubridores finalicen la insignia Administración personal.

☐ Aprende cómo presupuestar el dinero.

☐ Conoce cómo abrir una cuenta de ahorros en un banco local.

☐ Desarrolla un plan para tener devocionales diarios.

☐ Aprende cómo limpiar y organizar tu dormitorio, y ten un plan para mantenerlo organizado.

☐ Planifica una manera de utilizar las habilidades de administración personal para ministrar a otra persona.

RECURSOS

Utiliza un sitio web dedicado a enseñar a los niños una buena administración de los dones de Dios.

social

SeRViR!

Los Descubridores pueden utilizar cualquiera de estas sugerencias para los proyectos de ministerio. (Los Proyectos del Ministerio son opcionales y no están obligados a completar los requisitos de la insignia.)

100 Completa los requisitos básicos para la insignia de Administración Personal.

200 Combina las insignias Administración Personal y Estudio Bíblico. Prepara un estudio de la Biblia acerca de la administración del dinero, tiempo o posesiones. Comparte este estudio con la clase.

300 Combina las insignias Administración Personal, Adoración y Misiones. Trabaja con tu tesorero de la iglesia para aprender sobre el presupuesto del Fondo de Evangelismo Mundial de la iglesia. Luego, ayúdale a organizar y promover ya sea un Alabastro o Promesa de Fe, ofrendas que deben tomarse durante el servicio de adoración.

¡Alcanzar!

Haz una lista de opciones para proyectos ministeriales que funcionarían bien con tu iglesia y tus Descubridores.

_____

_____

_____

#1 Seguridad

■ **PReVeniR el FRaude.** Fraude es cuando alguien roba tu tarjeta de crédito, número de cuenta bancaria, u otra información personal y la utiliza para pretender ser tú. La persona entonces compra cosas con tu dinero. Para evitar esto, fotocopia el anverso y reverso de tu tarjeta de crédito y tarjetas de identificación, guarda todos los recibos, y guarda una copia del número de teléfono de la compañía de tarjetas de crédito. Tus padres pueden ayudarte a mantener esta información y el número de tu cuenta bancaria en un lugar seguro.

■ **La SeguRidad de Limpieza.** Cuando estás limpiando y organizando un área en la iglesia, primero asegúrate de que los objetos peligrosos están fuera del camino, incluyendo cables con corriente o enchufes sin protección, tablas con clavos salidos, o herramientas afiladas. Sigue cuidadosamente las instrucciones de limpieza de las etiquetas de suministro.

PALABRAS PARA SABER

Tarjetas de Crédito: Cuando usas una tarjeta de crédito, estás comprando algo ahora y prometiendo pagar por ello más tarde.

Presupuesto: Se trata de un plan delineando cómo vas a utilizar tu dinero.

Saldo: Esta es la cantidad de dinero que queda después de haber hecho un pago. Por ejemplo, si pagas $90 de un cargo de $100, el saldo sería de $10.

Interés: Este es el dinero que una empresa te cobra por prestarte dinero.

Devociones: Dedicar un tiempo para hablar con Dios y leer la Biblia.

Diezmo: Este es el dinero que le damos a la iglesia para que la obra de Dios se pueda hacerse. La Biblia dice que diezmemos el 10 por ciento de nuestro dinero.

¡PREPARADOS . . . LISTOS . . . FUERA!

LLEVANDO LAS CUENTAS: Sesión 1

Los Descubridores tendrán que revisar la información básica del presupuesto y las nuevas palabras de vocabulario antes de comenzar esta unidad.

Antes de esta sesión, haz arreglos para que un banquero local visite el grupo y comparta información acerca de su banco, lo que hacen los bancos, los tipos de cuentas que ofrece el banco, y cómo abrir una cuenta de ahorros. Pídele al banquero traer la literatura sobre la apertura de una cuenta de ahorros. Que el banquero de una breve explicación de las cuentas de ahorro y los beneficios para mantener una cuenta de ahorros. Anima a los niños a llevar a casa cualquier panfleto o folleto sobre las cuentas de ahorro para mostrar a sus padres o tutores.

Materiales

- Actividades "Mi Presupuesto" y "Palabras Para Saber" de las páginas 161 del *Estudiante Descubridor*
- Bolígrafos o lápices
- Calculadoras
- Cuadernos

- Cuando los Descubridores lleguen, muéstrales una moneda, una prenda de vestir, y un reloj. Pregunta a los Descubridores qué aspecto de sus vidas simbolizan los objetos. Señala que todo lo que tenemos viene de Dios, y Él quiere que usemos nuestro tiempo, dinero y posesiones sabiamente.

- Introduce la insignia Administración Personal al permitir que voluntarios lean el versículo Bíblico, la sección "¿Qué Puedes Hacer Con Esta Habilidad?", "Requisitos de Insignia", cuestiones de seguridad, y "Palabras Para Saber."

- Deja que voluntarios lean los párrafos introductorios en las páginas 162-164. Lee la parábola de Mateo 25:14-30 y analicen cómo Dios quiere que gestionemos nuestros recursos. Deja que los Descubridores lean la información sobre el presupuesto, tarjetas de crédito, cuentas de ahorro, diezmo, y el gastar sabiamente.

- Dispón de un banquero de invitado que hable acerca de los tipos de cuentas bancarias y de cómo iniciar una. Hablen de las ventajas y desventajas de las tarjetas de crédito. Señala la importancia de diezmar el 10 por ciento y el ahorro de al menos el 10 por ciento de tu dinero.

- Señala que el Valor Fundamental de esta insignia es el Servicio. Las personas que carecen de habilidades de administración financiera y personal crean caos y falta de armonía entre los que les rodean. Los Descubridores que tienen buenas habilidades de administración personal pueden servir a la iglesia, a sus familias y a sus comunidades.

  Cuando el Distrito Central del Golfo estaba pasando por una época de cambios drásticos, R.W. Cunningham utilizó sus habilidades de administración personal para ayudar al distrito a través de esos cambios.

  Dios puede ayudar a que la gente use las habilidades de administración de personal en una variedad de maneras.

- Pide a los Descubridores localizar Efesios 5:15-16. Lean juntos. Concluye con una oración, agradeciendo a Dios por todas sus bendiciones. Pídele a Dios que ayude a los Descubridores a usar su dinero y posesiones sabiamente.

Mirada mas ¡Cercana! Puede ser difícil para los Descubridoresrecordar toda la información que el banquero presente. Considera invitar a los padres de los Descubridores' para asistir a esta sesión.

MARCANDO EL TIEMPO: **Sesión 2**

Los Descubridores aprenderán cómo tener devociones diarias. Está preparado para hablar acerca de tu propia vida devocional, porque los Descubridores aprenderán de tu ejemplo.

Antes de esta sesión, reúne los materiales en el cuadro "Materiales". Coloca una Biblia, pluma o lápiz y cuaderno en la silla de cada niño. (Los niños pueden traer sus propios cuadernos.) Coloca las sillas en un círculo, o que todo el grupo se siente alrededor de una mesa, si el grupo es pequeño.

Materiales

- Bolígrafos o lápices
- Biblias
- Cuadernos

Buscando Direcciones

- Mientras los Descubridores llegan, dales papel rayado para escribir las horas del día a partir de la medianoche. Que los Descubridores registren lo que hacen en incrementos de una hora. Comienza con horas dormidas, hora de comer, la escuela, los deportes o eventos de música, y el tiempo libre. Deja que los Descubridores calculen aproximadamente cuánto tiempo pasan en cada actividad. Deja que un voluntario lea la sección "Marcando el tiempo" en el *Estudiante Descubridor*.

- Explica a los Descubridores que el tiempo devocional por lo general implica la lectura de la Biblia y orar. También puedes compartir de un libro devocional, si lo deseas. Deja que un voluntario lea "Pasar el rato con Dios" del *Estudiante Descubridor*. Dirige al grupo en un tiempo devocional. Deja que los Descubridores oren y lean la Biblia en voz alta. Asegúrate de dejar tiempo para el silencio. Orar implica escuchar, así como hablar con Dios.

- En los cuadernos, que los Descubridores hagan una tabla para el próximo mes. Escribe cada día de la semana. Mira los papeles de tarea de la escuela dominical, para la lectura de la Biblia y las ideas de devocionales sugeridos. Es posible que desees complementar estos con versos adicionales. Pide a los Descubridores hacer un espacio para revisar cuando hayan completado las devociones diarias.

- Escribe las palabras y referencia para Efesios 5:15-16 en una pizarra. Pide a los Descubridores leer los versículos juntos. Que un Descubridor borre una palabra del verso. Luego que los Descubridores digan el verso incluyendo la palabra borrada. Deja que los Descubridores continúen borrando una palabra a la vez y diciendo el verso con las palabras que faltan. Cuando todas las palabras estén borradas, los Descubridores deben ser capaces de decir el verso.

- Cierra con una oración, dando gracias a Dios por el privilegio de leer la Biblia y hablar con Él en oración.

163

Algunos Descubridores pueden tener problemas para leer o puede estar incómodos al orar en voz alta. Se sensible a medida que selecciones a los niños para leer u orar.

LLEVANDO UN REGISTRO: **Sesión 3**

Tus Descubridores necesitarán orientación cuando la arreglen y organicen la habitación. Piensa en cómo crees que la habitación debería ser por adelantado, así puedes ayudar a los grupos a determinar dónde colocar las cosas. Ayuda a los Descubridores a recordar poner artículos similares o artículos para proyectos similares en la misma ubicación.

Antes de esta sesión, coloca los estantes, cajones, cajas y gavetas en el área de trabajo. Establece guantes de trabajo. Anima a los Descubridores a leer "Llevando un registro" en las páginas 165-166 del *Estudiante Descubridor*.

Materiales

- Cualquier área desorganizada, desordenada (Un aula de Caravana o de escuela dominical, una guardería, una biblioteca de la iglesia, o un garaje).
- Una variedad de estantes, cajones, cajas y gavetas.
- Guantes de trabajo (si el área a ser organizada está sucia).
- Ayudantes adultos adicionales

Buscando Direcciones

- Muestra algunos artículos que hayas almacenado en tu casa durante años, pero no has utilizado. Estos son artículos que realmente debes tirar, pero no lo has hecho. Explica a los Descubridores que la mayoría de la gente tiene artículos en su hogar que necesitan ser organizados o tirados.

- Que un voluntarios lea "Llevando un registro", "En el lugar" y "Deshacerse de él" en el *Estudiante Descubridor.*

- Explica el proyecto de limpieza de los niños. Pide a los Descubridores ayuda para planear cómo agrupar los elementos y dónde colocar estanterías, armarios, u otros artículos de almacenamiento.

- Divide a los Descubridores en grupos más pequeños y que cada grupo trabaje en una parte diferente de la habitación. Ten un adulto con cada grupo.

- Si las estanterías deben ser atornilladas a la pared, que un adulto utilice las herramientas eléctricas.

164

■ Lee Efesios 5:15-16. Pide a los estudiantes decir lo que Pablo les está pidiendo a los Cristianos que hagan en esos versículos. Cierra con una oración, dando gracias a Dios por todo lo que le da a cada Descubridor. Pídele a Dios que ayude a los Descubridores a ser buenos administradores de sus dones. Señala que los Descubridores tienen un regalo que pueden dar a Dios. Ellos le pueden dar sus vidas y todo lo que tienen. Pregunta si algunos Descubridores quieren convertirse en Cristiano y vivir para Dios cada día. Utiliza el ABC de Salvación y ora con los Descubridores que respondan.

MINISTERIO DE PROYECTOS: Sesión 4

Elige y completa uno o más proyectos de la sección *Ir, Servir* de esta insignia. Si has seleccionado un proyecto que combine dos insignias, considera el número de semanas que necesitas para completar los requisitos de la insignia de ambas. Hay un sin fin de combinaciones de proyectos ministeriales que se pueden hacer. Usa tu imaginación. Adapta los proyectos del ministerio para satisfacer las necesidades de tus Descubridores, sus familias, y la iglesia.

¡Envuélvelo!

Que los Descubridores contesten las preguntas para reflexionar sobre lo que han aprendido a través de esta insignia.

TÍTERES

Bases Bíblicas: "Ahora bien, hay diversos dones, pero un mismo Espíritu. Hay diversas maneras de servir, pero un mismo Señor. Hay diversas funciones, pero es un mismo Dios el que hace todas las cosas en todos." (1 Corintios 12:4-6)

Punto Bíblico: Todas nuestras habilidades son útiles para servir a Dios.

Meta de la Insignia:

- Los Descubridores deben conocer los tres tipos de títeres principales.
- Los Descubridores deben saber cómo hacer un títere y un escenario de títeres.
- Los Descubridores deben saber cómo escribir una obra de teatro de títeres.
- Los Descubridores deben ser capaces de realizar un sketch títere ante un público.

Valor Fundamental: Compasión. Haz hincapié en el Valor Fundamental de la compasión mientras enseñas a los Descubridores las habilidades relativas a los Títeres.

Plan de Acción

Esta insignia les mostrará a tus Descubridores otra manera de utilizar sus habilidades para servir a Dios. Los títeres son divertidos de usar y divertidos de ver. Debido a la naturaleza social de las marionetas y títeres, las marionetas son una gran herramienta. Los visitantes podrán unirse a la diversión en cualquier momento durante la insignia Títeres. A través de una obra de teatro de títeres que tu grupo llevará a cabo, los visitantes pueden aprender lo mucho que Dios los ama. Primera de Corintios 12:4-6 nos recuerda que Dios nos da habilidades para ser usadas para el bien de todos. Las habilidades deben beneficiar a la persona y al reino de Dios. Hay una variedad de habilidades que coinciden con las muchas tareas en la iglesia. Dios da habilidades para que la Iglesia pueda continuar y cumplir su voluntad.

Cada sesión está diseñada para ser intercambiable y autónoma. La insignia Títeres es una gran insignia para los visitantes.

PLANIFICADOR DE INSIGNIAS

Sesión

1 Los Descubridores aprenderán sobre diferentes tipos de títeres y harán un títere.

2 Los Descubridores aprenderán a maniobrar una marioneta y la harán "hablar." Crearán una obra de teatro de títeres.

3 Los Descubridores harán un escenario de títeres.

4 Los Descubridores pueden participar en un proyecto de ministerio opcional.

Requisitos ✓ de Insignia

Elije cuatro de los cinco requisitos para completar la insignia Títeres.

☐ Aprender los tipos de títeres.

☐ Hacer un títere y aprender cómo funciona.

☐ Escribir un boceto de marionetas para enseñar una historia Bíblica o un versículo Bíblico.

☐ Construir un escenario de títeres y llevar a cabo una obra de teatro de títeres.

☐ Participar en un proyecto de ministerio utilizando las habilidades de Marioneta.

RECURSOS

Aquí hay algunos recursos para ayudarte a enseñar la insignia Títeres.

- Calle de un solo sentido <www.onewaystreet.com>
- Recursos de Títeres <www.puppetresources.com>

Social

¡Servir!

Los Descubridores pueden utilizar cualquiera de estas sugerencias para los proyectos de ministerio. (Los Proyectos del Ministerio son opcionales y no están obligados a completar los requisitos de la insignia.)

100 Completa los requisitos para la insignia Marioneta.

200 Combina las habilidades de las insignias Títeres y Evangelismo para realizar una parodia de marionetas que explique cómo llegar a ser un cristiano. Haz la presentación de la obra para un grupo de compañeros.

300 Combina las insignias Marioneta, Misiones, y Audiovisuales para crear y llevar a cabo una obra de teatro de títeres durante un servicio religioso. Usa la dramatización para promover ofrendas misioneras u otros eventos importantes de misiones.

¡Alcanzar!

Enumera algunas de tus propias opciones para proyectos ministeriales que funcionarían bien con tu iglesia y tus Descubridores.

_____

_____

_____

#1 seguridad

■ **Siempre** ten un adulto que te ayude cuando utilices una pistola de pegamento o cemento de contacto caliente.

■ **Siempre** ten ayuda de un adulto cuando utilices un cuchillo o navaja X-acto.

PALABRAS PARA SABER

Títeres de Dedo: Son lo suficientemente pequeñas para llevar en un solo dedo. Puedes usar más de una marioneta a la vez.

Títeres de Mano: Estos son el tipo más común de marioneta. El títere se coloca sobre toda la mano. Para hacer que la mano marioneta que "hable", mueva la boca, abriendo y cerrando la mano.

Marionetas: Estas son marionetas con ataduras a sus manos, pies y boca. Para mover este títere, párate encima de ella y tira de las cuerdas.

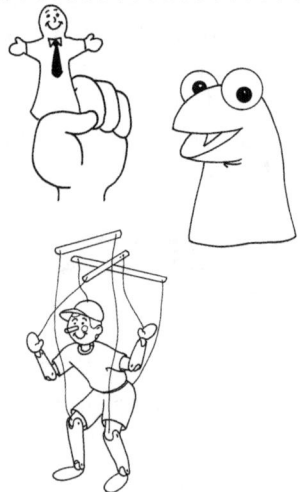

168

GEPETTO POR UN DÍA: **Sesión 1**

Los Descubridores aprenderán sobre diferentes tipos de títeres, la forma en que se hacen, y cómo trabajar una marioneta. En esta actividad, los Descubridores harán sus propios títeres.

Antes de esta sesión, reúne los materiales para hacer títeres. Ten suministros extra en la mano para los visitantes, y haz uno o dos títeres con antelación para proporcionar ejemplos a tus Descubridores. También recopila ejemplos de títeres de dedo, marionetas de mano, y marionetas. Proporciona un títere por dos o tres alumnos. Practica trabajando los títeres con el fin de enseñar a tu grupo cómo usarlos.

Materiales

- Instrucciones para hacer una marioneta en las páginas 168-170 del *Estudiante Descubridor.*
- Plato de papel Chinette de 7 pulgadas
- Espuma de poliuretano de 1/2 de pulgada de espesor (de una tienda de alfombras o artesanía)
- Cinta adhesiva
- Cemento de contacto (no basado en agua) o pegamento caliente con pistola de pegamento
- Elementos para la boca, los ojos, la nariz y el pelo de los títeres
- Velcro
- Tela de cualquier color
- Fieltro rojo
- Algodón o relleno
- Hilo de coser y aguja
- Grapadora
- Regla
- lápiz

Buscando Direcciones

- Cuando tus Descubridores lleguen, déjalos jugar con los títeres y marionetas de muestra. Muéstrales cómo trabajar los títeres.
- Introduce la insignia Títeres dejando que voluntarios lean el versículo Bíblico, la sección "¿Qué puedes hacer con esta habilidad?", Los requisitos de la insignia, cuestiones de seguridad, y "Palabras Para Saber."
- Que el grupo haga sus propios títeres. Consulta las páginas 168-170 del *Estudiante Descubridor* para las instrucciones.
- Discute cómo un títere puede ser usado en el ministerio.

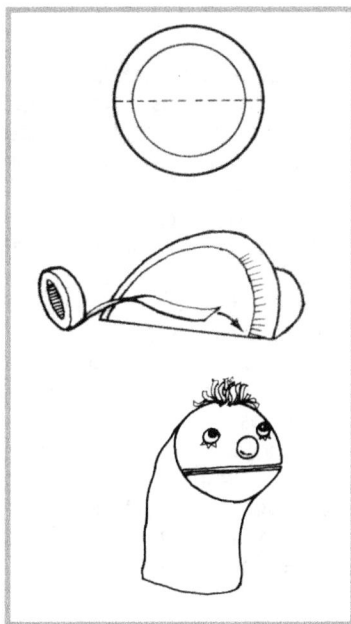

169

- Lee 1 Corintios 12:4-6. Di, **Dios da a cada persona las habilidades a utilizar para ayudar a la iglesia y ayudar a otros. Mientras los niños maduran, aprenden más sobre sus habilidades y cómo usarlas sabiamente. Algunos Descubridores pueden encontrar que Dios les ha dado habilidades especiales para trabajar con títeres**.
- Concluye con una oración, dando gracias a Dios por darnos habilidades. Pídele que ayude a encontrar a los Descubridores sus habilidades y a estar dispuestos a usarlas para Dios y la iglesia.

¿Conoces a alguien que sea un titiritero con talento? Considera pedirle ayuda para enseñar esta insignia. O considera capturar la atención del grupo al hacer una marioneta interactuar con el grupo mientras enseñas esta insignia.

TRAÉME A LA VIDA: **Sesión 2**

Los Descubridores aprenderán cómo trabajar con títeres. Aprenderán cómo mover una marioneta, cómo darle una voz, y cómo escribir un simple script de títeres.

Antes de esta sesión, reúne suficientes títeres para cada uno o dos Descubridores para que tengan una marioneta. Estudia las instrucciones para trabajar una marioneta en las páginas 171-172 del *Estudiante Descubridor*. Practica de antemano para que puedas mostrar al grupo cómo mover correctamente un títere. Crea una voz para tu títere. El grupo puede trabajar con títeres que ya hayan hecho, pero esto no es necesario. Ten un montón de marionetas extra a mano para los visitantes.

Materiales

- Un títere para cada uno o dos Descubridores
- Fotocopias de un script simple de títeres
- Páginas 171-172 del *Estudiante Descubridor*

Proporciona copias de una obra de teatro de títeres sencilla que enseñe una historia bíblica o una verdad bíblica. Puedes encontrar scripts en Internet, en Recursos del Ministerio de niños, o en tu biblioteca local. O deja que tu grupo escriba una obra de teatro de títeres corta para enseñar una historia bíblica o un versículo bíblico.

- Mientras llegan tus Descubridores déjalos jugar con los títeres y marionetas. Pídeles que elijan una marioneta para trabajar.

- Que el grupo practique "conversaciones" con sus títeres, moviendo la boca y el cuerpo correctamente.

- Proporciona un script de títeres que enseñe una historia Bíblica o un versículo Bíblico. O deja que el grupo escriba una breve dramatización de títeres.

- Que el grupo practique la dramatización de títeres en grupos pequeños. Usa una tabla como escenario.

- Señala que el Valor Fundamental de esta insignia es la compasión. Las obras de Títeres a menudo pueden enseñar actitudes cristianas de una manera divertida. Los Descubridores pueden influir en la gente para cambiar las actitudes.

  J.P. Roberts tuvo compasión por las mujeres en circunstancias difíciles. Él trató de influir en los demás para mostrar compasión en lugar de rechazo para estas mujeres.

  Los Descubridores pueden influir en los demás para mostrar compasión.

- Como grupo, usen las voces de las marionetas y títeres para decir el versículo Bíblico, 1 Corintios 12:4-6.

- Concluye con una oración.

UN EVENTO PUESTO EN ESCENA: Sesión 3

Los Descubridores construirán un escenario de títeres simple usando una caja de refrigerador y tela. Si el tiempo lo permite, que los Descubridores utilicen el escenario para practicar trabajando sus títeres. Los Descubridores pueden usar los títeres que hicieron, pero asegúrate de tener un montón de marionetas extra a mano para los visitantes.

Antes de esta sesión, reúne los materiales necesarios. Ten un montón de suministros a mano para los visitantes. Si tu grupo es muy grande, reúne varias cajas de refrigerador y piezas de tela. Luego que los Descubridores se dividan en grupos.

Materiales

- Decoraciones (pintura, brillo, pegamento, marcadores, etc.) Cuadrado de tela "24x 48" de cualquier color

- Grapadora
- Caja de refrigerador
- Navaja o un cuchillo X-acto

■ Mientras los Descubridores llegan, que lean atentamente las instrucciones que se encuentran en las páginas 172-173 del *Estudiante Descubridor* para la construcción de un escenario de títeres. Responde a cualquier pregunta que puedan tener.

■ Ayuda a los Descubridores a construir un escenario de títeres de acuerdo a las instrucciones.

■ Pide a los Descubridores pensar en formas en las que pueden utilizar sus habilidades de títeres en la iglesia.

■ Como grupo, usen las voces de las marionetas y títeres para decir el versículo Bíblico, 1 Corintios 12: 4-6. Deja que los Descubridores den gracias a Dios por las habilidades que Él les da. Anima a los Descubridores que se han destacado con habilidades de títeres, para continuar desarrollando estas habilidades y utilizarlas para servir a Dios.

MINISTERIO DE PROYECTOS: Sesión 4

Elige y completa uno o más proyectos de la sección *Ir, Servir* de esta insignia. Si has seleccionado un proyecto que combine dos insignias, considera el número de semanas que necesitas para completar los requisitos de la insignia de ambas. Hay un sin fin de combinaciones de proyectos ministeriales que se pueden hacer. Usa tu imaginación. Adapta los proyectos del ministerio para satisfacer las necesidades de tus Descubridores, sus familias, y la iglesia. Considera tener un taller de títeres orientado a los visitantes. Los Descubridores pueden hacer títeres adicionales para los visitantes.

¡Envuélvelo!

Que los Descubridores contesten las preguntas para reflexionar sobre lo que han aprendido a través de esta insignia.

RANGO PIONERO
Guía de Instrucciones del Rango Pionero

El trabajo en la Insignia del Rango Pionero

Los niños en el rango Pionero, completan las insignias y los requisitos para los rangos Pionero. Los niños deben trabajar sólo en las insignias en el rango Pionero mientras están en el año Pionero.

Excepción: Los de sexto grado pueden compensar insignias que necesiten para ganar el premio Haldor Lillenas.

Para prepararse para Enseñar una Insignia

- Leer la información de la placa en el Libro del alumno y en el Guía del líder.
- Decidir qué nivel enseñar (100, 200 o 300)
- Decidir la cantidad de sesiones necesarias y el orden en que se impartirán.
- Considerar reclutar a un "invitado" para enseñar la habilidad
- Reunir los materiales y suministros necesarios

Requisitos de Membrecía

No hay requisitos de membrecía para ser una parte de Caravana.

Valores Fundamentales

El rango Aventurero tiene cuatro valores fundamentales que representan cuatro elementos esenciales a las características divinas de un aventurero. Cada Valor Fundamental se explica a continuación y luego destaca un líder Nazareno que encarna este valor. El Descubridor destaca Servicio y Compasión mientras el Pionero destaca Educación y Trabajo. En cada categoría, cada Insignia de habilidad individual destaca uno de los dos valores fundamentales para el año. El guía debe hacer hincapié en el Valor Fundamental, junto con la enseñanza de cada Insignia.

Los valores fundamentales son una insignia colocada. Los Pioneros pueden completar una insignia en cualquier momento, ya sea en grupo o individualmente. Los guías pueden elegir el momento de enseñar los valores fundamentales. Opción: Elige cuatro insignias de habilidades con el mismo Valor Fundamental de énfasis.

Los cuatro Valores Fundamentales que se impartirán en el Aventurero son los siguientes:

DESCUBRIDOR—Servicio (R. W. Cunningham)
　　　　　　　　Compasión (J. P. Roberts)

PIONERO—Educación (Olive Winchester)
　　　　　　Trabajo (John T. Benson Jr.)

Insignias

Las insignias se clasifican de la siguiente forma: Artículos de Fe (estrellas), Valores Fundamentales e insignias de habilidades. Las Insignias Habilidad se clasifican en cuatro categorías: (mental, física, espiritual y social). Las insignias se distinguen por el color del borde. (Mental-verde, Física-azul, Espiritual-blanco, y Social- rojo)

Cada año los niños ganan cuatro estrellas Artículos de Fe, dos pasadores Valores Fundamentales, y un mínimo de dos insignias por Descubridor y Pionero al año en cada categoría: Mental, Físico, Espiritual y Social.

Los Aventureros pueden ganar más insignias. Los guías y niños eligen cualquiera de las dos insignias de una categoría. No hay requisitos previos para completar ninguna insignia. Cada insignia tiene tres sesiones intercambiables con una cuarta sesión opcional diseñada para cualquier enseñanza adicional o un proyecto de ministerio.

Cada una de las primeras 3 sesiones incluye lo siguiente:

- Materiales – los suministros necesarios para la sesión se enumeran aquí.
- Buscando Direcciones – se dan instrucciones paso a paso sobre cómo llevar a cabo la sesión.
- Mirada mas Cercana – algunas insignias tienen estas actividades e información adicionales.
- Envuélvelo (libro para estudiantes) - Los estudiantes reflexionan sobre lo que han aprendido y escriben sus pensamientos

Cada insignia tiene un componente de formación espiritual, con un versículo Bíblico, pensamiento devocional, meta de insignia, conexión con un Valor Fundamental, y un proyecto opcional de ministerio.

Cada insignia tiene las siguientes secciones:

Plan de Acción - Este ofrece orientación al guía para enseñar la insignia y ofrece sugerencias y consejos útiles para ella.

Planificador de Insignia - Esto muestra las actividades y el enfoque de los contenidos de cada sesión. Esta sección te ayudará a prepararte para guiar las próximas sesiones. Las sesiones son intercambiables.

Requisitos de Insignia - Cada insignia tendrá requisitos para su finalización. Los Descubridores pueden elegir cuatro de los cinco requisitos que les gustaría completar. Los requisitos de la Insignia se imprimen en los libros del líder y del estudiante y están diseñados para ser completados dentro de la sesión Caravana.

Recursos - Cada insignia tiene fuentes adicionales disponibles para ayudar al guía al enseñar las habilidades.

¡Ir, Servir! - Desarrollar "Discípulos en formación, no discípulos en espera" es un objetivo principal de Caravana. "¡Ir Servir!" Proporciona una opción para que los guías dirijan a sus Centinelas a través de experiencias de ministerio. Hay tres niveles para ¡Ir, Servir! que se pueden implementar en una insignia.

174

100—Finalización única de los requisitos de la insignia. Este nivel es genial si estás presionado por el tiempo, quieres tener un montón de visitantes para esta insignia, o no puedes participar en un proyecto de ministerio opcional debido a las finanzas, el transporte, la dotación de personal, u otras consideraciones.

200—Finalización de requisitos para la insignia y un proyecto de ministerio diseñado para usar la habilidad aprendida en la insignia para servir bien en la iglesia local (o a alguien en la iglesia), la comunidad o la iglesia nacional / internacional. Este nivel es muy bueno para la introducción de proyectos de ministerio simples a los Aventureros.

300—Planea combinar al menos dos insignias. Desarrolla un proyecto de ministerio donde estén representadas las dos insignias. Al finalizar los requisitos de insignia de ambas insignias, debe tener lugar el proyecto de ministerio. Esta opción promueve una Caravana orientada a eventos que utiliza distintivos para producir eventos. Esta opción permite los puntos de entrada para que los visitantes participen en Caravana. Si tu iglesia quiere tener muchos visitantes, un enfoque orientado a eventos sería una buena opción.

Mantenimiento de Registros

El mantenimiento de registros exactos es esencial en la determinación de las insignias y los premios que los niños reciban.

Responsabilidades del Guía:

- ■ Preparar y organizar insignias.
- ■ Desarrollar proyectos ministeriales y reclutar invitados.
- ■ Firmar y poner fecha en las insignias completadas.
- — Dar al director local Caravana una lista que contenga los nombres de las insignias, las fechas de terminación de las insignias (mes, día, año), y los nombres de los niños que obtuvieron las insignias.

Responsabilidades del Director Local:

- — Mantener un *Formulario de Registro Individual* para cada niño.
- — Anotar la fecha de terminación de las insignias (mes, día y año).
- — Verificar y registrar la finalización de Valores Fundamentales
- — Registrar los proyectos ministeriales del *Formulario de Registro Individual*.

Esquema de Planificación del Rango Pionero

La siguiente es una lista de todas las insignias del rango Pionero. El tiempo que tarda en completar una insignia variará en función de las diferencias en las capacidades e intereses de los niños. Cada insignia contiene tres sesiones, con una cuarta sesión opcional para los proyectos del ministerio. Artículos de Fe y Valores Fundamentales que toman una sesión para completar.

Rango Pionero

Insignia   Fecha

Artículos de Fe 13-16

13. Cena del Señor   _____
14. Sanidad Divina   _____
15. La Segunda Venida de Cristo   _____
16. Resurrección, Juicio, Destino   _____

Valores Fundamentales

Educación—Olive Winchester   _____
Trabajo—John T. Benson Jr.   _____

Insignias de Habilidad

Insignias Mentales
Cuidado del Automóvil   _____
Medio Ambiente   _____
Primeros Auxilios   _____
Internet   _____
Periodismo   _____

Insignias Físicas
Atletismo   _____
Acampar   _____
Carpintería   _____
Nudos   _____
Seguridad Personal   _____

Insignias Espirituales
Vida Cristiana   _____
Evangelismo   _____
Iglesia Local   _____
Templanza   _____

Insignias Sociales
Cuidado de Niños II   _____
Opciones de Carrera   _____
Comunicaciones   _____
Cuidado Personal y Apariencia   _____

Artículo de Fe 13:
La Cena del Señor

Definición: La Cena del Señor también se conoce como la Comunión. Es un sacramento que utiliza algún tipo de pan y jugo para recordarnos la muerte de Cristo por nuestros pecados.

Antes de esta sesión, reúne los suministros y colócalos sobre una mesa. Vierte el jugo en vasos y coloca el pan en la mesa. Cubre con un paño, si se desea.

Materiales

- Set de Comunión
- Pan
- Jugo de uva

Creemos

- La Cena del Señor nos ayuda a recordar el sacrificio que Cristo hizo por nuestros pecados y Su promesa de volver.

- Todos los que confían en Cristo como Salvador, podrán participar en la Cena del Señor.

- Que los Pioneros lean el artículo de Fe 13 y la sección "Creemos".
- Que los Pioneros encuentren 1 Corintios 11:23-26. Pide a los preadolescentes utilizar el banco de palabras en el *Estudiante Pionero* para completar las palabras de los versículos. Las respuestas son: "El Señor Jesús, la noche en que fue entregado, tomó (pan), y habiendo dado (gracias), él (lo partió) y dijo: 'Este es mi (cuerpo), que por vosotros es partido ; hacer esto en (memoria) de mí 'De la misma manera, después de cenar, tomó la (copa), diciendo: "Esta copa es el (nuevo) pacto en mi (sangre); hagan esto, cada vez que (beban), en memoria de mí "Cada vez que (coman) de este pan o beban esta copa, proclamen (la muerte) del Señor hasta que vuelva" (1 Corintios 11:23-26).
- Pide a un pastor hablar con los Pioneros sobre la Cena del Señor. Si esto no es posible, muestra al grupo los elementos de la Comunión que has preparado. Di cómo se utiliza cada elemento y lo que cada uno representa.
- Pregunta a los Pioneros: ¿Qué representa el pan? ¿Qué representa el jugo? ¿De qué manera la Cena del Señor hace que te sientas acerca de Jesús?

¡Enséñalo!

La Cena del Señor se celebró por primera vez cuando Jesús se reunió con sus discípulos para celebrar la Pascua. La Cena del Señor nos recuerda que todos los cristianos son iguales en una forma, Jesús dio su vida por todos. Es una señal de que todas las personas son iguales ante los ojos de Dios. Nadie es lo suficientemente bueno para ser salvado en sus propios méritos.

En la Iglesia del Nazareno, todos los cristianos son bienvenidos a tomar la comunión. Las Iglesias varían en la frecuencia con que celebran la Cena del Señor.

No des por sentado que cada niño es un cristiano y puede tomar la comunión. Más bien, céntrate en enseñar lo que significan los elementos. Escucha al Espíritu Santo. Esto podría ser una oportunidad para presentar el evangelio a tus Pioneros.

¡Hazlo!

Muestra a los Pioneros el conjunto Comunión y el pan y el jugo. Tómate tiempo para explicar el concepto de Mateo 26, destacando que Jesús estaba instruyendo a los discípulos sobre cómo recordar su compromiso con Él. Considera invitar a un pastor o pastor de niños para enseñar. Recuerda, los Pioneros no son adultos. Usa palabras preadolescentes.

Artículo de Fe 14: Sanidad Divina

Definición: La Sanidad Divina es un acto de Dios por el cual Él cura la enfermedad en respuesta a la oración de fe. Dios le ha permitido a la gente aprender muchas maneras de curar y ayudar a las personas que están enfermas. Los cristianos no deben negarse a tomar medicamentos y deben buscar la ayuda de los médicos cuando sea necesario.

Antes de esta sesión, dibuja un gran signo de interrogación en una pizarra.

Materiales

■ Pizarra y rotuladores
■ Biblia
■ Curitas

Creemos

■ En respuesta a la oración de fe, Dios a veces opta por curar la enfermedad y restaurar la salud cuando los médicos no pueden.

■ Los Cristianos deben buscar ayuda médica cuando sea necesario, esto es una manera en la que Dios cura.

Buscando Direcciones

■ Que los Pioneros lean el Artículo de Fe 14 y la sección "Creemos". Contesta cualquier pregunta que un Pionero pueda tener.

■ Que los Pioneros completen el rompecabezas para Santiago 5:14-15. Los versículos terminados son: "¿Está enfermo alguno de ustedes? Haga llamar a los ancianos de la iglesia para que oren por él y lo unjan con aceite en el nombre del Señor. La oración de fe sanará al enfermo y el Señor lo levantará. Y si ha pecado se le perdonará".

■ Que los Pioneros escriban tres cosas que hayan aprendido acerca de la sanidad divina.

■ Discute cualquiera de los temas apropiados de "Enséñalo" para tu grupo. Si tienes a alguien en tu iglesia que haya experimentado la sanidad divina, invita a esta persona para hablar con tu grupo.

■ Que los Pioneros busquen y lean Hechos 3:1-10 y Mateo 4:23. Distribuye curitas como un símbolo de la sanidad divina.

179

¡Enséñalo!

Toda curación es un acto de Dios. Los médicos y enfermeras ayudan al diagnóstico de enfermedades y la prescripción de medicamentos y tratamientos. Dios usa sus esfuerzos para sanarnos. A veces Dios sana sin usar médicos o enfermeras. Esto se conoce como la sanidad divina.

En los tiempos bíblicos, el aceite de oliva era un símbolo del Espíritu Santo. Cuando ponemos una pequeña cantidad de aceite de oliva en una persona y oramos por él o ella, reconocemos el papel de Dios como sanador. No hay magia en el aceite, porque no puede curar. Dios es el que sana.

Dios no siempre opta por curar. Nadie entiende completamente por qué esto es así. La enfermedad y la muerte son los resultados del pecado y no son lo que Dios originalmente previó para la gente. La enfermedad y la muerte pueden ser parte de nuestra libertad de elegir. No sabemos por qué Dios cura a algunas personas y no sana a otras. Pero podemos tener la confianza de que Dios ama a todos, y en el cielo somos curados.

¡Hazlo!

Dibuja un gran signo de interrogación en la pizarra y las siguientes referencias: Hechos 3:1-10 y Mateo 4:23. Que los pioneros vean los versículos, y que un voluntario lea. Explica que el mismo Jesús sanó (porque Él es Dios), y Él da poder a sus seguidores para sanar. Explica que es un don, y siempre apunta a glorificar a Dios. Señala el signo de interrogación y explica que "la sanidad divina" es un misterio, pero es algo que siempre viene de la oración, la fe, y de Dios. Dale a cada Pionero una curita para recordarles que Dios sana en muchos sentidos.

Artículo de Fe 15: Segunda Venida de Cristo

Definición: Jesucristo vendrá otra vez como lo prometió.

Antes de esta sesión, reúne los suministros y colócalos cerca de la mesa.

Materiales

- Pizarra
- Biblia
- Papel construcción
- Marcadores

Creemos

- Jesús volverá a la tierra como lo prometió.
- Cuando Jesús regrese, se revelará al mundo en todo su poder y gloria.
- Sólo Dios el Padre sabe cuando Jesús vendrá de nuevo.
- Podemos estar listos para la segunda venida de Jesús al confiar en Jesús todos los días como nuestro Salvador y amar a los demás.

Buscando Direcciones

- Que los Pioneros lean el artículo de Fe 15 y la sección "Creemos".
- Que los Pioneros encuentren Juan 14:2-3 y 1 Tesalonicenses 4:16-17. Dales a los preadolescentes papel y marcadores. Deja que trabajen en parejas o en grupos pequeños para dibujar símbolos o ideas generadas por estos versículos. Deja que voluntarios compartan lo que dibujaron.
- Presenta ideas de la sección "Enséñalo". Señala que nadie sabe realmente lo que va a suceder. Pero sabemos que Dios cumple Su

Palabra, por lo que Jesús regresará.

■ Que los Pioneros hagan coincidir las preguntas con las respuestas en la sección de "Hazlo". Las respuestas son:

1. ¿Quién va a estar con Jesús para siempre cuando Él venga de nuevo? (Los que han aceptado a Jesús como Salvador y viven cada día como cristianos.)

2. ¿Por qué se llama segunda venida de Jesús? (Jesús vino la primera vez como un bebé.)

3. ¿Por qué esperamos los cristianos la segunda venida de Jesús? (Cuando Jesús regrese, vamos a estar con Él para siempre.)

4. ¿Quién no espera el regreso de Jesús? (Los que no han aceptado a Jesús como Salvador.)

● Proporciona una oportunidad para que Pioneros acepten a Jesús como Salvador usando el ABC de Salvación o el folleto de salvación, *Jesús, Mi Mejor Amigo*.

¡Enséñalo!

La Segunda Venida es el regreso de Jesucristo a la tierra. La Segunda Venida tiene dos partes principales: Jesús será revelado al mundo en todo su poder y gloria. Los muertos justos serán resucitados a una nueva vida. La naturaleza mortal de los cristianos se convertirá en inmortal. Esto marca el momento en que el reino de Dios estará completo. Este será el fin del mundo. El mal será destruido. La salvación será completa. Los cristianos no están de acuerdo sobre los detalles de la Segunda Venida y la Biblia no da detalles específicos. Sin embargo, sabemos que la segunda venida será una fuente de esperanza y alegría para los Cristianos.

¡Hazlo!

Da papel y marcadores a los Pioneros. Deja que los niños dibujen símbolos y formas de representar lo que Juan 14:2-3 y 1 Tesalonicenses 4:16-17 dice que va a pasar en la segunda venida de Jesús.

ARtíCulo de Fe 16:
RESURRECCIÓN, JUICIO Y DESTINO

Definición: En la resurrección, en el final de los tiempos, el cuerpo de todo el mundo se une con el espíritu de la persona. Cada persona aparecerá en el juicio ante Dios. Los que aceptaron a Cristo como Salvador y están viviendo como Cristiano tendrán un destino eterno en el cielo.

Antes de esta sesión, escribe A, B y C en el lado izquierdo de la pizarra. En la parte superior, escribe "Resurrección, Juicio y Destino".

MATERIALES

- Pizarra
- Marcadores
- Biblia

CREEMOS

- El cuerpo de todos los que han muerto serán resucitados. El cuerpo se une con el espíritu de la persona.
- Cada persona comparecerá ante Dios. Dios juzgará a cada persona de acuerdo con la forma en que él o ella vivió en la tierra.
- Los que aceptan a Cristo como Salvador y le obedecen vivirán para siempre con Él. Los que se negaron a aceptar a Jesús como Salvador serán separados de Dios y sufrirán el castigo eterno.

Buscando Direcciones

- Que un Pionero lea el artículo de Fe 16 y la sección de "Creemos". Contesta cualquier pregunta que los preadolescentes puedan tener. Hay algunas preguntas que nadie puede responder.

- Que los Pioneros busquen y lean 2 Corintios 5:10. Deja que los niños trabajen en parejas para completar el versículo en el *Estudiante Pionero*. Las respuestas son: "(Todos) tenemos que comparecer ante la (sentencia) de Cristo, (cada uno) reciba lo que le corresponde por las cosas hechas mientras estaba en el (cuerpo), ya sea (bueno) o (malo). "

- Discute la información que se encuentra en "Enséñalo" Ten en cuenta que estos son conceptos difíciles. No insistir en ellos, pero utiliza esto como una introducción a ideas. Es posible que desees consultar con tu pastor, y tal vez pídele enseñar en esta sesión.

- Que un pionero escriba tres cosas que ha aprendido en el artículo 16. Luego, pídeles que digan brevemente lo que es el ABC de Salvación. (Admite que has pecado. Busca de Dios y cree que te ama y envió a su Hijo, Jesús, para salvarte de tus pecados. Clama a Jesús como tu Salvador.)

- Basado en el debate de hoy, es posible que desees presentar una invitación de salvación. Sin asustar a los preadolescentes, recuérdales que cada uno necesita estar listo para la segunda venida de Jesús. Ora con todo el que responda. Utiliza el ABC de Salvación o el folleto de salvación, *Mi Mejor Amigo, Jesús.*

¡Enséñalo!

No utilices tácticas de miedo cuando hables de estas doctrinas. Destaca a los Pioneros que en la vida hay actitudes y que hay consecuencias reales para las opciones buenas y malas que hagan. Discute con los Pioneros los aspectos positivos de tener una relación con Cristo (esperanza, paz, seguridad en el futuro).

Después de la resurrección de los muertos, cada persona comparecerá ante Dios para ser juzgado por la forma en que han vivido en la tierra. Los que confiaron en Jesús como Salvador y vivieron una vida cristiana, vivirán para siempre con el Señor en el cielo. Los que se negaron a confiar en Jesús como Salvador serán separados de Dios y sufrirán el castigo eterno en el infierno. Sólo Dios el Padre sabe cuando Jesús vendrá de nuevo. Podemos estar listos para la segunda venida de Jesús al confiar en Jesús como nuestro Salvador y vivir para Dios cada día.

¡Hazlo!

Rellena el ABC en la pizarra, dando una presentación del evangelio a tus Pioneros.

A - *Admite* que has pecado. Dile a Dios lo que has hecho, que te arrepientes de ello y estás dispuesto a dejarlo. (Romanos 3:23)

B - *Busca* de Dios y cree que te ama y envió a su Hijo, Jesús, para salvarte de tus pecados. Acepta el perdón que Dios te ofrece. (Juan 3:16)

C - *Clama* a Jesús como tu Salvador. Reconoce el perdón de Dios, responde con amor, y sigue a Jesús. (Romanos 10:13)

Educación—*El proceso de obtener o dar conocimiento y habilidades. También es el conocimiento, las destrezas y habilidades obtenidas de la escolarización.*

Conoce a: Olive Winchester
(1880-1947)

Un aventurero es una persona que explora nuevas ideas e investiga nuevas áreas. Oliva fue una aventurera en el área de la educación. Ella tomó su talento natural para querer aprender y lo utilizó para servir a Dios. Mientras Oliva creció, hizo muchas cosas que las mujeres nunca habían hecho antes. Le encantaba estudiar lenguas y se convirtió en la primera mujer en graduarse de varias escuelas diferentes, con grados en la Biblia. Después de graduarse de la escuela secundaria, Olive fue al Colegio Radcliffe en Massachusetts.

La universidad no siempre fue fácil. Oliva tuvo que conseguir un trabajo para ganar dinero para pagar sus cuentas de la universidad. La gente en su iglesia de vez en cuando la ayudaba financieramente enviándole dinero.

- Oliva fue la primera mujer en asistir a la Escuela Divinidad en La Universidad de Glasgow en Escocia. Ella fue la primera mujer en graduarse con una licenciatura en teología en la Universidad de Glasgow.

- Oliva fue la primera mujer en obtener el título teología sistemática de la Pacific School of Religion en California.

- Oliva fue la primera mujer en ganar el título de doctor en teología en el Seminario Teológico de Drew en Nueva Jersey. Oliva usó sus

habilidades para ayudar a la Iglesia del Nazareno a crecer en Escocia y Estados Unidos. Entre las escuelas donde se enseñaba estaban, Colegio de Santidad Northwest (ahora conocido como Universidad Nazarena de Northwest). Ella enseñó en esta escuela durante 17 años. Enseñó griego, hebreo y la Biblia. También se convirtió en vicepresidente de la escuela.

La educación era muy importante para Oliva y ella creyó en el uso de la educación para servir a Dios. Alentó a la gente a probar nuevas áreas de responsabilidad y explorar nuevas posibilidades.

E Es Para Educación

¿Qué tipo de cosas te gusta aprender?

¿Qué te gustaría aprender más?

¿Cómo crees que puedes utilizar tu educación para servir a Dios?

No puedes saber lo que tendrás que hacer cuando seas grande, pero la educación es importante en todo lo que vas a hacer. Jesús dijo: "Amarás al Señor tu Dios, con todo tu corazón y con toda tu alma y con toda tu mente." (Mateo 22:37)

Trabajo—*esfuerzo o labor de hacer algo con energía o habilidad.*

Conoce a: John T. Benson Jr.
(1904-1985)

John creció en un hogar cristiano y se convirtió en un hombre de negocios cristiano. Trabajó en el Colegio Nazareno de Trevecca (ahora conocido como Universidad Nazarena de Trevecca) como gerente de negocios. Su padre era dueño de la Compañía de Impresión Benson. Después de que John se graduó de la universidad Trevecca, se convirtió en un vendedor de la empresa de su padre. Su carrera empresarial se centró principalmente en torno a la Compañía de Publicidad John T. Benson.

John aprendió que el trabajo es una cualidad importante para tener. Trabajó duro en su trabajo. También trabajó duro en su ministerio en la iglesia. Lideró la música en su iglesia durante 30 años.

John T. Benson Jr. sirvió en muchas áreas diferentes y formuló una serie de aportaciones a la Iglesia del Nazareno:

- John sirvió en la junta de la iglesia local en Nashville, Primera Iglesia del Nazareno.
- John fue miembro de la Junta de Síndicos para Colegio Nazareno de Trevecca.
- John sirvió como miembro laico de la Junta Consultora del Distrito de Tennessee.
- John fue elegido como miembro de la Junta General de la Iglesia del Nazareno y sirvió en esa junta durante 12 años.
- Comenzó el ciclo de conferencias John T. Benson en el Colegio Nazareno de Trevecca.
- John T. Benson Jr. trabajó duro en cada área de su vida. Él hizo un impacto en las vidas de muchas personas.

Trabajo y Dios

Puede que no tengas un trabajo remunerado aún, pero ser un buen trabajador no se trata sólo de que me paguen por trabajar. Se trata de hacer tu mejor esfuerzo para completar una tarea, sea lo que sea. Esto incluye tus tareas escolares.

¿Por qué crees que ser un buen trabajador es importante para un cristiano? ¿Cómo puedes ser un mejor trabajador?

¡Ve A Las Hormigas!

La Biblia nos da algunos grandes ejemplos de cómo ser un buen trabajador. Leer Proverbios 6:6-9.

¿Qué dice acerca de las hormigas?

¿Cómo lo que hacen las hormigas en el verano las salva en el invierno?

¿Qué pasará con el perezoso (la persona perezosa)?

CUIDADO DEL AUTOMÓVIL

Bases Bíblicas: "Hagan lo que hagan, trabajen de buena gana, como para el Señor y no como para nadie en este mundo, conscientes de que el Señor los recompensará con la herencia. Ustedes sirven a Cristo el Señor." (Colosenses 3:23-24)

Punto Bíblico: Dios quiere que seamos buenos administradores de todo lo que tenemos.

Meta de la Insignia:

- Los Pioneros deben saber cómo llevar a cabo la atención básica y mantenimiento del coche.

- Los Pioneros deben saber que Dios espera que los cristianos sean buenos administradores con todas sus posesiones.

- Los Pioneros pueden introducirse a un proyecto de ministerio utilizando las habilidades de Cuidado del Automóvil.

Valor Fundamental: Trabajo. Hacer hincapié en el Valor Fundamental del Trabajo mientras enseñas a los Pioneros las habilidades relativas al Cuidado del Automóvil.

Plan de Acción

Tus Pioneros se emocionan cuando piensan en poseer y conducir su propio coche. Probablemente sueñan con el coche que quieren y cómo se verá. Un aspecto importante de la propiedad de automóviles es el cuidado del coche. Los cambios de aceite y neumáticos, el lavado y encerado son detalles importantes que deben ser capaces de realizar. La insignia Cuidado del Automóvil es de manos a la obra. Tus estudiantes no pueden ganar esta insignia sin involucrarse, y ensuciarse las manos. Ellos amarán cada minuto.

Señala la importancia de ser buenos administradores de todo lo que Dios nos da a nosotros, incluyendo nuestros coches.

Cada sesión está diseñada para ser intercambiable y autónoma. La insignia Cuidado del Automóvil ofrece a los visitantes una gran oportunidad para participar.

PLANIFICADOR DE INSIGNIAS

Mental

Sesión

1 Los Pioneros serán introducidos a los elementos básicos de cuidado del automóvil y el mantenimiento, incluida la forma de revisar los fluidos y presión de los neumáticos.

2 Los Pioneros realizarán un cambio de aceite.

3 Los Pioneros lavarán y encerarán un coche.

4 Los Pioneros pueden introducirse a un proyecto de ministerio opcional usando las habilidades del Cuidado de Automóvil.

Nota: Utiliza esta insignia como una oportunidad semanal para servir a alguien en tu iglesia. Elije una madre soltera, una pareja de ancianos, o alguien que está luchando financieramente. Ten cuidado con lo información que compartes con tus Pioneros sobre la gente que está sirviendo.

Requisitos ✓ de Insignia

Elije cuatro de los cinco requisitos siguientes para finalizar la insignia Cuidado del Automóvil.

☐ Ser capaz de revisar todos los fluidos automotrices y presión de los neumáticos.

☐ Conocer cómo cambiar el aceite en un coche.

☐ Conocer cómo cambiar una rueda pinchada.

☐ Lavar un coche correctamente.

☐ Encontrar una manera en la que puedes utilizar tus habilidades de Cuidado del Automóvil para ministrar a alguien más.

RECURSOS

Estos son algunos recursos para ayudarte.

• Manuales de Auto, disponible en la mayoría de tiendas de partes de auto.

• Un mecánico local

¡R SeRViR!

¡Los Pioneros pueden servir a Dios con sus habilidades! Los Pioneros pueden utilizar cualquiera de estas sugerencias para los proyectos de ministerio. (Los Proyectos del Ministerio son opcionales y no están obligados a completar los requisitos de la insignia.)

100 Completa los requisitos para la insignia Cuidado del Automóvil.

200 Usa los requisitos para la insignia como un proyecto del ministerio para servir a otras personas. Considera hacer un lavado de coche absolutamente libre, ninguna donación aceptada, en tu comunidad.

300 Combina las habilidades para el cuidado del automóvil y las insignias de Primeros Auxilios para crear un proyecto de ministerio para que los preadolescentes hagan y distribuyan los primeros auxilios de automóviles y equipos de seguridad.

¡Alcanzar!

Enumera algunas de tus propias opciones para proyectos ministeriales que funcionarían bien con tu iglesia y tus preadolescentes.

_____

_____

_____

_____

_____

#1 seguRidad

- **Ten Cuidado** de trabajar en un coche mientras el motor está caliente.

- **Siempre** usa herramientas para el fin previsto. Por ejemplo, nunca utilices un destornillador para abrir algo abierto.

- **Nunca** llenes en exceso el motor con aceite.

- **Nunca** quites una tapa del radiador mientras el motor está caliente.

- **Siempre** mantén la presión adecuada en los neumáticos.

Para Guías:
- Obtén **el permiso de los padres** para que sus hijos trabajen en torno a los coches.

PALABRAS PARA SABER

Mecánico: Una persona especialmente entrenada para reparar un coche.

Llave: Una herramienta que se utiliza para aflojar y apretar las tuercas y pernos.

Pulidor: El proceso de brillo de la superficie del exterior del coche después de aplicar la cera.

Filtro de Aceite: Un dispositivo que se utiliza para filtrar la suciedad y las impurezas sin petróleo de un coche.

Detallado: El proceso de limpieza y pulido de los compartimientos interiores de un coche. Esto incluye el tronco, compartimiento del motor, y la zona de pasajeros.

¡PREPARADOS . . . LISTOS . . . FUERA!

MANTENIMIENTO BÁSICO COCHE: Sesión 1

Los Pioneros estarán explorando el mantenimiento básico del coche. Esta lección se centra en los elementos de verificación de seguimientos necesarios. Revisa los tiempos sugeridos para cada mantenimiento, y demostración. Da a tus estudiantes la oportunidad de revisar y realizar el mantenimiento ellos mismos.

Antes de esta sesión, compra los materiales necesarios. Permiso seguro de los propietarios para usar varios coches para tus demostraciones. Distribuir formularios de permiso a los padres. Familiarízate con los coches y el mantenimiento básico del coche. Prepara las tarjetas "3x 5" para coche.

Materiales

- Formularios de permiso
- Tarjetas "3 x 5"
- Marcador
- Ropa de trabajo
- Toallas
- Limpiador de manos
- Líquido limpiaparabrisas
- Aceite
- Fluido de transmisión
- Anticongelante / refrigerante
- Líquido de frenos
- Materiales adicionales según sea necesario

Buscando Direcciones

- Cuando llegue tu grupo, salúdalos afuera. Dales tiempo para mirar los suministros y el coche. Ten el capó abierto. Utiliza las tarjetas "3x5" para marcar varios puntos de interés en el coche.

- Discute con tus pioneros la importancia del cuidado y mantenimiento apropiado del automóvil. Explica que todo lo que tenemos es un regalo de Dios, y nosotros somos responsables de cuidar lo que Él nos ha dado.

- Que los Pioneros lean de sus libros el versículo Bíblico, la sección "¿Qué puedes hacer con esta habilidad?", Los requisitos de la insignia, las cuestiones de seguridad y las palabras de vocabulario.

- Demuestra las técnicas básicas de mantenimiento. Permite a los Pioneros practicar las habilidades de mantenimiento.

- Señala que el Valor Fundamental de esta insignia es el Trabajo. La mayoría de los Pioneros han pasado un montón de tiempo montando en coches, pero poco tiempo pensando en cómo cuidar de ellos. Hay muchas tareas de mantenimiento de rutina que los Pioneros pueden ayudar a los padres a hacer.

  John T. Benson Jr. trabajó duro para mantener todas las partes de su empresa. También lleva la rutina de mantener todas las partes de un vehículo funcionando eficientemente.

- Que los Pioneros lean y busquen Colosenses 3:23-24. Pregunta, **¿Cuál debe ser nuestra actitud al trabajar en los coches? ¿Cuál debe ser nuestra actitud cuando trabajamos en las tareas o los quehaceres? Este versículo nos dice que seamos los mejores trabajadores que podamos ser.**

- Cierra con una oración, pidiendo a Dios que ayude a los Pioneros a ser buenos trabajadores.

Un viaje a la tienda local de partes de automóviles o taller mecánico puede ayudar a proporcionar un nivel de profesionalismo a tu demostración. Que el empleado o gerente de la tienda demuestre cómo realizar el mantenimiento o localizar partes.

PETRÓLEO Y NEUMÁTICOS: **Sesión 2**

Deja que los Pioneros disfruten de la experiencia de manos a la obra. Es fácil querer demostrar, pero los Pioneros aprenderán mejor, ya que están inmersos en la experiencia. Ten formularios de permiso para cada niño y el permiso de los propietarios de automóviles para trabajar en sus coches.

Materiales

Antes de esta sesión, reúne y prepara los suministros que se encuentran en el "Materiales". Si tienes un grupo grande de Pioneros, configura varias estaciones de trabajo. Intenta tener no más de cinco estudiantes en cada estación de trabajo.

- Formularios de permiso
- Toallas
- Limpiador de manos
- Bandeja de aceite
- Aceite
- Filtros de aceite
- Rueda de repuesto
- Llanta de neumático
- Tomas de coche
- Soportes para trípode
- Llave de filtro de aceite
- Pizarra
- Marcador

Buscando Direcciones

- Discute los procedimientos para cambiar el aceite y el cambio de un neumático en un coche.

- Revisa los procedimientos de seguridad con tus Pioneros.

- En equipos de cinco o menos y con supervisión de un adulto, tus Pioneros tienen que cambiar el aceite y cambiar un neumático en un coche.

- Que un Pionero lea Colosenses 3:23-24. En una pizarra, escribe palabras sugeridas por los Pioneros para describir a los trabajadores. Estas pueden ser palabras negativas o positivas. Luego que un voluntario borre cualquier palabra que no encaja en el concepto de este versículo.

- Cierra con una oración, pidiendo a Dios que ayude a los pioneros a ser buenos trabajadores, especialmente en lo que utilizan sus habilidades de Cuidado del Automóvil.

MANTENLO LIMPIO: **Sesión 3**

Materiales

En esta sesión, los Pioneros aprenderán cómo lavar correctamente, encerar y detallar un coche. Utiliza esta sesión como una oportunidad de servir a los demás.

Antes de esta sesión, familiarízate con los consejos para el lavado y la limpieza correcta de un coche. Presta atención a los detalles que la mayoría de las personas pasan por alto. Visita un lavado de autos y ve cómo se limpia un coche.

- Jabón de lavado de coches
- Toallas secos
- Esponjas o guantes de lavado
- Cepillo y extensión
- Cepillo de neumático y llanta
- Cubos
- Cera
- Mangueras
- Aspiradora
- Limpiacristales
- Cuero y limpiador de vinilo
- Cuero y protector de vinilo
- trapos viejos

Buscando Direcciones

- Revisa los consejos para el lavado y limpieza correcta de un coche.
- Que tus Pioneros trabajen juntos para lavar, encerar y detallar un coche.
- Deja que un voluntario lea Colosenses 3:23-24. Di: *Es importante para nosotros ser buenos cuidadores de todo lo que Dios nos ha dado. Dios quiere usar nuestras habilidades para servir a los demás. De acuerdo con estos versículos, ¿para quién hacemos nuestro trabajo? Lo hacemos como un medio de servir a Jesús y lo que muestra nuestro amor.*
- Cierra con una oración, pidiendo a Dios que ayude a los Pioneros a ser buenos trabajadores. Pídele que ayude a los pioneros a recordar que sirven a Jesús mientras hacen su trabajo.

Nota: Usa esta actividad como otra oportunidad de servir a los demás.

Mirada más ¡De cercana!

Llevar cabo un lavado de autos en un lugar separado de la iglesia ayudará a atraer más gente, y llamará la atención de la comunidad a tu iglesia. Lava coches, regala bebidas, y dile a los visitantes, "Queremos mostrar el amor de Dios de manera práctica."

MINISTERIO DE PROYECTOS: Sesión 4

Elige y completa uno o más proyectos de la sección *Ir, Servir* de esta insignia. Si has seleccionado un proyecto que combine dos insignias, considera el número de semanas que necesitas para completar los requisitos de la insignia de ambas. Hay un sin fin de combinaciones de proyectos ministeriales que se pueden hacer. Usa tu imaginación. Adapta los proyectos del ministerio para satisfacer las necesidades de tus Pioneros, sus familias, y la iglesia.

¡Envuélvelo!

Que los Pioneros contesten las preguntas para reflexionar sobre lo que han aprendido a través de esta insignia.

MEDIO AMBIENTE

M e n t a l

Bases Bíblicas: "Dios El SEÑOR tomó al hombre y lo puso en el jardín del Edén, para que lo cultivara y lo cuidara." (Génesis 2:15)

Punto Bíblico: Dios espera que las personas cuiden de su mundo.

Meta de la Insignia:

- Los Pioneros deben entender el proceso de los ciclos naturales.
- Los Pioneros deben ser capaces de explicar cómo las personas afectan a los ecosistemas que los rodean.
- Los Pioneros deben entender su papel en el cuidado de la tierra.

Valor Fundamental: Educación. Hacer hincapié en el Valor Fundamental de la educación mientras enseñas a los Pioneros sobre el cuidado del Medio Ambiente.

Plan de Acción

A menudo subestimamos lo que los niños pueden hacer. Tienen una conexión natural y fascinación por la naturaleza. Algunos aman los bichos, algunos son amantes de los perros, algunos están raptados con el estudio de los dinosaurios, pero la mayoría de los niños están interesados en la naturaleza de una manera u otra. Los niños también tienen un fuerte sentido de la justicia y llevarán la destrucción del hábitat en serio, especialmente cuando sucede en su ciudad. Da a los Pioneros un proyecto que hará una diferencia inmediata visible en su entorno. Haz una pequeña investigación local para esta insignia. ¿Qué es un problema ambiental específico para tu área? ¿Qué tipos de servicios de conservación operan en tu área? ¿Cuál es una manera única en la que tus niños pueden disfrutar del aire libre? Consulta con tu Cámara de Comercio local o una sociedad de conservación para averiguar cómo puedes hacer los problemas ambientales reales y tangibles a tus Pioneros. Ellos lo toman en serio.

Cada sesión está diseñada para ser intercambiable y autónoma. La insignia Medio Ambiente es una gran insignia para los visitantes.

PLANIFICADOR DE INSIGNIAS

Mental

Sesión

1 Los Pioneros aprenderán cuán natural se producen los ciclos.

2 Los Pioneros descubrirán cómo las personas afectan a los ecosistemas que los rodea.

3 Los Pioneros aprenderán lo que pueden hacer sobre el agua, la tierra y la contaminación del aire.

4 Los Pioneros se pueden introducir a un proyecto de ministerio opcional usando las habilidades de entorno.

NOTA: *Al comienzo de esta insignia, prepara una muestra de la actividad de Maceta en la Sesión 3 y consérvalo para esa sesión.*

Requisitos ✓ de Insignia

Elije cuatro de los cinco requisitos siguientes para finalizar la insignia Medio Ambiente.

☐ Conoce cómo las plantas, los animales, el aire, el agua, la luz del sol, y las personas trabajan juntas en el medio ambiente.

☐ Aprende lo que hace que el ciclo del agua, el ciclo del oxígeno, y la cadena alimentaria. ¿Cómo se afectan estos ciclos?

☐ Selecciona cuatro cosas que puedes hacer en casa para evitar la contaminación, el reciclaje de artículos usados, o conservar la energía y el agua.

☐ Selecciona un proyecto de limpieza de la contaminación. Toma una fotografía de la zona antes y después del proyecto de limpieza. Escribe un breve resumen del proyecto.

☐ Encuentra una manera en la que puedes usar tus nuevas habilidades de entorno para ministrar a alguien más.

RECURSOS

- Comprueba la biblioteca local o en Internet recursos para ayudarte a enseñar esta insignia.

SeRViR!

Los Pioneros pueden utilizar cualquiera de estas sugerencias para los proyectos de ministerio. (Los Proyectos del Ministerio son opcionales y no están obligados a completar los requisitos de la insignia.)

100 Completa los requisitos para la insignia Medio Ambiente.

200 Usa los requisitos para la insignia como un proyecto de ministerio para servir a otras personas. Ten un día de limpieza y haz una excursión a un área para recoger la basura.

300 Usa las habilidades Medio Ambiente para desarrollar y mantener una granja de lombrices en tu salón de clases. Este proyecto de conservación en curso, enseñará el respeto por el medio ambiente, así como enseñará a los niños la responsabilidad de los demás seres vivos.

¡Alcanzar!

Enumera algunas de tus propias opciones para proyectos ministeriales que funcionarían bien con tu iglesia y tus preadolescentes.

_____

_____

_____

PALABRAS PARA SABER

Coloca las palabras y definiciones en tarjetas individuales de 3"x5". Mezcla las tarjetas y colócalas en una mesa. Mientras enseñas las diferentes sesiones, dales a los Pioneros una oportunidad para que hagan coincidir las palabras con las definiciones. Esto les ayudará a recordar las palabras del vocabulario de la insignia.

Atmósfera: Una capa protectora de aire que rodea la tierra.

Ciclo: Un proceso repetido que comienza de nuevo cuando se ha completado.

Cadena alimentaria: El proceso de los organismos que comen el siguiente miembro inferior de la cadena.

Ecosistema: Una comunidad de organismos y su medio ambiente que funcionan como una unidad en la naturaleza.

Contaminación: Contaminar o hacer impuro o inmundo.

Sesión 1

Antes de esta sesión, reúne tus materiales.

Materiales

- Frasco de vidrio Mason y tapa
- Agua
- Colorante azul
- Tiras de papel construcción
- Plumas
- Grapadora o cinta
- Libros y/o folletos sobre temas ambientales

Buscando Direcciones

- Cuando los Pioneros lleguen, ten disponibles libros y folletos sobre temas ambientales. Deja que los Pioneros indaguen en estos. Luego que voluntarios lean el versículo Bíblico, la sección "¿Qué Puedes Hacer Con Esta Habilidad?", los requisitos de la insignia, las palabras del vocabulario, "Descubriendo", y "¿Cómo Funciona Todo En Conjunto?" (Plantas, Aire y Agua)

- Ayuda a los Pioneros a pensar en maneras de conservar el agua en sus propios hogares. Algunos ejemplos pueden ser no dejar correr el agua mientras se cepillan los dientes y tomar una breve ducha en lugar de un baño.

- Mientras cubres la sección "Ciclos" del libro del alumno, haz esta actividad para ilustrar los ciclos del agua. Ten un frasco de vidrio Mason, medio-lleno de agua caliente. Rápidamente tornilla la tapa y ve como el vapor se condensa en los lados y en la parte inferior de la tapa. Pide a un alumno observar el tarro y explicar por qué el agua se reúne y cómo esto ilustra el ciclo del agua de la Tierra.

- Revisa la sección "cadena alimentaria" con tus estudiantes, luego, da a cada preadolescente cinco tiras de papel construcción. Instruye a los preadolescentes para dibujar un animal en cada tira de papel. El quinto de los animales sería en la parte superior de la cadena alimentaria y el primer animal sería en la parte inferior. Un ejemplo puede ser: una mariquita, luego, un pájaro, luego, un gato, luego, un lobo, y luego un oso. Cuando los cinco animales se dibujan, con cinta adhesiva pega las tiras en círculos para crear eslabones de una cadena. Cada estudiante termina con su propia cadena alimentaria.

- Pide a los Pioneros encontrar y leer Génesis 2:15. Pregunta: **¿Qué opinas de cómo era del Jardín del Edén? (Deja que los preadolescentes respondan.) Adán y Eva tuvieron la enorme responsabilidad de cuidar el jardín y los animales. ¿Te gustaría ese trabajo?**

- Cierra con una oración, pidiendo a Dios que ayude a los Pioneros a cuidar mejor el mundo de Dios.

Antes de esta sesión, llena con agua hasta la mitad un acuario y añade una gota de colorante azul. Asegúrate de que el agua esté caliente para que puedas remover la sal en el agua y se disolverla. Ten establecidas estaciones para los pasos de la Contaminación.

Materiales

- Algodón
- Colorante azul
- Sal
- Pequeño acuario o recipiente grande de vidrio
- Aceite vegetal
- Bolas de polvo de cacao sin azúcar
- Pinzas de ropa
- Agua
- Vasos de plástico claro
- Peces Gomosos
- Helado
- Soda clara, como Sprite o 7-Up
- Refresco rojo
- Bebida

Buscando Direcciones

- Que los estudiantes lean sobre los ecosistemas y la contaminación en el *Estudiante Pionero*.

- Pide a un alumno mezclar el cacao en polvo en el aceite vegetal para hacer el aceite más visible cuando se combine con el agua.

- Presenta esta actividad sobre la contaminación del agua recordando a los estudiantes sobre el impacto que la gente tiene sobre el medio ambiente. El acuario representa el océano, y los Pioneros van a ver un derrame de petróleo. Vierte la mezcla de aceite sobre la superficie del agua y ve que se extienda. Ten bolas de algodón y pinzas de ropa disponible. Dale una oportunidad a los Pioneros para limpiar el derrame de petróleo con las bolas de algodón. Utiliza las pinzas de ropa para mojar las bolas de algodón en el tanque y trata de limpiar el derrame. El petróleo no se va a absorber en el algodón. Concluye esta actividad haciendo hincapié en que un derrame de petróleo no puede ser limpiado. Una vez que el petróleo se derrame en el medio ambiente, las aves, los peces, la vida vegetal, y las cadenas alimenticias que los rodean morirán.

- Ahora revisa la contaminación en el ecosistema con esta actividad. Explica la copa es el ecosistema. Pon el pez gomoso en el fondo de la taza y cúbrelo con soda clara. Explica que este es el pescado y la fauna que se sustenta en las aguas subterráneas de la tierra. Coloca una cucharada de helado en los peces y la soda, explicando que se trata de la tierra. Luego, vierte el refresco rojo sobre la bola de helado, explicando que esto es un fertilizante venenoso. Luego hazle a tus alumnos estas preguntas:

    ¿Qué pasa cuando el refresco rojo penetra en el helado?

    ¿Se puede beber y obtener refrescos claro? ¿Por qué no?

    ¿Qué le pasaría a este ecosistema?

- Deja que los Pioneros busquen y lean Génesis 2:15. Pregunta, **¿Cómo crees que se siente Dios cuando ve la contaminación de la tierra o el agua? ¿Por qué Dios puso a Adán y Eva en el jardín? ¿Qué puedes hacer para cuidar el mundo de Dios?**

- Señala que el Valor Fundamental de esta insignia es la Educación. Este es un mundo grande y necesita que todos sigamos la manera que Dios quería. Cuando la gente aprende lo importante que es cuidar del mundo de Dios, es más probable que lo hagan.

  Oliva Winchester conocía el valor de la educación. Ella vivió en los Estados Unidos y Escocia y observó cómo vivía la gente en esas dos áreas.

  Es importante que los Pioneros aprendan cómo cuidar el mundo de Dios y animar a sus amigos a hacerlo también.

- Concluye con una oración.

RECICLAJE: Sesión 3

Antes de esta sesión, reúne los materiales necesarios para hacer la Maceta Ecosistema. Los gusanos son opcionales y se pueden comprar en una tienda de mascotas u obtener de tu patio trasero. Promedia una maceta por cada cinco Pioneros. Si es posible, has arreglos para que un oficial de conservación o profesor de biología venga y hable brevemente

Materiales

- Macetas de barro
- Tierra vegetal
- Latas pequeñas (como una lata de atún)
- Cáscaras de papa
- Pan
- Pequeño objeto de cristal
- Envoltura de plástico
- Gusanos (Opcional)

con los niños acerca de las cuestiones ambientales locales y los hábitos que los niños pueden adoptar como un estilo de vida para hacer una diferencia en el mundo físico que les rodea.

Buscando Direcciones

- Divide a los Pioneros en grupos de menos de cinco. Proporciona a cada equipo los materiales para hacer una maceta de Ecosistema. Sigue estos pasos:

  1. Que los Pioneros lean la sección "Reciclaje" del *Estudiante Pionero*.
  2. Cubre el agujero en la parte inferior de la maceta con piedras o periódico.
  3. Llena un tercio la maceta de tierra vegetal.
  4. Agrega basura, periódicos, plástico, lata, cáscaras de papa y pan.
  5. Cubre la basura con tierra vegetal. Rellénala. Si tienes gusanos disponibles, agrega los gusanos.

6. Espolvorea con agua caliente. No mojes el suelo.

7. Cubre la maceta con una envoltura de plástico. Mete la envoltura de plástico en los agujeros pequeños si tienes gusanos en tu ecosistema. Mantén la maceta en un lugar cálido y oscuro durante tres semanas. Mantén el suelo húmedo esparciéndole agua cuando comience a secarse.

8. Que los Pioneros escriban lo que piensan que va a pasar con el material en la maceta. Lleva a cabo la muestra que hiciste antes de comenzar esta insignia. Que los Pioneros extiendan varias hojas de periódico sobre una mesa o en el suelo. Vuelca el contenido de la maceta en el papel y deja que los preadolescentes vean lo que ha ocurrido con el material en la maceta. Discute los tipos de materiales que se descomponen y los que no lo hicieron. Discute la importancia del reciclaje como parte de nuestra mayordomía del mundo de Dios.

PAPEL RECICLADO

Buscando Direcciones

- Dispón de los suministros de la lista del "Materiales" antes de que comience la sesión.

- Llena un cuarto de un recipiente de agua.

- Rasga media página del periódico en trozos pequeños, tamaño de confeti. Ponlos en el cuenco en remojo durante una hora. Realiza estos pasos antes de la clase.

Materiales

- Papel Periódico
- Tazón
- Batidora De Huevos
- Bloque De Madera
- Pantalla de ventana Sq."4"
- Agua
- Envoltura de Plástico
- Papel de pared o almidón de maíz
- Cucharada
- 1 o 2 Copa de medición

- Permite que los Pioneros batan el papel en el recipiente con un batidor de huevos. Debe convertirse en una textura cremosa. Esto se denomina pulpa.

- Disuelve dos cucharadas colmadas de pasta de papel tapiz o maicena en dos tazas de agua. Viértelo en la pulpa. Remueve.

- Haz una capa de pasta de aproximadamente 1/16 de espesor.

- Pon la pasta en el periódico. Coloca una envoltura de plástico en la parte superior de la pulpa.

- Presiona hacia abajo con un bloque de madera-suavemente al principio, y luego con más presión. El agua se filtra a través de la pantalla en el periódico

- Deja que la pantalla se seque durante 24 horas. Pela el papel. ¡Tú propia casa- hecha de papel!
- Que los Pioneros busquen y lean Génesis 2:15. Deja que los voluntarios cuenten con sus propias palabras lo que significa el versículo. Que los Pioneros digan cuatro cosas que han aprendido acerca de Dios, ya que han desarrollado sus habilidades de entorno.
- Cierra con una oración, dando gracias a Dios por su mundo y el privilegio de cuidar de él.

MINISTERIO DE PROYECTOS: Sesión 4

Elige y completa uno o más proyectos de la sección *Ir, Servir* de esta insignia. Si has seleccionado un proyecto que combine dos insignias, considera el número de semanas que necesitas para completar los requisitos de la insignia de ambas. Hay un sin fin de combinaciones de proyectos ministeriales que se pueden hacer. Usa tu imaginación. Adapta los proyectos del ministerio para satisfacer las necesidades de tus Pioneros, sus familias, y la iglesia.

¡Envuélvelo!

Que los Pioneros contesten las preguntas para reflexionar sobre lo que han aprendido a través de esta insignia.

PRIMEROS AUXILIOS

Bases Bíblicas: "Pero un samaritano que iba de viaje llegó a donde estaba el hombre y, viéndolo, se compadeció de él. Se acercó, le curó las heridas con vino y aceite, y se las vendó. Luego lo montó sobre su propia cabalgadura, lo llevó a un alojamiento y lo cuidó." (Lucas 10:33-34)

Punto Bíblico: Dios espera que amemos a nuestro prójimo de manera práctica.

Meta de la Insignia:

■ Los Pioneros deben reconocer que sus conocimientos de primeros auxilios les permiten amar a los demás de una manera práctica.

■ Los Pioneros deben conocer las habilidades básicas de primeros auxilios.

■ Los Pioneros pueden introducirse a un proyecto de ministerio utilizando sus habilidades de primeros auxilios.

Valor Fundamental: Educación. Haz hincapié en el Valor Fundamental de la educación mientras enseñas las habilidades de Primeros Auxilios a los Pioneros.

Plan de Acción

Tanto los proyectos prácticos de los Pioneros como la insignia de Primeros Auxilios ofrece una gran oportunidad para este estilo de aprendizaje. Los ensayos y errores son una parte importante del proceso de aprendizaje.

Sus habilidades se desarrollan con el tiempo.

Si es posible, incluye un muñeco de reanimación, emergencias falsas, viajes de estudio, y/o invitados especiales como parte de la experiencia de aprendizaje. Anima a los pre-adolescentes a que aprendan las habilidades de primeros auxilios rápidamente para ayudar a otras personas que tengan dificultades.

A medida que los estudiantes aprenden sobre los primeros auxilios, el chico típico se verá tentado a centrarse en la situación sangrienta. Ayuda a los Pioneros a centrarse en la utilidad de ayudar a los demás cuando estén necesitados. El llamado a amar a nuestro prójimo como a nosotros mismos implica ser capaz de servir a Dios y a otros de manera práctica.

Cada sesión está diseñada para ser intercambiable y autónoma. La insignia de primeros auxilios es una gran insignia para los visitantes.

PLANIFICADOR DE INSIGNIAS

Sesión

1 Los Pioneros estudiarán las habilidades básicas de Primeros Auxilios. Practicarán las técnicas de la clase y crearán un botiquín de Primeros Auxilios que se pueda utilizar en la iglesia o en una camioneta de la iglesia.

2 Los Pioneros aprenderán los pasos para el cuidado de las lesiones más graves. Un invitado especial les ayudará a entender su papel en una situación de emergencia.

3 Los Pioneros visitarán un departamento de bomberos local y aprenderán sobre el papel del profesional de medicina en una situación de emergencia.

4 Los Pioneros pueden introducirse a un proyecto de ministerio opcional usando las habilidades de Primeros Auxilios.

Requisitos ✓ de Insignia

Elije cuatro de los cinco requisitos siguientes para la finalización de la insignia de Primeros Auxilios.

☐ Conocer cómo llamar para pedir ayuda. Conocer qué información se necesita y a quién llamar.

☐ Identificar los "Primeros pasos" necesarios en cualquier situación de primeros auxilios.

☐ Desarrollar una lista de artículos necesarios para un botiquín de primeros auxilios, montar los elementos necesarios, y colocar el kit de primeros auxilios, donde haya un fácil acceso a él durante una emergencia.

☐ Conocer los procedimientos de primeros auxilios básicos para emergencias médicas comunes: quemaduras, cortes / rasguños / moretones, desmayos, hemorragias nasales, esguinces, huesos roto, asfixia, falta de respiración, y problemas cardíacos.

☐ Encontrar una manera en la que puedes usar tus nuevas habilidades de primeros auxilios para atender a otra persona.

RECURSOS

Considera invitar a un profesional médico para tus reuniones. Éstos son algunos recursos adicionales para ayudarte.

- La Cruz Roja Americana
- El Instituto de Heimlich <www.heimlichinstitute.org>

¡SERVIR!

Los Pioneros pueden utilizar cualquiera de estas sugerencias para los proyectos de ministerio. (Los Proyectos del Ministerio son opcionales y no están obligados a completar los requisitos de la insignia.)

100 Completa todos los requisitos para la insignia de Primeros Auxilios.

200 Usa los requisitos para la insignia como un proyecto de ministerio para servir a otras personas. Designa uno de los primeros auxilios del Dia de Entrenamiento, y deja que los Pioneros enseñen sus nuevas habilidades.

300 Combina las habilidades de las insignias Primeros Auxilios y Evangelismo para crear un proyecto de ministerio para que los preadolescentes lo hagan llegar a la comunidad. Pueden crear y distribuir botiquines de primeros auxilios a sus vecinos.

¡Alcanzar!

Haz una lista de opciones para proyectos ministeriales que funcionarían bien con tu iglesia y tus Pioneros.

_____

_____

_____

_____

- ■ **Siempre** da paso a los profesionales de primeros auxilios cuando lleguen.

- ■ **Nunca** muevas a una persona con una lesión grave.

- ■ **Siempre** comprueba la identificación médica. La persona puede estar llevando un brazalete médico, un collar médico, o tener información en una cartera o bolso. Siempre obtén la mayor cantidad de información posible.

- ■ **Nunca** dejes a la víctima sola, a menos que sea absolutamente necesario.

#1 Seguridad

PALABRAS PARA SABER

Coloca las palabras y definiciones en tarjetas individuales de "3x5". Mezcla las tarjetas y colócalas en una mesa. Mientras enseñas las diferentes sesiones, dales a los Pioneros una oportunidad para hacer coincidir las palabras con las definiciones. Esto les ayudará a recordar las palabras del vocabulario de la insignia.

Primeros Auxilios: Primeras ayudas concedidas en una emergencia.

Fractura: Un hueso roto. Una fractura es un hueso roto que sobresale de la piel. Una fractura simple, la más común, es un hueso roto que no sobresale de la piel.

CPR: Resucitación Cardio-Pulmonar. CPR se da cuando una persona deja de respirar y el corazón no está latiendo.

Quemada: Una herida recibida como resultado de algo caliente. Esto puede incluir una quemadura de sol.

Shock: El shock ocurre cuando una persona se vuelve débil, él o ella pueden empezar a perder la conciencia, y la piel se vuelve fría y pálida.

SEM: Servicio de Emergencias Médicas (generalmente una ambulancia).

¡PREPARADOS . . . LISTOS . . . FUERA!

HELP! Sesión 1

Lo pioneros explorarán cómo llamar para pedir ayuda en una situación de emergencia, la forma de evaluar una situación de emergencia, y cómo se prepara un botiquín de primeros auxilios. Ellos practicarán sus habilidades en cada área y crearán un botiquín de primeros auxilios para la iglesia.

Antes de esta sesión, reúne todos los suministros necesarios. Los niños crearán un botiquín de primeros auxilios de calidad para su uso en su iglesia local o en un vehículo de la iglesia. También haz arreglos para que un adulto desconocido pretenda tener una emergencia. Ten un asistente para ayudarte a telefonear para pedir ayuda médica.

Materiales

- Teléfono
- Vendas adhesivas
- Cinta médica 1"
- Par de guantes de plástico
- Loción antiséptica
- Vendas elásticas
- Almohadilla caliente y fría
- Loción de calamina
- Pinzas
- Gasas
- Tijeras médicas
- Aspirina o analgésico
- Caja para guardar suministros de primeros auxilios
- Suministros adicionales de primeros auxilios según sea necesario

208

- Cuando el grupo haya llegado, deja que voluntarios lean el versículo Bíblico, la sección "¿Qué Puedes Hacer Con Esta Habilidad?", "Requisitos de Insignia", y cuestiones de seguridad. Mezcla las tarjetas de las palabras del vocabulario y deja que los Pioneros hagan coincidir las palabras con las definiciones.

- Que alguien desconocido entre y pretenda tener una emergencia. Podría fingir un ataque cardiaco o un desmayo. Toma las riendas de la situación. Evalúa la situación de emergencia médica, y que tu asistente comience llamando para pedir ayuda.

- Explica a tus estudiantes que las emergencias reales ocurren todos los días, y los Pioneros debe entender cómo evaluar una situación de emergencia y llamar a la asistencia médica necesaria.

- Que los Pioneros lean de sus libros "¿Qué Debo Hacer?" "Obteniendo Ayuda", "Poniéndolo Todo Junto," y "Evaluación De Un Accidente De Emergencia."

- Dales a los estudiantes la oportunidad de practicar la evaluación de una situación médica y llamar para pedir ayuda. Ten un acto voluntario como si estuviesen teniendo una emergencia médica y deja que los pre-adolescentes practiquen.

- Explica que una parte importante de estar preparado para una emergencia médica es tener los suministros adecuados a mano. Ayuda a tus Pioneros a crear un botiquín de primeros auxilios para la iglesia. Pídeles que digan cómo puede utilizar cada elemento.

- Señala que el Valor Fundamental de esta insignia es la Educación. La primera reacción de muchas personas en una situación que amenaza la vida, es entrar en pánico. Pero el aprendizaje de las habilidades de primeros auxilios, ayuda a que una persona reaccione de una manera positiva y, posiblemente, salve la vida de una persona.

  Oliva Winchester era una aventurera que disfrutó de desafíos. Probablemente habría reaccionado positivamente a cualquier circunstancia.

  Los Pioneros pueden utilizar las habilidades de primeros auxilios para ayudarse a sí mismos y a otros.

- Pide a varios voluntarios leer Lucas 10:25-37. Di: *Se trata de un pasaje en el que Jesús dice a sus discípulos que deberían ayudar a cualquier persona en necesidad, incluso un enemigo. El herido era un judío. Otros judíos pasaron por él. Sin embargo, un samaritano, un enemigo de los judíos, se detuvo para ayudarlo. Jesús nos estaba diciendo que mostremos amor y bondad hacia todos.*

- Concluye con una oración, pidiendo a Dios que ayude a los Pioneros a estar dispuestos a prestar ayuda a quien lo necesite.

DAR UNA MANO: **Sesión 2**

A través de esta actividad, permite que tus Pioneros experimenten con las habilidades de primeros auxilios. Dales las instrucciones necesarias, y permíteles practicar el cuidado de otros estudiantes "lesionados".

Antes de esta Sesión, reúne y prepara los materiales que se encuentran en el "Materiales." Si es posible, puede que desees invitar a un profesional de la medicina a tu clase.

Materiales

- 2 - 4 botiquines de Primeros Auxilios
- Instrucciones de primeros auxilios del *Estudiante Pionero*

Buscando Direcciones

- Ten voluntarios que lean del *Estudiante Pionero* las instrucciones de primeros auxilios para diversas emergencias que tus estudiantes pueden enfrentar. Después de cada período de instrucción, permite que los Pioneros practiquen las técnicas unos a otros.

- Si está disponible un técnico en emergencias médicas o un médico o una enfermera, que esa persona demuestre cada uno de los procedimientos de los primeros auxilios.

- Lee Lucas 10:33-34. Pregunta, *¿Qué hizo el samaritano por el hombre herido? El samaritano podría haber vendado sus heridas y dejarlo a un lado de la carretera. En lugar de ello, el samaritano llevó al hombre a una posada y pagó por su atención allí.*

- Cierra con una oración, pidiendo a Dios que ayude a los Pioneros a ser buenos samaritanos.

Mirada mas ¡CERCana!

Considera invitar a un profesional de la medicina para ayudarte a enseñar esta sección de la insignia Primeros Auxilios. Los médicos, enfermeras, trabajadores de la EMT están dispuestos a ayudar a los preadolescentes a aprender las valiosas prácticas de primeros auxilios que puedan necesitar en caso de emergencia.

EMERGENCIAS GRAVES: **Sesión 3**

En esta sesión, los Pioneros visitarán un departamento de bomberos local para aprender cómo los trabajadores de la EMT están involucrados en situaciones de emergencia. Si no puedes organizar este viaje, invita a un EMT u otro personal médico para enseñar esta clase.

Antes de esta sesión, asegúrate de que los padres de cada estudiante hayan firmado un formulario de permiso. Organiza una gira con tu departamento de bomberos local. Explica al departamento que estás enseñando una insignia de primeros auxilios a los niños de tu iglesia, y estás especialmente interesado en cómo el equipo de bomberos y trabajadores de la EMT están involucrados en una situación de emergencia médica.

Materiales

- Formularios de permiso para cada Pionero
- Arreglos de viaje de campo para visitar un departamento local de bomberos
- Dinero para helados

Buscando Direcciones

- Recoge un formulario de permiso para cada niño que asista a la excursión. Antes de salir, que los Pioneros lean la información en sus libros sobre tobillos torcidos, huesos rotos, asfixia, ABC de la RCP, y problemas de circulación.

- Anima a tus Pioneros a hacer preguntas sobre cómo tratar con las emergencias en sus hogares. Antes de salir de la estación de bomberos, pregunta al personal si se pudiera hacer una oración de bendición para ellos. Si están de acuerdo, dale gracias a Dios por el personal de emergencia y pídele que los mantenga seguros y a ayudarles a ser eficaces en su trabajo.

- Después de tu gira, para en una tienda de helados local con tus estudiantes para discutir lo que aprendieron.

- Si no puedes hacer la excursión, invita a un técnico en emergencias médicas o un médico o una enfermera para traer un muñeco de reanimación y enseñar las técnicas de RCP.

- Lee Lucas 10: 25-37. Pregunta: **¿Qué era tan especial acerca de lo que hizo el samaritano? ¿Qué lección puedes aprender de esta historia?**

- Cierra con una oración, pidiendo a Dios que ayude a los Pioneros a usar sus habilidades de primeros auxilios para ayudar a otros.

MINISTERIO DE PROYECTOS: Sesión 4

Elige y completa uno o más proyectos de la sección *Ir, Servir* de esta insignia. Si has seleccionado un proyecto que combine dos insignias, considera el número de semanas que necesitas para completar los requisitos de la insignia de ambas. Hay un sin fin de combinaciones de proyectos ministeriales que se pueden hacer. Usa tu imaginación. Adapta los proyectos del ministerio para satisfacer las necesidades de tus Pioneros, sus familias, y la iglesia. Considera la posibilidad de tener una noche de visitantes.

¡Envuélvelo!

Que los Pioneros contesten las preguntas para reflexionar sobre lo que han aprendido a través de esta insignia.

INTERNET

Bases Bíblicas: "Instruye al sabio, y será más sabio; enseña al justo, y aumentará su saber." (Proverbios 9:9)

Punto Bíblico: Dios quiere que seamos sabios.

Meta de la Insignia:

■ Los Pioneros deben ser capaces de utilizar Internet de maneras que complazcan a Dios.

■ Los pioneros deben saber cómo utilizar un motor de búsqueda, configurar y utilizar una dirección de correo electrónico, y enviar una tarjeta electrónica.

■ Los Pioneros pueden introducirse a un proyecto de ministerio utilizando los conocimientos de Internet.

Valor Fundamental: Educación. Hacer hincapié en el Valor Fundamental de la educación mientras enseñas a los Pioneros sobre los conocimientos de Internet.

Plan de Acción

El Internet puede ser una herramienta muy útil. Contiene mucha información útil. Sin embargo, el Internet tiene algunos lugares a los que los niños no deben estar expuestos. Es fácil quedar enredado en la Red mundial y encontrar sitios que son perjudiciales. Al enseñar esta insignia, recuerda hacer hincapié en la importancia de mantener el más alto nivel de integridad al usar el Internet. Recuerda a los Pioneros que el uso de Internet es como ver la televisión, escuchar música o leer libros. Dios quiere que usemos estas formas de medios de comunicación de manera responsable y que llenemos nuestras mentes con pensamientos puros.

Ora para que Dios dé su sabiduría a los Pioneros mientras se esfuerzan por cumplir con los requisitos para esta insignia.

Cada sesión está diseñada para ser intercambiable y autónoma.
La insignia de Internet es una gran insignia para los visitantes.

PLANIFICADOR DE INSIGNIAS

Sesión

1 Los Pioneros descubrirán las reglas de seguridad de Internet, dos tipos de conexiones a Internet, y el uso de un motor de búsqueda.

2 Los Pioneros enviarán un e-mail usando una dirección de correo electrónico del estudiante.

3 Los Pioneros enviarán tarjetas electrónicas a sus amigos y familiares.

4 Los Pioneros podrán participar en un proyecto de ministerio opcional usando los conocimientos de Internet.

Nota: Es posible que desees reservar un laboratorio de computación de la escuela pública o pedir prestado ordenadores portátiles para su uso en el aula durante esta insignia. Una tercera opción sería usar un ordenador, un proyector y una pantalla.

Requisitos ✓ de Insignia

Elige cuatro de los cinco requisitos para finalizar la insignia Internet.

☐ Identificar dos tipos de conexiones a Internet.

☐ Conocer las reglas de seguridad para el uso de Internet.

☐ Crear una dirección de correo electrónico.

☐ Enviar una tarjeta electrónica a un amigo o familiar.

☐ Encontrar una manera en la que puedes usar tus nuevas habilidades de Internet para servir a otra persona.

RECURSOS

• Considera invitar a alguien que sea experto en Internet para dirigir estas sesiones por ti si no te sientes cómodo haciéndolo tú mismo. También es posible que desees utilizar el Internet o la biblioteca pública para encontrar más información sobre esta insignia.

¡A SERVIR!

¡Los Pioneros pueden servir a Dios con sus habilidades! Los Pioneros pueden utilizar cualquiera de estas sugerencias para los proyectos de ministerio. (Los Proyectos del Ministerio son opcionales y no están obligados a completar los requisitos de la insignia.)

100 Completa los requisitos para la insignia Internet.

200 Usa los requisitos para la insignia como un proyecto de ministerio para servir a otras personas. Considera el uso de Internet para ayudar a determinar cuál será ese proyecto.

300 Combina las habilidades para las insignias Internet e Iglesia Local para invitar a amigos para aprender más acerca de la Iglesia del Nazareno. Explora http://www.nazarene.org para descubrir maneras de los ministros de la iglesia hacia los demás en todo el mundo. Los preadolescentes también pueden utilizar el Internet para localizar otras oportunidades de ministerio.

¡Alcanzar!

Enumera algunas de tus propias opciones para proyectos ministeriales que funcionarían bien con tu iglesia y tus preadolescentes.

_____

_____

_____

_____

#1 Seguridad

- **Nunca** utilizar Internet sin el permiso de los padres.
- **Nunca** proporcionar tu nombre, dirección, número de teléfono u otra información personal sin preguntar a un padre primero.
- **Nunca** visitar las salas de chat o utilizar servicios de mensajería instantánea sin el permiso de los padres.
- **Nunca** pedir cualquier cosa a través de Internet sin la ayuda de los padres.
- **Nunca** comprometerse a cumplir con cualquier persona que haya conocido en línea sin el permiso de los padres.

PALABRAS PARA SABER

Crea una presentación de PowerPoint con las definiciones del vocabulario escritas en cada diapositiva. Proporciona pistas sobre diapositivas adicionales para ayudar a tus Pioneros a recordar la definición correcta para cada palabra. Este juego debe ser jugado similar a los juegos de trivia que se encuentran en algunos restaurantes.

Módem: Un dispositivo que utiliza un equipo para acceder a Internet

Banda ancha: Una manera de conectarse a Internet a través de líneas telefónicas o de cable

Acceso telefónico: Una forma de conectarse a Internet mediante una línea telefónica

Navegador: Un programa que permite ver la información en Internet

Motor de Búsqueda: Un sitio web que está diseñado para ayudar a encontrar información en Internet

Preguntas más frecuentes (FAQ): Una lista de preguntas hechas con más frecuencia. Estas preguntas se ensamblan y se colocan en el sitio web de los creadores de la página web.

¡PREPARADOS . . . LISTOS . . . FUERA!

EXPLOSIÓN EN EL CIBERESPACIO: Sesión 1

Antes de esta sesión, obtén permiso para usar las computadoras. Configura los equipos de la sala de clases. Si utilizas una pantalla y un proyector, configúralos también. Si los Pioneros van a viajar a otro lugar para usar los ordenadores, reserva

Materiales

- Computadora y conexión a Internet
- Lápices o bolígrafos

el transporte y los conductores adecuados. También obtén el permiso escrito de los padres para que los pioneros hagan este viaje. Si vas a visitar el lugar más de una vez, asegúrate de que todas las fechas se incluyan en el formulario de permiso. Visita el lugar antes de la clase, si es posible.

Buscando Direcciones

- Después que los Pioneros lleguen, que voluntarios lean el versículo Bíblico, la sección "¿Qué Puedes Hacer Con Esta Habilidad?", Los requisitos de la insignia, cuestiones de seguridad, y "Palabras Para Saber."

215

- Lee Proverbios 9: 9. Habla acerca de cómo Dios quiere que seamos sabios y llenemos nuestras mentes con pensamientos puros. Recuérdale a los Pioneros que ser cristiano exige honestidad e integridad.

- Que voluntarios lean "Explosión en el ciberespacio " del *Estudiante Pionero*. Toma una encuesta para ver quién tiene acceso a Internet en casa.

- Discute las reglas de seguridad de Internet. Asegúrate de que los Pioneros tienen el permiso de los padres para utilizar Internet.

- Anima a los voluntarios a leer la información acerca de los motores de búsqueda en sus libros estudiantiles. Demuestra cómo utilizar uno de los motores de búsqueda. Permite a los Pioneros trabajar en parejas para utilizar un motor de búsqueda para encontrar información sobre un tema deseado. Cierra con una oración. Da gracias a Dios por la tecnología que aumenta nuestro conocimiento. Pídele a Dios que ayude a los Pioneros a utilizar Internet con prudencia.

- Señala que el Valor Fundamental de esta insignia es la Educación. Las herramientas son útiles sólo si sabes cómo usarlas correctamente. El Internet es una herramienta electrónica que puede ayudar a encontrar varios tipos de información. Cuanto más sepa sobre el uso de Internet, más divertida puedes hacer la búsqueda de hechos, estadísticas y otra información.

  Oliva Winchester sabía la diversión que puede tener una persona en busca de información. Pasó su vida buscando y utilizando la información. Pasó años aprendiendo, estudiando y enseñando a otros. Los Pioneros necesitan saber cómo utilizar Internet de manera sabia.

Mirada más ¡Cercana!

¿Están los pioneros teniendo un tiempo difícil para decidir qué buscar? Enumera posibles temas en tarjetas. Las sugerencias podrían incluir el espacio exterior, coches, recetas, peces, perros, gatos, otros países, su ciudad natal, o cómo hacer un avión de papel.

ESTAR CONECTADO: Sesión 2

Materiales

Antes de esta sesión, consigue que los padres firmen el formulario de permiso en la página 51 del *Estudiante Pionero*. Anima a los Pioneros a reunir direcciones de

- Computador y conexión a Internet activa
- Lápices o bolígrafos

correo electrónico para que los amigos y familiares las utilicen durante esta sesión. Haz los preparativos para el uso de las computadoras y los arreglos de viaje (si es necesario).

- Revisa algunos peligros del uso de Internet.

- Pide a voluntarios leer "Estar conectado" en el *Estudiante Pionero*. Discute la información sobre las direcciones de correo electrónico. Deja que los Pioneros tomen turnos para elegir un sitio de la lista en la página 50 y creen una dirección de correo electrónico. Enfatiza la seguridad en Internet. Recuerda a los Pioneros que sólo deben enviar e-mails a personas que conocen. Que los Pioneros escriban su dirección nueva de correo electrónico y las direcciones de correo electrónico de tres personas a las que podían enviar un E-mail. Discute las preguntas más frecuentes que se encuentran en los sitios web. Luego divide al grupo en parejas y completen una de las tareas en la página 51. Podrían escribir un poema, enviar una imagen, utilizar un escáner, o escribir un mensaje de correo electrónico a un amigo.

- Que los Pioneros busquen y lean Proverbios 9:9. Si tienes software de la Biblia en tu ordenador de la NVI u otra versión de la Biblia, deja que los Pioneros utilicen la computadora para encontrar el versículo. Luego que los Pioneros digan en sus propias palabras lo que dice el versículo.

- Cierra con una oración, dando gracias a Dios por proveer tantas formas de obtener conocimiento. Ora para que los Pioneros utilicen la sabiduría a medida que trabajan en las computadoras.

Mirada más DE ¡Cercana!

Considera la posibilidad de crear tu propio correo electrónico de E-mail antes de tiempo (o utiliza una dirección existente). Distribúyela a los Pioneros y animales a escribirte durante la semana. Además, haz una lista de las direcciones de los estudiantes y envíales un E-mail animándolos de vez en cuando.

CYBER SALUDOS: Sesión 3

Materiales

Antes de esta sesión, alerta a los padres a firmar el formulario de permiso en la página 51 del *Estudiante Pionero*. Anima a los Pioneros a reunir direcciones de correo electrónico para que los amigos y familiares las utilicen durante esta sesión. Haz los preparativos para el uso de las computadoras y de los arreglos de viaje si vas a otro sitio para usar las computadoras.

- Computador y conexión a Internet activa
- Lápices o bolígrafos

Buscando Direcciones

- Brevemente revisa las Reglas de seguridad en Internet.
- Pide a un voluntario que lea la información sobre las tarjetas electrónicas de la página 52 en el *Estudiantes Pionero*.
- Demuestra cómo enviar una tarjeta electrónica a partir de uno de los servicios en la lista.
- Permite a los Pioneros trabajar en parejas para enviar tarjetas electrónicas a sus compañeros de clase, amigos o miembros de la familia.

  Nota: Cada Pionero tendrá su propia dirección de correo electrónico para completar esta actividad.
- Deja que un voluntario lea Proverbios 9: 9. Pregunta: *¿Cuáles son los dos verbos (palabras de acción) en este versículo?* (Instruir y enseñar) *¿Cómo puede la Internet instruir y enseñar a los Pioneros? ¿Qué precauciones los Pioneros tienen que recordar acerca de la Internet?*
- Cierra con una oración, dando gracias a Dios por las habilidades de Internet. Pídele a Dios que ayude a los Pioneros a utilizar sus conocimientos de Internet sabiamente.

MINISTERIO DE PROYECTOS: Sesión 4

Elige y completa uno o más proyectos de la sección *Ir, Servir* de esta insignia. Si has seleccionado un proyecto que combine dos insignias, considera el número de semanas que necesitas para completar los requisitos de la insignia de ambas. Hay un sin fin de combinaciones de proyectos ministeriales que se pueden hacer. Usa tu imaginación. Adapta los proyectos del ministerio para satisfacer las necesidades de tus Pioneros, sus familias, y la iglesia. Si tu pastor y otros miembros del personal tienen direcciones de correo electrónico, considere alentar a los Pioneros a enviarles tarjetas electrónicas a ellos.

Mirando hacia el futuro: Ayuda a los Pioneros a enumerar algunos dispositivos que hayan visto o escuchado que permitan utilizar fácilmente Internet a las personas.

¡Envuélvelo!

Que los Pioneros contesten las preguntas para reflexionar sobre lo que han aprendido a través de esta insignia.

PERIODISMO

Bases Bíblicas: "Les escribo estas cosas a ustedes que creen en el nombre del Hijo de Dios, para que sepáis que tienen vida eterna." (1 Juan 5:13)

Punto Bíblico: Dios quiere que le contemos a otros acerca de Él.

Meta de la Insignia:

■ Los Pioneros deben ser capaces de entender cómo Dios puede utilizar sus habilidades de periodismo para comunicar su amor a los demás.

■ Los Pioneros deben saber cómo llevar a cabo una entrevista y escribir una noticia.

■ Los Pioneros pueden introducirse a un proyecto de ministerio utilizando las habilidades Periodismo.

Valor Fundamental: Educación. Hacer hincapié en el Valor Fundamental de la educación mientras enseñas a los Pioneros sobre el Periodismo.

Plan de Acción

El periodismo está en todas partes, en medios impresos (como revistas, periódicos y boletines), en la radio y la televisión, y en Internet. Los cristianos pueden utilizar estos medios de comunicación para comunicarle al mundo que Dios los ama y quiere tener una relación con ellos. Debido a la tecnología moderna, el evangelio se está extendiendo incluso a zonas aisladas de la tierra. Misiones Nazarenas Internacionales produce la emisión de radio Misión Mundial para llegar a la gente de todo el mundo en muchos idiomas.

Cada sesión está diseñada para ser intercambiable y autónoma. La Insignia periodismo es una gran insignia para los visitantes, ya que es útil y emocionante.

PLANIFICADOR DE INSIGNIAS

Sesión

1 Los Pioneros aprenderán los diferentes tipos de artículos de prensa y redacción periodística. Ellos aprenderán los conceptos básicos para escribir un artículo de noticias.

2 Los Pioneros aprenderán los conceptos básicos de la entrevista y realizarán una entrevista.

3 Los Pioneros crearán un "programa de noticias de TV" en vídeo o harán un periódico del grupo.

4 Los Pioneros podrán participar en un proyecto de ministerio opcional usando las habilidades de Periodismo.

Requisitos ✓ de Insignia

Elige cuatro de los cinco requisitos para completar la insignia de Periodismo.

☐ Identificar los ocho tipos principales de artículos periodísticos.

☐ Escribir un artículo periodístico.

☐ Crear un "programa de noticias de TV" en vídeo.

☐ Hacer una entrevista en video o para un artículo escrito.

☐ Encontrar una manera en la que puedes usar tus nuevas habilidades de Periodismo para ministrar a alguien más.

RECURSOS

- Tu periódico local
- Zona Académica de Noticias <https://classroommagazines. scholastic.com/spanish.html>
- Comprueba tu biblioteca local o Internet para los libros sobre este tema.

¡SeRViR!

¡Los Pioneros pueden servir a Dios con sus habilidades! Los Pioneros pueden utilizar cualquiera de estas sugerencias para los proyectos de ministerio. (Los Proyectos del Ministerio son opcionales y no están obligados a completar los requisitos de la insignia.)

100 Completa los requisitos para la insignia Periodismo.

200 Usa los requisitos para la insignia como un proyecto de ministerio para servir a otras personas. Considera hacer un boletín de la iglesia o un periódico para los preadolescentes en la iglesia.

300 Combina las habilidades de las insignias Periodismo, Evangelismo e Internet para crear un proyecto de ministerio para que los preadolescentes sirvan a sus compañeros. Considera hacer una presentación de PowerPoint que explique cómo convertirse en cristiano. Muéstrala en un evento agradable para el visitante. Registra los testimonios personales de los pioneros.

¡Alcanzar!

Enumera algunas de tus propias opciones para proyectos ministeriales que funcionarían bien con tu iglesia y tus preadolescentes.

_____

_____

_____

_____

_____

#1 SeguRidad

■ Siempre utilizar el "sistema de compañerismo" cuando entrevistes a personas con las que no estás familiarizado.

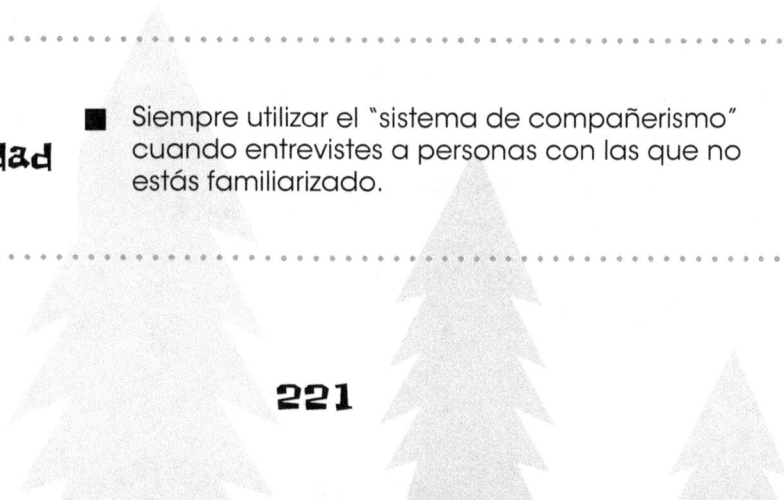

PALABRAS PARA SABER

Copia: Esta es la historia escrita.

Pirámide invertida: Esta es una forma de escritura que comienza con información general y da detalles estrechos más cerca del final de la historia.

Editar: Esto significa hacer cambios a una historia para mejorarla.

Encabezado: Este es el título de un artículo de noticias.

Caracteres (o recuento de caracteres): Este es el número de letras, números y signos de puntuación que aparecen en cada línea de copia.

Byline: Este es el nombre de la persona que escribió el artículo.

Línea de Corte: Esta es la leyenda debajo de una fotografía.

Principal: Esta es la primera frase de un artículo de prensa.

Noticias: Se trata de un informe sobre un evento reciente que la gente quiere o necesita saber.

Corrección de Pruebas: Esto significa leer la copia y marcar los errores.

¡PREPARADOS . . . LISTOS . . . FUERA!

¡ESO ES NUEVO PARA MÍ! Sesión 1

Los Pioneros estarán aprendiendo sobre los diferentes tipos de artículos de prensa y cómo se escribe un artículo de noticias. También explorarán otros tipos de periodismo.

Antes de esta sesión, reúne varias copias de una edición de tu periódico local, junto con papel, bolígrafos y lápices. Coge una copia del periódico y corta un ejemplo de cada uno de los tipos de artículos que se describen en el *Estudiante Pionero*. Ten revistas disponibles para que los estudiantes naveguen. Si es posible, ten un ordenador en el aula y pon una fuente de noticias de Internet, como la CNN.

Materiales

- Varias copias de un periódico local
- Varias copias de una revista
- Papel
- Lápices o bolígrafos
- Un computadora con Internet

Buscando Direcciones

- Señale que el Valor Fundamental de esta insignia es la Educación. Algunas personas tienen dificultades para hablar delante de otros. Algunas personas usan la escritura para comunicarse en vez de ello. Oliva Winchester pasó muchos años aprendiendo y enseñando. Ella sabía reconocer el valor de los libros y las habilidades de escritura. Los Pioneros deben divertirse aprendiendo y utilizando las habilidades del Periodismo.

- Cuando llegue tu grupo, anima a los Pioneros a mirar los periódicos, revistas, y/o materiales de periodismo de Internet.

- Que voluntarios lean del *Estudiante Pionero* el versículo Bíblico, la sección "¿Qué puedes hacer con esta habilidad?", Los requisitos de la insignia, cuestiones de seguridad, y las palabras del vocabulario. Deja que los Pioneros hagan el crucigrama.

- Revisa la información en el *Estudiante Pionero*. Muestra un ejemplo de cada tipo de artículo y pide a los estudiantes encontrar artículos similares en sus periódicos.

- Discute con los Pioneros las diversas formas en las que pueden utilizar las habilidades de periodismo para ministrar a otros.

Crucigrama — respuestas:

Horizontales:
- 1. COPIA
- 4. PRINCIPAL
- 5. PIRÁMIDE INVERTIDA
- 8. EDITAR
- 9. ENCABEZADO

Verticales:
- 2. BYLINE
- 3. LÍNEA DE CORTE
- 6. NOTICIAS
- 7. CORRECCIÓN

- Que un voluntario lea nuevamente 1 Juan 5:13. Di, **Dios inspiró a los escritores para grabar las palabras que tenemos en nuestras Biblias. Piensa en el impacto que estas palabras han hecho a lo largo de los años. Según este versículo, ¿cuál es el propósito de la escritura de Juan?** (Es posible que sepan que tienen vida eterna.)

- Concluye con una oración, dando gracias a Dios por haber dado las habilidades de periodismo. Da gracias a Dios por la Biblia y por su amor por cada persona.

Mirada mas de cerca! Los periodistas pueden cambiar el mundo. Discute con el grupo varios periodistas famosos que impactaron el mundo. Considera a Nelly Bly, Joseph Pulitzer, y Daniel Pearl. Una simple biblioteca o búsqueda de Internet puede llevarte a la información sobre los periodistas famosos.

REALIZANDO ENTREVISTAS: **Sesión 2**

Es posible que desees jugar algunos juegos para romper el hielo antes de que comience la sesión, para que los Pioneros puedan sentirse cómodos unos con otros. Los Pioneros se entrevistarán unos con otros, ya sea en cinta o en un periódico de grupo.

Antes de esta sesión, reúne y prepara los materiales que se encuentran en el "Materiales." Ten unas cuantas copias de artículos de revistas que tengan gente famosa.

Materiales

- Cámara de vídeo
- Artículos diferentes para las revistas que se hacen a una persona
- Televisión y VCR o equipo para reproducción de vídeo digital
- *Estudiante Pionero*
- Cuadernos
- Lápices

Buscando Direcciones

- Mientras los Pioneros llegan, permíteles navegar a través de artículos de revistas sobre personajes famosos. Pídeles que anoten los tipos de información que encontraron en el artículo.

- Revisa con el grupo la información en el *Estudiante Pionero*.

- Divide el grupo en parejas y para que piensen en preguntas que hacerse uno al otro durante sus entrevistas simuladas. **NOTA:** Es posible que desees guiar a los Pioneros en los tipos de preguntas que hagan con el fin de ahorrar tiempo y limitar las molestias.

- Permite a los estudiantes 10 minutos (5 minutos cada uno) para entrevistar a uno al otro.

- Haz que las parejas presenten la información que hayan aprendido al resto del grupo.

- Que un voluntario lea 1 Juan 5:13. Pregunta: *¿Qué es lo que más te gusta de la Biblia?* (Permite que los niños respondan.) *La mayoría de la gente disfruta de las historias de la Biblia. Algunos personajes de la Biblia hacen hazañas heroicas con la ayuda de Dios. Otras personas en la Biblia aprendieron lecciones difíciles y sufrieron las consecuencias cuando escogieron desobedecer a Dios. Podemos aprender de los dos tipos de historias.*

- Concluye con una oración, dando gracias a Dios por todo lo que aprendemos sobre Él en la Biblia. Pídele a Dios que ayude a los Pioneros a optar por hacer las cosas bien.

En esta sesión, los Pioneros tienen una opción para hacer bien un programa de noticias o un periódico de del grupo. Toma tu decisión en base a los recursos disponibles.

Materiales

Antes de esta sesión, lee atentamente las instrucciones para el programa de autoedición (o cámara de video). Es posible que desees configurar una plantilla de una o dos páginas del diario de antemano si no vas a tener tiempo para enseñar el programa a los Pioneros durante esta sesión.

■ Cámara de vídeo (cinta o digital)
■ Cuadernos
■ Bolígrafos o lápices
■ Computadora con un puerto USB (para vídeo digital)
■ TV con reproductor de DVD o VCR

o...

■ Computadora con un programa de la impresora y autoedición (como Microsoft Publisher, FrontPage, o Quark)
■ Cuadernos
■ Bolígrafos o lápices

Buscando Direcciones

■ Cuando los Pioneros lleguen, que rápidamente elijan qué roles les gustaría tener en la publicación del noticiero o periódico.

■ Que los Pioneros elijan un nombre para su periódico o espectáculo. Luego, que los pioneros escriban noticias breves sobre el grupo. (La última excursión de Caravana, próximos acontecimientos de la Escuela Dominical, eventos u honores en la vida de los niños, acontecimientos de vecinos, etc.)

■ Cuando los Pioneros terminen de escribir las historias, compílalas en el ordenador. Si vas a realizar un programa de noticias, que los Pioneros se filmen unos a otros leyendo las noticias. O imprime y distribuye los periódicos. Si has hecho un programa de noticias, da tiempo para ver el show de noticias en clase.

■ Que un voluntario lea 1 Juan 5:13. Pregunta: *¿Por qué está Juan escribiendo a esos cristianos? Juan buscaba asegurarle a estos creyentes de que su fe se traduciría en la vida eterna en el cielo para ellos.*

¿Qué tal tú? ¿Conoces a Jesús como tu Salvador personal? ¿Puedes mirar hacia adelante a la vida eterna en el cielo? Si no, es posible que desees orar y pedir perdón a Dios por tus pecados y aceptar a Jesús como tu Salvador personal y amigo.

■ Ora con los Pioneros que respondan. Utiliza el ABC de Salvación o el folleto de salvación *Jesús, Mi Mejor Amigo.*

MINISTERIO DE PROYECTOS: **Sesión 4**

Elige y completa uno o más proyectos de la sección *Ir, Servir* de esta insignia. Si has seleccionado un proyecto que combine dos insignias, considera el número de semanas que necesitas para completar los requisitos de la insignia de ambas. Hay un sin fin de combinaciones de proyectos ministeriales que se pueden hacer. Usa tu imaginación. Adapta los proyectos del ministerio para satisfacer las necesidades de tus Pioneros, sus familias, y la iglesia.

¡Envuélvelo!

Que los Pioneros contesten las preguntas para reflexionar sobre lo que han aprendido a través de esta insignia.

ATLETISMO

Bases Bíblicas: "Pues aunque el ejercicio físico trae algún provecho, la piedad es útil para todo, ya que incluye una promesa no solo para la vida presente sino también para la venidera." (1 Timoteo 4:8)

Punto Bíblico: La formación espiritual tiene significado eterno.

Meta de la Insignia:

- Los Pioneros deben entender la conducta deportiva y el juego en equipo.
- Los Pioneros deben ser capaces de jugar tres deportes atléticos diferentes.
- Los Pioneros pueden introducirse a un proyecto de ministerio opcional usando habilidades atléticas.

Valor Fundamental: Trabajo. Hacer hincapié en el Valor Fundamental del Trabajo mientras enseñas a los Pioneros las habilidades de atletismo.

Plan de Acción

Los Pioneros quieren la aceptación de sus compañeros. El Atletismo juega un papel importante en esto. Convertirse en un jugador de equipo y estar inclinado atléticamente ofrece a tus Pioneros interacción social con otros de su edad. La edad, el equilibrio, la pubertad, y otros factores crean una gran diversidad en la capacidad atlética. Los estudiantes torpes pueden abstenerse de jugar debido a sus percibidas deficiencias. Los Pioneros son parte de una generación de "hacedores" y disfrutan de la educación. A medida que participan en la competición atlética, anímales a practicar las habilidades necesarias en su tiempo libre.

Recuerda a los Pioneros que la habilidad atlética no siempre es una habilidad heredada. Los atletas profesionales pasan horas y horas practicando y entrenando para que se vea tan fácil como lo hacen. Mientras los Pioneros participan en competencias deportivas, fomenta la competencia amistosa, caballerosa. Recuerda que el entrenamiento físico tiene beneficios importantes para la salud, pero entrenar para la piedad tiene significado eterno.

Cada sesión está diseñada para ser intercambiable y autónoma. La insignia del Atletismo es una gran insignia para los visitantes.

PLANIFICADOR DE INSIGNIAS

Sesión

1 Los Pioneros aprenderán los conceptos básicos de las buenas prácticas y la competencia atlética. También practicarán las habilidades necesarias para jugar el juego de softbol.

2 Los Pioneros practicarán las habilidades necesarias para jugar al fútbol. También jugarán un partido de fútbol.

3 Los Pioneros practicarán las habilidades necesarias para la práctica del voleibol. También jugarán un partido de voleibol.

4 Los Pioneros pueden participar en un proyecto de ministerio opcional usando las habilidades atléticas.

Física

Requisitos ✓ de Insignia

Elije cuatro de los cinco requisitos siguientes para finalizar la insignia Atletismo.

☐ Identificar los elementos necesarios de la formación para la competencia atlética.

☐ Describir cómo jugar tres deportes atléticos.

☐ Jugar tres deportes atléticos.

☐ Asistir a una competencia atlética (ya sea aficionada o profesional).

☐ Encontrar una manera en la que puedes usar tus nuevas habilidades de Atletismo para ministrar a alguien más.

RECURSOS

- Tienda local de deportes
- Una búsqueda en Internet para cada deporte

¡SERVIR!

Los Pioneros pueden utilizar cualquiera de estas sugerencias para los proyectos de ministerio. (Los Proyectos del Ministerio son opcionales y no están obligados a completar los requisitos de la insignia.)

100 Completa los requisitos para la insignia Atletismo.

200 Usa los requisitos para la insignia como un proyecto de ministerio para servir a otras personas. Considera la posibilidad de celebrar una jornada deportiva e invitar a amigos y familiares para jugar juntos.

300 Combina las habilidades de las insignias Atletismo y Evangelismo para crear un proyecto de ministerio para que los preadolescentes inviten a amigos a escuchar a un atleta dar su testimonio.

¡Alcanzar!

Enumera algunas de tus propias opciones para proyectos ministeriales que funcionarían bien con tu iglesia y tus Pioneros.

_____

_____

_____

_____

_____

#1 Seguridad

- **Nunca** "jugar a través de" una lesión.
- **Siempre** sé un buen deportista.
- **Nunca** intentes la competencia atlética sin una preparación física adecuada.
- **Siempre** controla tus emociones.
- **Nunca** uses mal un equipo atlético.

PALABRAS PARA SABER

Cesta: La parte que atrapa y retiene el balón.

Lanzamiento Rápido: En softbol, la pelota es lanzada rápida y solapada.

Campo: El área oficial donde la competencia atlética tiene lugar.

Delantero: En el fútbol, uno de los tres jugadores delanteros. Su objetivo es marcar un gol.

Portero: En el fútbol, la persona que se encuentra en la meta e intenta mantener al oponente sin puntuación. Esta es la única persona en el fútbol que se le permite usar sus manos.

Lanzamiento Lento: En softbol, la pelota es lanzada lenta y solapada. Debe hacer un arco en el camino hacia el bateador.

Ajustar: En voleibol, golpear la bola a una posición estratégica por lo que un compañero de equipo puede clavar el balón en el rival.

Remate: En voleibol, golpear la pelota hacia abajo con mucha fuerza.

¡PREPARADOS . . . LISTOS . . . FUERA!

LLÉVAME AL JUEGO DE PELOTA: Sesión 1

Los Pioneros explorarán los diferentes aspectos de la preparación física y la conducta viril de los deportes y la hora de competir deportivamente. También serán introducidos a los fundamentos de sofbol y jugarán un juego de sofbol.

Antes de esta sesión, reúne todos los equipos necesarios, y localiza un campo o área lo suficientemente grande para el grupo jugar un partido de softbol. Si conoces a un entrenador de sofbol o béisbol, invítalo para hablar con tu grupo y enseñar algunas habilidades básicas de sofbol.

Materiales

- Guantes de sofbol para cada Pionero
- Varios bates de tamaño sofbol
- Sofbols
- Campo o bases de sofbol
- Papel y lápices

230

- Cuando llegue tu grupo, que formen equipos. Dale a cada equipo una hoja de papel y un lápiz y/o un bolígrafo. Pídeles crear una lista que defina la conducta deportiva. Revisa la conducta apropiada con ellos. Ayúdalos a darse cuenta de que los atletas profesionales no siempre actúan de la manera que deberían.

- Que voluntarios lean el versículo Bíblico, la sección "¿Qué Puedes Hacer Con Esta Habilidad?", los requisitos de la insignia, y las palabras del vocabulario.

- Revisa los fundamentos de softbol en el *Estudiante Pionero*.

- Enseña a tus Pioneros los fundamentos de golpear, agarrar, fildeo y pitcheo. Dales una oportunidad de lanzar a la zona de strike.

- Juega un juego de softbol con tus Pioneros.

- Señala que el Valor Fundamental de esta insignia es el Trabajo. Las actividades deportivas requieren trabajo y dedicación. Pero también representan un desafío de hacer lo mejor posible.

  John T. Benson Jr. trabajó en una variedad de entornos de su compañía, la iglesia local, el distrito y la Junta General de la denominación. Dio un servicio dedicado a todas estas áreas.

  Los Pioneros pueden aprender a hacer lo mejor cuando se enfrentan a un desafío. Las habilidades atléticas pueden ayudar a aprender a dar lo mejor.

- Que un voluntario lea 1 Timoteo 4:8. Di, E*ste versículo nos dice que el entrenamiento físico es bueno, pero el entrenamiento para ser lo que Dios quiere que seamos tiene importancia eterna. ¿Cuáles son algunas maneras en las que podemos entrenarnos para crecer espiritualmente?*

- Ora por la fuerza y la dirección de Dios para los Pioneros en sus intentos de ser obedientes a Dios y crecer en su fe.

Mirada mas OO ¡Cercana!

¿Está lloviendo? Crea un partido de softball improvisado en interior. Utiliza una bola de espuma o fajo de papel y un bate o un palo de escoba plástico. Todavía serás capaz de enseñar los fundamentos de bateo y fildeo en el interior.

GOOOOL! **Sesión 2**

Los Pioneros aprenderán las habilidades básicas necesarias para jugar un partido de fútbol. Si conoces a alguien que le gusta jugar al fútbol, invita a esa persona a hablar con tu grupo acerca de las habilidades necesarias.

Antes de esta sesión, reúne y prepara los materiales que se encuentran en el "Materiales." Si tienes un grupo de Pioneros grande, puede que tengas que encontrar un local con más de un campo de fútbol.

Materiales

- Balón de fútbol
- Portería de fútbol y red
- Conos
- Campo de fútbol

Buscando Direcciones

- Revisa los conceptos de la conducta deportiva con tu grupo. Explica que ser un jugador de equipo significa ganar y perder como un equipo, y cada jugador debe asumir la responsabilidad.

- Configura los conos en dos o tres líneas rectas. Los conos deben estar cerca de cuatro pies de distancia. Divide a los Pioneros en dos equipos y que "dribleen" la pelota atrás y adelante entre los conos.

- Revisa la información sobre fútbol en el *Estudiante Pionero*. Enseña a los Pioneros las habilidades necesarias para jugar al fútbol. Enséñales cómo patear el balón, cabecear el balón y recibir un pase. Juega un juego de fútbol.

- Lee 1 Timoteo 4:8. Pregunta: *¿Es el entrenamiento siempre agradable? A veces es un trabajo duro. El entrenamiento físico nos ayuda a mantenernos sanos y construir nuestra resistencia. Pero entrenarnos espiritualmente tendrá beneficios que durarán para siempre.*

- Ora dándole gracias a Dios por su amor y preocupación por cada Pionero. Pídele que te ayude a medida que tengas mucho cuidado del cuerpo que Él les ha confiado.

¡GOLPEAR, AJUSTAR, Y REMATE! **Sesión 3**

En esta sesión, los Pioneros aprenderán las habilidades necesarias para la práctica del voleibol. También jugarán un partido de voleibol, manteniendo la conducta deportiva.

Materiales

- Cancha de voleibol o foso de arena
- Conos
- Voleibol
- Red de voleibol

232

Antes de esta sesión, encuentra un área lo suficientemente grande como para jugar un partido de voleibol. Configura la red y usa conos para indicar los límites.

Buscando Direcciones

- ■ Lee la información sobre voleibol en el Pionero Estudiante. Enseña a los Pioneros las habilidades necesarias para la práctica del voleibol. Enséñales cómo golpear, ajustar, y servir la pelota.

- ■ Crea equipos, y haz que compitan entre sí.

- ■ Lee 1 Timoteo 4: 8. Di, **Han disfrutado jugando varios deportes diferentes. También han tenido la oportunidad de aprender acerca de maneras de entrenar espiritualmente para que puedan crecer en su fe.**

- ■ Ora por los Pioneros. Da gracias a Dios por las nuevas habilidades que están aprendiendo. Dale gracias por su amor y bendiciones.

MINISTERIO DE PROYECTOS: Sesión 4

Elige y completa uno o más proyectos de la sección *Ir, Servir* de esta insignia. Si has seleccionado un proyecto que combine dos insignias, considera el número de semanas que necesitas para completar los requisitos de la insignia de ambas. Hay un sin fin de combinaciones de proyectos ministeriales que se pueden hacer. Usa tu imaginación. Adapta los proyectos del ministerio para satisfacer las necesidades de tus Pioneros, sus familias, y la iglesia. Considere la posibilidad de tener una noche del visitante.

¡Envuélvelo!

Que los Pioneros contesten las preguntas para reflexionar sobre lo que han aprendido a través de esta insignia.

ACAMPAR

Física

Bases Bíblicas: "Moisés les ordenó a los israelitas que partieran y se internaran en el desierto de Sur. . . Después los israelitas llegaron a Elim, donde había doce manantiales y setenta palmeras, y acamparon allí, cerca del agua." (Éxodo 15:22a y 27)

Punto Bíblico: La Biblia nos ayuda a reconocer el mundo como creación de Dios.

Meta de la Insignia:

- Los Pioneros deben saber cómo planificar y llevar a cabo un viaje de Campamento.
- Los Pioneros deben reconocer a Dios como el Creador de nuestro mundo.
- Los Pioneros pueden introducirse a un proyecto de ministerio opcional usando las habilidades de Campamento.

Valor Fundamental: Educación. Hacer hincapié en el Valor Fundamental de la educación mientras enseñas a los Pioneros las habilidades de Acampar.

Plan de Acción

Acampar expone a tus Pioneros a una experiencia "práctica" afuera que puede cambiar sus vidas. Los niños de hoy están buscando la autosuficiencia a edades más tempranas que antes, y acampar ofrece la oportunidad perfecta para que tus estudiantes aprendan nuevas habilidades.

Con esta insignia tus alumnos tienen la oportunidad de aprender las habilidades que pueden ayudarles a sobrevivir estando perdidos o varados.

Mientras los Pioneros están acampando, recuérdales que Dios es nuestro gran Creador. Dios se revela a través de Su creación.

Cada sesión está diseñada para ser intercambiable y autónoma. La insignia Acampar es una gran insignia para los visitantes.

PLANIFICADOR DE INSIGNIAS

Sesión

1 Los Pioneros aprenderán cómo planificar un viaje de campamento. Ellos deben entender cómo preguntar el: quién, qué, cuándo, dónde y cuánto, preguntas para planificar las comidas y las listas comerciales, y asegurar los permisos adecuados.

2 Los Pioneros reunirán los suministros necesarios para acampar y empaquetarlos debidamente en una mochila. También aprenderán las normas y procedimientos de seguridad contra incendios propios de una tienda de campaña.

3 Los Pioneros aprenderán habilidades de supervivencia en el desierto para ayudarlos a sobrevivir si se pierden.

4 Los Pioneros podrán participar en un proyecto de ministerio opcional usando las habilidades de acampar.

Física

Requisitos ✓ de Insignia

Elige cuatro de los cinco requisitos siguientes para finalizar la insignia Acampar.

☐ Ve a acampar. Planea un viaje y debidamente establece un campamento. Arma una tienda de campaña, asegura un pozo de fuego seguro, y establece una zona de cocina.

☐ Empaqueta una mochila correctamente con el equipo de acampar necesario.

☐ Construye un incendio. Observa los procedimientos de seguridad.

☐ Discute qué hacer si te quedas perdido.

☐ Encuentra una manera en la que puedes utilizar tus habilidades de Acampar para ministrar a alguien más.

RECURSOS

- *El Manual Boy Scout* de Boy Scouts of América y William Hillcourt <https://www.scoutshop.org/12th-edition-handbook-in-spanish-34718.html>

¡SERVIR!

Los Pioneros pueden utilizar cualquiera de estas sugerencias para los proyectos de ministerio. (Los Proyectos del Ministerio son opcionales y no están obligados a completar los requisitos de la insignia.)

100 Completa los requisitos para la insignia Acampar.

200 Usa los requisitos para la insignia como un proyecto de ministerio para servir a otras personas. Considera la tutoría de niños más pequeños en un viaje de Acampar.

300 Combina las habilidades para las insignias Acampar y Primeros Auxilios para crear un proyecto de ministerio para que los preadolescentes inviten a amigos a practicar las técnicas de supervivencia y de primeros auxilios en la naturaleza. Los preadolescentes también pueden planificar y ser anfitriones de una "demostración de Acampar".

¡Alcanzar!

Haz una lista de opciones para proyectos ministeriales que funcionarían bien con tu iglesia y tus Pioneros.

_____

_____

_____

_____

_____

#1 Seguridad

- **Siempre** ten agua cerca cuando construyan y usen fuego.
- **Asegúrate** de retirar todos los residuos inflamables de la zona de fuego.
- **Asegúrate** de tener todos los permisos necesarios.
- **Nunca** tomes alimentos en tu tienda de campaña o en tu área de dormir.
- **Siempre** lleva tu basura cuando salgas del sitio de campamento.
- **Nunca** tires basura en el fuego.

PALABRAS PARA SABER

Que los Pioneros intenten dar definiciones para las siguientes palabras. Después de que hayan adivinado, pídeles que busquen sus libros estudiantes y descubran el significado de estas palabras.

Tienda de Campaña: Un refugio temporal de tela estirada y sostenida por postes y se utiliza para acampar al aire libre.

Fogatas: Un área utilizada para contener una fogata con un anillo de piedra o metal alrededor del borde.

Astillas: Pequeñas ramas y corteza, se utilizan para ayudar a iniciar una fogata.

GPS: Sistema de Posicionamiento Global. Un dispositivo de ordenador que te ayuda a encontrar tu ubicación mediante un localizador por satélite.

Plan de Campamento: Ser capaz de responder el "quién, qué, cuándo, dónde y cuánto", cuestiones relativas a un futuro viaje de Campamento.

¡PREPARADOS . . . LISTOS . . . FUERA!

¡A ACAMPAR VAMOS A IR! Sesión 1

Los Pioneros estarán aprendiendo cómo planificar adecuadamente un viaje de campamento, prepararán planes de comida, y harán una lista de compras. Utiliza esta sesión de planificación mientras preparas tu propio viaje en grupo de campamento.

Antes de esta sesión, recopila anuncios de supermercados locales y recetas de cocina para abrir fuego. Lee los recursos disponibles en cuanto a la preparación para un viaje de campamento. Familiarízate con los parques locales con instalaciones para acampar. Evita los campings comerciales. También puedes querer decorar la habitación con varios suministros para acampar. Las tiendas de la bóveda, por diseño, son fácilmente erigidas en interiores. También puedes crear una fogata falsa con troncos. Usa tu imaginación.

Materiales

- Mapas de posibles ubicaciones de campamentos
- Lápices o bolígrafos
- Papel
- Anuncios de Comida de tienda local
- Recetas de cocina
- Suministros de cocina al aire libre
- Pizarra, o rotafolio
- Tiza o marcadores

237

Buscando Direcciones

- Cuando llegue tu grupo, anímales a revisar los diferentes mapas de sitios locales de campamento. En una hoja de papel junto al mapa, pídeles que escriban las posibles actividades que pueden hacer en cada lugar.
- Deja que los voluntarios lean el versículo Bíblico, la sección "¿Qué puedes hacer con esta habilidad?", Los requisitos de la insignia, cuestiones de seguridad, y las palabras del vocabulario. Lee "A un campamento vamos a ir" del *Estudiante Pionero*.
- Que un Pionero comience la planificación de su viaje de campamento. Pídeles que respondan a las siguientes preguntas: ¿Quién? ¿Qué? ¿Cuándo? ¿Dónde? y ¿Cuánto?
- Que tus Pioneros preparen un menú de campamento para los días que se vayan. Usando los anuncios de las tiendas de comestibles locales, que estimen el costo de los alimentos para su viaje.
- Ayuda a tus Pioneros a entender la necesidad de los permisos adecuados de acampada.
- Que un voluntario lea Éxodo 15:22 y 27. Di: *Estos versículos nos dicen que Moisés y los israelitas pasaron mucho tiempo acampando en su camino hacia la Tierra Prometida. Dios proveyó comida cada día a través del maná y las codornices. Este pan y carne eran los alimentos que comieron durante los 40 años que estuvieron en el desierto. Los israelitas también necesitaban agua. En estos versículos, Dios los llevó a 12 manantiales donde recibieron el agua necesaria. Dios sabía lo que necesitaban. Él sabe lo que necesitamos hoy.*
- Concluye con una oración, dando gracias a Dios por el suministro de todas nuestras necesidades.

Mirada mas ¡Cercana!

¿Buscando una interesante excursión? Lleva a tu grupo a una tienda local de artículos de campamento. Prepárate con tiempo para que un empleado de la tienda demuestre algunos de los nuevos artilugios de campamento disponibles.

HÁGASE EL FUEGO: Sesión 2

Si tienes espacio disponible en tu propiedad de la iglesia, que tus pioneros creen un campamento. No se necesita mucha área. Pídeles que empacar sus mochilas, echar las carpas, y crear un pozo de fuego.

Antes de esta sesión, reúne y prepara los materiales que se encuentran en el "Materiales". Practica empacar la mochila correctamente y lanzar las tiendas de campaña para evitar vergüenza más tarde.

Materiales

- Tres tiendas, una tienda de campaña de pared, y una tienda de bóveda
- Suministros para acampar de la lista del *Estudiante Pionero*.
- Rocas
- Una mochila
- Un balde
- Ejemplos de leña y combustible para un incendio
- Papel de regalo o periódico

- Que los pioneros piensen en una lista de posibles necesidades de campamento. Compara tu lista con la que se encuentra en el *Estudiante Pionero*.

- Que los Pioneros practiquen el embalaje de los suministros en una mochila. Si tienes varias mochilas y equipo suficiente, es posible establecer una competencia entre dos equipos para ver quién puede empacar adecuadamente su mochila más rápido.

- Explica cómo lanzar correctamente una tienda de campaña, y configura las tiendas de campaña de tu práctica.

- Revisa la seguridad adecuada contra incendios y los aspectos necesarios de un incendio, y crea un pozo de fuego en tu campamento.

- Discute el procedimiento adecuado para "levantar el campamento."

- Señala que el Valor Fundamental de esta insignia es la Educación. Para la mayoría de los niños acampar es un evento divertido y esperado. Muchas habilidades para la vida se aprenden a través de las actividades de campamento. Oliva Winchester vivió en los Estados Unidos y Escocia. Ella tuvo que hacer ajustes para vivir en diferentes lugares. Las habilidades de acampar se pueden utilizar dondequiera que los Pioneros vivan y viajen.

- Lee Éxodo 15:22 y 27. Pregunta: **¿Qué fue lo que más te gustó acerca de establecer nuestro campamento? Queremos aprovechar todo lo que necesitamos, incluyendo un mapa. En nuestro pasaje de la Biblia, las personas no necesitan un mapa. ¿Por Qué? Dios los llevó donde Él quería que fueran. Dios guiará y nos guía hoy si se lo permitimos.**

- Concluye con una oración. Agradece a Dios por amarnos y guiarnos.

NÁUFRAGO: **Sesión 3**

En esta sesión, los Pioneros aprenderán qué hacer si se pierden. También aprenderán técnicas de supervivencia en caso de que queden varados o perdidos en un período prolongado de tiempo.

Antes de esta sesión, distribuye los formularios de permiso para que cada Pionero visite un área local para practicar las técnicas de supervivencia en la naturaleza. Lee un manual de supervivencia de la jungla para aprender las técnicas básicas para sobrevivir en posibles situaciones que tus Pioneros podrían enfrentar. Encárgate de las formas de permiso y transporte.

Materiales

- Formularios de permiso
- Guía de supervivencia en la naturaleza
- Sección "Náufrago" del *Estudiante Pionero*

Buscando Direcciones

- Lleva a tus Pioneros a una zona al aire libre donde puedan practicar las habilidades de supervivencia en el desierto. Pídeles que utilicen su *Estudiante Pionero* en opinar sobre cómo evitar estar perdidos. Luego que revisen lo que deben hacer en caso de que se pierdan.

- Juego de roles con los preadolescentes de las medidas que deben tomar en caso de que se pierdan.

- Que tus Pioneros determinen el Norte. Usa el *Estudiante Pionero* para aprender varios métodos para localizar el Norte.

- Que los Pioneros intenten localizar y/o construir refugios apropiados de supervivencia. Discute las necesidades de agua y alimentos y medidas apropiadas a tomar.

- Lee Éxodo 15:22 y 27. Di: **Ustedes han disfrutado de diversas actividades de campamento. Han experimentado la creación de Dios, y aprendieron más acerca de Dios de lo que Él ha hecho.**

- Oren, dándole gracias a Dios por las nuevas habilidades de acampar que los Pioneros están aprendiendo. Dale gracias por haberse revelado a sí mismo a través de la naturaleza y por medio de Su Hijo, Jesús.

Mirada más De cerca! Recuerda que la mejor manera de aprender a acampar es ir a acampar. Incluso si vives en un entorno urbano, hay parques y campings locales disponibles para uso público. Las cabañas proporcionarán a tus Pioneros con una experiencia que cambie la vida, y estarás allí para disfrutar con ellos.

MINISTERIO DE PROYECTOS: Sesión 4

Elige y completa uno o más proyectos de la sección *Ir, Servir* de esta insignia. Si has seleccionado un proyecto que combine dos insignias, considera el número de semanas que necesitas para completar los requisitos de la insignia de ambas. Hay un sin fin de combinaciones de proyectos ministeriales que se pueden hacer. Usa tu imaginación. Adapta los proyectos del ministerio para satisfacer las necesidades de tus Pioneros, sus familias, y la iglesia. Considera tener una noche de visitante.

¡Envuélvelo!

Que los Pioneros contesten las preguntas para reflexionar sobre lo que han aprendido a través de esta insignia.

240

CARPINTERÍA

Bases Bíblicas: "Por tanto, todo el que me oye estas palabras y las pone en práctica es como un hombre prudente que construyó su casa sobre la roca. Cayeron las lluvias, crecieron los ríos, y soplaron los vientos, y azotaron aquella casa; con todo, la casa no se derrumbó porque estaba cimentada sobre la roca." (Mateo 7:24-25)

Punto Bíblico: La Palabra de Dios nos da una base firme.

Meta de la Insignia:

■ Los Pioneros deben conocer las habilidades básicas de la carpintería.

■ Los Pioneros deben ser capaces de decir cómo la obediencia a la Palabra de Dios puede dar la base firme a una vida.

■ Los Pioneros pueden introducirse a un proyecto de ministerio opcional usando las habilidades de carpintería.

Valor Fundamental: Trabajo. Hacer hincapié en el Valor Fundamental de Trabajo mientras enseñas a los Pioneros las habilidades de Carpintería.

Plan de Acción

Los Pioneros son parte de una generación de "hacedores", y ellos disfrutan la educación. Están aumentando rápidamente sus habilidades para resolver problemas. Los ensayos y errores son aspectos importantes del proceso. Sería fácil solucionar problemas por sí mismos o ser "demasiado amables" durante esta insignia. Sin embargo, resisten a la tentación.

Debido a la medición inadecuada, algunas de sus pajareras pueden resultar desequilibradas. Si este es el caso, desafía a los niños para hacer adaptaciones o hacer las reparaciones necesarias. Descubrir donde se encuentra el problema, será tan beneficioso como la creación de la pajarera. Anima a los preadolescentes que se destaquen con habilidades para trabajar la madera para ayudar a los que les rodean.

Mientras los Pioneros trabajan con las herramientas de carpintería, recuérdales que la Palabra de Dios provee una base firme para sus vidas. Así como ponemos cuidadosamente una buena base cuando construimos una casa física, debemos construir nuestras vidas sobre una base sólida, Jesucristo.

Cada sesión está diseñada para ser intercambiable y autónoma. La insignia Carpintería es una gran insignia para los visitantes.

PLANIFICADOR DE INSIGNIAS

Sesión

1 Los Pioneros visitarán un taller de carpintería, y aprenderán las habilidades básicas de la carpintería.

2 Los Pioneros explorarán diversas necesidades de una caja de herramientas de carpintería. También crearán una lista de herramientas para usar en tu hogar.

3 Los Pioneros construirán una casa para pájaros.

4 Los Pioneros pueden participar en un proyecto de ministerio opcional usando sus habilidades de carpintería.

Física

Requisitos ✓ de Insignia

Elige cuatro de los cinco requisitos siguientes para finalizar la insignia de la carpintería.

☐ Identifica las 10 herramientas principales para trabajar la madera.

☐ Demuestra estas habilidades: martillar un clavo correctamente, tomar una medida de un trozo de madera, cortar una línea recta con una sierra, y utilizar un taladro para hacer un agujero en un trozo de madera.

☐ Crea un kit de herramientas para usar en el hogar.

☐ Construye una casa para pájaros u otro proyecto de carpintería.

☐ Encuentra una manera de utilizar los conocimientos de carpintería para ministrar a otra persona.

RECURSOS

- La biblioteca pública

IR SERVIR!

Los Pioneros pueden utilizar cualquiera de estas sugerencias para los proyectos de ministerio. (Los Proyectos del Ministerio son opcionales y no están obligados a completar los requisitos de la insignia.)

100 Completa los requisitos para la insignia Carpintería.

200 Usa los requisitos para la insignia como un proyecto del ministerio para servir a otras personas. Considera hacer proyectos de madera para los residentes de una casa de retiro local.

300 Combina las habilidades de las insignias Carpintería y Servicio para crear un proyecto de ministerio para utilizar los conocimientos de carpintería para servir a la gente fuera de la iglesia. Pueden ayudar con reparaciones del hogar sencillas para los ancianos.

¡Alcanzar!

Haz una lista de opciones para proyectos ministeriales que funcionarían bien con tu iglesia y tus Pioneros.

_____

_____

_____

_____

#1 Seguridad

- **Nunca** uses herramientas eléctricas sin la supervisión de un adulto.
- **Siempre** usa gafas de seguridad cuando trabajes con la madera.
- **Siempre** limpia tus herramientas, y ponlas en su ubicación correcta cuando hayas terminado.
- **Nunca** utilices herramientas para fines distintos de su uso previsto.
- **Nunca** utilices herramientas rotas o "amañadas".

PALABRAS PARA SABER

Coloca las palabras y definiciones sobre en tarjetas individuales de "3 x 5". Mezcla las tarjetas y colócalas en una mesa. Al enseñar las diferentes sesiones, dales a los Pioneros una oportunidad para que hagan coincidir las palabras con las definiciones. Esto les ayudará a recordar las palabras del vocabulario de la insignia.

Arco: Un tipo de deformación que hace que las tablas se acurruquen en los extremos.

Acero de Carburo: Extremadamente duro, acero de larga duración utilizado para hojas de sierra circular.

Barrenado: El proceso de la perforación de un agujero para que la cabeza del tornillo se hunda por debajo de la superficie.

Valla: La parte ajustable de una herramienta eléctrica que ayuda a alinear la madera y a mantenerla cuadrada.

Contragolpe: Cuando un trozo de madera se tira hacia atrás por una herramienta eléctrica. Si se utiliza una herramienta de poder de mano, la propia herramienta puede ser forzada hacia atrás.

Vertical: Estar completamente en línea vertical (arriba y abajo).

Cuadrado: Tener una esquina de exactamente 90 grados.

¡PREPARADOS . . . LISTOS . . . FUERA!

HERRAMIENTAS DEL COMERCIO: Sesión 1

Los Pioneros explorarán una tienda de trabajo de madera. El dueño de la tienda debe explicar las distintas herramientas y sus usos. Los Pioneros también deberían tener la oportunidad de practicar las habilidades básicas necesarias para la carpintería.

Antes de esta sesión, haz arreglos con un carpintero o propietario de tienda de hogar de un local para que los Pioneros visiten la tienda. Informa a la carpintería de las diversas herramientas para mostrar y fomentar la carpintería para demostrar las herramientas "especiales" que puede tener. Organiza a cada Pionero para que practiquen las habilidades de carpintería básica tal como se encuentra en el *Estudiante Pionero*.

Materiales

- Formularios de permiso para cada niño
- Martillo
- Cinta métrica
- Taladro
- Sierra
- Clavos
- Lápiz de carpintero
- Madera

Buscando Direcciones

- Cuando los Pioneros lleguen, déjalos navegar a través de una pantalla de herramientas y diles cómo han utilizado cualquiera de las herramientas en el pasado. Que voluntarios lean el versículo Bíblico, la sección "¿Qué puedes hacer con esta habilidad?", Los requisitos de la insignia, cuestiones de seguridad, y las palabras del vocabulario. Lee "Herramientas del comercio" y "Habilidades básicas de la carpintería." Revisa todas las normas de seguridad y de conducta para visitar un taller de carpintería.

- Al llegar a la tienda, que los estudiantes intenten nombrar algunas de las herramientas que puedan reconocer. Que el dueño de la tienda introduzca las herramientas y demuestre cómo funciona cada una.

- Discute con tus estudiantes los diversos problemas de seguridad que podrían surgir en una tienda de carpintería.

- Que el dueño de la tienda demuestre las habilidades básicas de carpintería, y luego permite que cada Pionero practique esas habilidades.

- Señala que el Valor Fundamental de esta insignia es el Trabajo. Los Pioneros generalmente disfrutan trabajar con sus manos para crear proyectos.

  John T. Benson Jr. trabajó para una editorial que produjo libros y música. Trabajó duro durante muchos años para mantener el negocio exitoso.

  Mientras los Pioneros trabajan con sus manos para completar los proyectos, deben experimentar una sensación de éxito.

- Que un voluntario lea Mateo 7:24-25. Di: **Que estos versículos describen cómo una persona debe construir una casa sobre una base firme o de lo contrario se caerá. Más importante aún, la gente debe construir su vida sobre una base firme. ¿Según el versículo que significa base firme?** (Permite a los Pioneros responder.) Reta a los Pioneros a leer y obedecer la Palabra de Dios.

- Concluye con una oración, pidiendo a Dios que bendiga al carpintero por tomarse el tiempo para enseñar a los Pioneros. Pídele a Dios que ayude a los Pioneros a construir una base sólida para sus vidas a través de aprender y obedecer la Palabra de Dios.

Mirada más ¡Cercana!

Una ferretería local puede ofrecer días de artesanía para que tus Pioneros se involucren. Algunos pueden incluso ofrecer tours para introducirles a tus estudiantes las herramientas de carpintería necesarias.

PRIMEROS PASOS: **Sesión 2**

La construcción de una caja de herramientas casera es una parte importante del cuidado de nuestros hogares. Siempre hay una necesidad de herramientas para reparaciones inesperadas. Ayuda a tus Pioneros a desarrollar una lista de las herramientas necesarias para usar en una casa o apartamento.

Antes de esta sesión, reúne y prepara los suministros que se encuentran en el "Materiales." Si tienes un grupo grande de Pioneros, establece varias estaciones de trabajo. Para el juego, recoge las cosas que pueden o no ser parte de un conjunto de herramientas casera.

Materiales

- Martillo
- Destornillador (cabeza plana)
- Destornillador Phillips N° 1
- Destornillador Phillips N° 2
- Alicates
- Tijeras de alambre
- Llave ajustable
- Bloqueo de canal (10 pulgadas)
- Cuchillo
- Cinta métrica
- Nivel

- Sierra de uso general
- Lentes de seguridad
- Lápiz de carpintero
- Cinta adhesiva
- Papel de lija (arena surtida)
- WD40 o 3 en 1 aceite
- Pegamento de madera
- Cinta eléctrica
- Caja de instrumento
- Varios otros objetos
- Venda

Buscando Direcciones

- Describe uno o más incidentes en tu casa en la que necesitaste herramientas para hacer reparaciones. Utiliza esta opción para introducir la necesidad de tener una caja de herramientas en la casa. Que los Pioneros tengan una lluvia de ideas de algunos artículos que se pueden encontrar en una caja de herramientas casera.

- Utiliza las herramientas que han reunido para demostrar las herramientas necesarias para una buena caja de herramientas casera. Habla acerca de cada herramienta y cómo se utiliza.

- Divide a tu grupo en equipos. Venda los ojos de un miembro de cada equipo, y que usen su sentido del tacto para determinar cuál de los elementos en una tabla pertenece a un conjunto de herramientas casera. Asegúrate de retirar la sierra para todo uso, cuchillo, y todos los otros objetos potencialmente peligrosos.

- Lee Mateo 7:24-27. Pregunta, **¿Qué pasó con la casa construida sobre la arena?** (Deje que los preadolescentes respondan.) Di, **Las herramientas son una necesidad para la construcción de una base sólida. ¿Qué herramientas podríamos necesitar para la construcción de la base sólida de la vida que Dios quiere que tengamos?**

- Concluye con una oración. Pídele a Dios que ayude a los Pioneros a reservar un tiempo para leer la Palabra de Dios y luego obedecer lo que dice.

A UNA CARPINTERÍA IREMOS: Sesión 3

En esta sesión, los Pioneros utilizarán la Carpintería para probar habilidades para construir una casa para pájaros. Ellos pueden necesitar tomar la pajarera para terminar la decoración de la misma.

Antes de esta Sesión, corta las diferentes piezas de la pajarera, a menos que quieras que los preadolescentes lo hagan. Es posible que desees hacer esta parte de la demostración del dueño de la tienda de la Sesión 1.

Materiales

- Sierra
- Martillo
- Taladro eléctrico
- Destornillador
- Cinta métrica
- Plaza del carpintero
- Lápiz de carpintero
- Gafas de protección
- Contrachapado exterior de 2 'x 4' x 1/2 "(1 por niño)

- 1 1/4" uñas resistentes a la corrosión
- Clavija de madera de 61/2 "x 1/4" (1 por niño)
- 6 tornillos para madera resistentes al óxido
- Pegamento de madera
- Papel de lija

Buscando Direcciones

- Si el tiempo lo permite, que cada estudiante planee y corte su propio material para la pajarera.

- Que cada Pionero monte una casa para pájaros. Ver los pasos para el montaje del *Estudiante Pionero*.

- Lee Mateo 7: 24-25. Di: **Han aprendido algo de carpintería, y también han aprendido algunas verdades valiosas de la Palabra de Dios. ¿Qué tipo de actividades ayudarán a tener una base firme para sus vidas espirituales?**

- Concluye con una oración, pidiendo a Dios que ayude a los Pioneros a obedecer la Palabra de Dios.

Mirada mas ¡Cercana! Intenta mantener cada lección autónoma para que los visitantes puedan terminar sus proyectos y llevarlos a casa. Anima a tus Pioneros a llevar sus casas para pájaros a sus hogares y terminar de decorarlas.

MINISTERIO DE PROYECTOS: **Sesión 4**

Elige y completa uno o más proyectos de la sección *Ir, Servir* de esta insignia. Si has seleccionado un proyecto que combine dos insignias, considera el número de semanas que necesitas para completar los requisitos de la insignia de ambas. Hay un sin fin de combinaciones de proyectos ministeriales que se pueden hacer. Usa tu imaginación. Adapta los proyectos del ministerio para satisfacer las necesidades de tus Pioneros, sus familias, y la iglesia. Considera tener una noche de visita. Los Trailblazers pueden hacer materiales extra para las aves de corral para los visitantes.

¡Envuélvelo!

Que los Pioneros contesten las preguntas para reflexionar sobre lo que han aprendido a través de esta insignia.

NUDOS

Bases Bíblicas: "Al malvado lo atrapan sus malas obras; las cuerdas de su pecado lo aprisionan." (Proverbios 5:22)

Punto Bíblico: Dios puede liberarnos de nuestros pecados.

Meta de la Insignia:

■ Los Pioneros deben ser capaces de atar nudos comunes necesarios para acampar, pescar y escalar en roca.

■ Los Pioneros pueden introducirse a un proyecto de ministerio opcional usando las habilidades de los Nudos.

Valor Fundamental: Trabajo. Hacer hincapié en el Valor Fundamental del Trabajo mientras enseñas a los Pioneros las habilidades de los nudos.

Física

Aventurero

Plan de Acción

Los Pioneros aman la experiencia práctica. Ellos aprenden mejor cuando se les permite intentar y fallar y volver a intentarlo. Resiste la tentación de saltar y ayudarlos. Dales espacio, permíteles luchar para aprender los nudos. Anima a tus Pioneros a ayudar a los demás a su alrededor si son capaces de recoger el nudo rápidamente.

Para que el aprendizaje de hacer nudos sea más divertido, ten en cuenta las actividades que tienen prácticas y usos divertidos. Los nudos se han dividido en tres áreas: acampar, pescar y escalar en roca. Estas áreas son de gran interés para los Pioneros y tienen aplicación práctica.

Cada sesión está diseñada para ser intercambiable y autónoma. La insignia Nudos es una gran insignia para los visitantes.

PLANIFICADOR DE INSIGNIAS

Sesión

1 Los Pioneros estudiarán y practicarán diversos nudos comunes para acampar y otras actividades.

2 Los Pioneros aprenderán y practicarán nudos que son útiles para la pesca y otras actividades.

3 Los Pioneros aprenderán nudos que son necesarios para escalar en roca y otras actividades.

4 Los Pioneros pueden participar en un proyecto de ministerio opcional usando las habilidades de Nudos.

Física

Requisitos ✓ de Insignia

Elija cuatro de los cinco requisitos siguientes para finalizar la insignia Nudos.

☐ Identificar y atar tres principales nudos para su uso en acampada.

☐ Identificar y atar tres principales nudos para su uso en la pesca.

☐ Identificar y atar tres principales nudos para su uso en escalar en roca.

☐ Crear una tabla que muestre los nudos importantes.

☐ Encontrar una manera en la que puedes utilizar tus habilidades de Nudos para ministrar a alguien.

RECURSOS

- Búsqueda en Internet para nudos o el nombre del nudo particular
- *El Manual Boy Scout* de Boy Scouts de América y William Hillcourt.

¡SeRViR!

Los Pioneros pueden utilizar cualquiera de estas sugerencias para los proyectos de ministerio. (Los Proyectos del Ministerio son opcionales y no están obligados a completar los requisitos de la insignia.)

100 Completa los requisitos para la insignia Nudos.

200 Usa los requisitos para la insignia como un proyecto de ministerio para servir a otras personas. Considera la enseñanza de nudos a los niños más pequeños.

300 Combina las habilidades de las insignias Nudos y Acampar para crear un proyecto de ministerio para que los preadolescentes inviten a los amigos en un viaje de campamento durante la noche. Que los preadolescentes planeen el viaje, y utilicen sus habilidades de Nudos para ayudar a establecer el campamento.

¡Alcanzar!

Enumera algunas de tus propias opciones para proyectos ministeriales que funcionarían bien con tu iglesia y tus Pioneros.

_____

_____

_____

_____

_____

_____

_____

#1 Seguridad

- **Nunca** atar a alguien usando nudos.
- **Nunca** jugar con una cuerda alrededor de tu cuello y la zona de la garganta.
- **Siempre** tener la supervisión de un adulto cuando utilices los nudos en situaciones de escalar roca.
- **Siempre** que alguien vuelva a comprobar tus nudos de escalar antes de confiar en los nudos con tu peso.

PALABRAS PARA SABER

Coloca las palabras y definiciones sobre tarjetas individuales de "3 x 5". Mezcla las tarjetas y colócalas en una mesa. Al enseñar las diferentes sesiones, da a los Pioneros una oportunidad para que hagan coincidir las palabras con las definiciones. Esto les ayudará a recordar las palabras del vocabulario de la insignia.

Enrollamiento: El proceso de envolver adecuadamente una cuerda para su almacenamiento.

Látigo: El proceso de preparación del extremo de una cuerda para que no se complique o refriegue.

Nudo Doblado: Se refiere a cualquier nudo que une dos cuerdas de diferentes tamaños.

3,900: El número de nudos conocidos grabados.

¡PREPARADOS . . . LISTOS . . . FUERA!

NUDOS DE CAMPO: Sesión 1

Los Pioneros explorarán los nudos más comunes utilizados en acampar. Estos nudos se utilizan para tendederos de cuerda, una tienda de campaña, y construir muebles de campamento. En las siguientes actividades, los Pioneros tendrán la oportunidad de aprender a atar estos nudos y utilizarlos correctamente.

Materiales

Antes de esta sesión, reúne todos los suministros necesarios para esta lección. Investiga y familiarízate con los nudos. Hay muchos usos para cada nudo. Ata un ejemplo de cada nudo. Crea tres conjuntos de tarjetas "3 x 5" con los nombres de cada nudo.

- Una cuerda de 6' de largo de 1/4" para cada niño
- Tienda de pared con postes y clavijas
- 3 polos redondos de al menos 1" de diámetro
- 3 secciones de 10 pies de cuerda de 1/4"
- Dulces para usar como premios
- Tarjetas de 3"x 5"
- Bolígrafos o lápices
- Sombrero o bolsa de papel

Mirada más ¡Cercana!

La insignia Nudos puede ser completada simultáneamente con la insignia Acampar. Durante un viaje de campamento, enseña los nudos, y usa las actividades recomendadas para reforzar el aprendizaje.

- Cuando tus Pioneros lleguen, que traten de adivinar el nombre de cada nudo, y cómo podría ser utilizado. Que los preadolescentes escriban su conjetura en las fichas. Revisa sus respuestas con ellos. Luego que voluntarios lean el versículo Bíblico, la sección "¿Qué puedes hacer con esta habilidad?", Los requisitos de la insignia, las cuestiones de seguridad, y las palabras del vocabulario.

- Dale a cada Pionero una sección de cuerda, y enseña cómo atar cada nudo, excepto el Pierna de oveja. Explica los usos posibles para cada nudo.

- Que tus Pioneros practiquen sus nudos al montar la tienda pared o al atar el nudo alrededor de un poste. Algunos nudos no requieren materiales adicionales.

- Que los Pioneros intenten acortar una cuerda sin cortarla. Demuestra cómo atar un nudo de margarita y, luego, dales la oportunidad de practicar.

- Crea equipos para un juego de relevos. Pide a un miembro del equipo dibujar una tarjeta de una bolsa de sombrero o de papel. El Pionero debe atar el nudo en la tarjeta antes de etiquetar a un compañero del equipo. El primer equipo que haga que cada miembro ate un nudo, gana.

- Señala que el Valor Fundamental de esta insignia es el Trabajo. Ya sea que estés formando un nudo o tratando de deshacer un nudo, puede ser un trabajo hasta que sepas el secreto de cómo hacerlo. La perseverancia y la práctica traerán éxito. Mientras los Pioneros leen acerca de John T. Benson Jr., verán cómo la perseverancia mantuvo sus tareas.

- Que un voluntario lea Proverbios 5:22. Di: **Este versículo nos dice que la conducta pecaminosa puede ser como una cuerda que se enrolla alrededor de nosotros. Cuanto más le permitimos que nos envuelva, menos somos capaces de ser obedientes a Dios.** Ora con tus Pioneros en busca de la ayuda de Dios para recibir la libertad de sus pecados.

YENDO DE PESCA: Sesión 2

Lleva a los Pioneros a un viaje de pesca. Mientras se preparan para el viaje, enséñales los nudos necesarios que van a necesitar.

Materiales

- Línea de pesca
- Una caña de pescar para cada niño
- Ganchos y señuelos
- Aparejos de pesca adicionales
- Formularios de permiso
- Tijeras
- Voluntarios adultos adicionales
- Un dispositivo de flotación personal para cada niño
- Una persona a la que le gusta pescar (opcional)

Antes de esta sesión, localiza un lugar de pesca y revisa los reglamentos de pesca necesarios para tu área. Reúne los formularios de permiso para cada niño que asistirá a esta actividad. Si no puedes ir a un sitio de pesca, pide una persona que le guste pescar venir y demostrar estos nudos.

Buscando Direcciones

- Cuando los Pioneros lleguen, permite que voluntarios lean la información del *Estudiante Pionero* sobre los nudos necesarios para un viaje de pesca. Que los Pioneros practiquen cada nudo.

- Mientras pescan, los Pioneros deben usar los nudos que han aprendido para ayudarles a adjuntar sus ganchos y líderes.

- Lee Proverbios 05:22. Di: *¿No fue divertido pasar un tiempo pescando? Dios llamó a los pescadores a convertirse en pescadores de hombres. La única forma en que podemos ser obedientes a Dios y alcanzar a otros para Cristo es si estamos libres de pecado.*

- Oren, dándole gracias a Dios por su amor y su don de la vida eterna en Cristo Jesús. Dale gracias por su perdón y por liberarnos de nuestros pecados.

POR LAS RAMAS: Sesión 3

En esta sesión, los Pioneros visitarán un centro de alpinismo para aprender los nudos comunes para su uso en la escalar en roca. Si un centro de escalar no está disponible, enseña los nudos y sus usos para las distintas zonas de escalar.

Nota: Sin la debida orientación, escalar en roca puede ser peligroso. NO intentes escalar sin la supervisión adecuada.

Antes de esta sesión, localiza una instalación local de escalar o a un escalador experimentado. Distribuye formularios de permiso para cada niño para visitar el sitio. O invita al escalador para venir a tu iglesia a hablar con tu grupo. Informa a las instalaciones de escalar o al escalador los nudos que deben cubrir para tus estudiantes.

Materiales

- Cuerda para escalar
- Arnés de escalada
- Mosquetones
- Hojas de permisos

Buscando Direcciones

- Después que los Pioneros lleguen, lee la información en el *Estudiante Pionero* sobre los nudos necesarios para la escalada en roca. Da a tus estudiantes la oportunidad de practicar cada uno de los nudos.

- Ten un escalador experimentado para que muestre a los Pioneros cómo ascender la pared. Que cada Pionero haga una ascensión en la pared roca, o ten un escalador experimentado que presente cómo se utiliza cada nudo durante una escalada. NOTA: Si algún alumno no desea subir a la pared, no lo fuerces.

- Lee Proverbios 5:22. Di: **Han disfrutado escalar en roca. Los nudos son necesarios para realizar un ascenso seguro hasta una pared de roca o un acantilado. El pecado también puede enlazar a una persona. Estar atado por el pecado nos impide ser obedientes a los mandamientos de Dios.** (En su caso, proporciona una invitación a la salvación.) **¿Alguno de ustedes quiere aceptar la oferta de Dios de perdón y liberación del pecado?** Si algún Pionero responde, guíalos a través del ABC de Salvación o el folleto de salvación, *Jesús, Mi Mejor Amigo*. Utiliza los materiales de seguimiento con los Pioneros que respondieron.

Mirada más De Cerca! Puedes utilizar la última sesión para ayudar a los estudiantes a crear un tablero de nudos para exhibir todos los nudos que han aprendido.

MINISTERIO DE PROYECTOS: Sesión 4

Elige y completa uno o más proyectos de la sección *Ir, Servir* de esta insignia. Si has seleccionado un proyecto que combine dos insignias, considera el número de semanas que necesitas para completar los requisitos de la insignia de ambas. Hay un sin fin de combinaciones de proyectos ministeriales que se pueden hacer. Usa tu imaginación. Adapta los proyectos de ministerio para satisfacer las necesidades de tus Pioneros, sus familias, y la iglesia. Considera tener un viaje de Camping. Que los Pioneros inviten a sus amigos.

¡Envuélvelo!

Que los Pioneros contesten las preguntas para reflexionar sobre lo que han aprendido a través de esta insignia.

255

SEGURIDAD PERSONAL

Bases Bíblicas: "En paz me acuesto y me duermo, porque sólo tú, Señor, me haces vivir confiado." (Salmo 4:8)

Punto Bíblico: Dios quiere que encontremos paz en Él.

Meta de la Insignia:

■ Los Pioneros deben ser capaces de evaluar si una casa está debidamente equipada para prevenir el robo.

■ Los Pioneros deben saber cómo marcar y utilizar el Sistema de Emergencias 911.

■ Los Pioneros deben saber cómo reaccionar si son abordados o seguidos por un extraño no deseado.

■ Los Pioneros deben participar en una actividad de juego de roles que utiliza sus nuevas habilidades de seguridad personal.

■ Los Pioneros pueden introducirse a un proyecto de ministerio que les obligue a utilizar las habilidades de seguridad personal.

Valor Fundamental: Educación. Hacer hincapié en el Valor Fundamental de la educación mientras enseñas a los Pioneros sobre la Seguridad Personal.

Plan de Acción

La insignia de Seguridad Personal es única en naturaleza. Debido a los contenidos de esta unidad, es importante que mantengas a los padres y / o tutores de tus Pioneros informados sobre lo que se enseña. De hecho, durante la tercera sesión, sería una gran idea invitar a los padres y / o tutores de los Pioneros para presenciar lo que ha estado aprendiendo su hijo o hijos.

Esta unidad puede causar que tus estudiantes sean temerosos a medida que comienzan a entender que el mundo que les rodea no siempre es amable. ¡Sin embargo, esa no es la intención! De hecho todo lo contrario, debe ser el resultado. Al aprender las técnicas y respuestas de seguridad personal adecuadas, sus miedos deben ser disipados. En lugar de cuestionar cómo iban a responder a muchas situaciones de peligro, ellos sabrán cómo responder.

Por último, esta insignia no pretende ser exhaustiva. Se recomienda además de la educación, mantenerte al día sobre las cuestiones que rodean a la seguridad personal.

Cada sesión está diseñada para ser intercambiable y autónoma. La insignia del drama es una gran insignia para los visitantes.

PLANIFICADOR DE INSIGNIAS

Sesión

1 Los Pioneros aprenderán cuándo es apropiado llamar al 911 para una emergencia y cuando no es apropiado utilizar el sistema 911. Si es posible, se reunirán con un despachador 911.

2 Los Pioneros aprenderán los procedimientos de seguridad y las precauciones que deben tomar para evitar que su casa sea robada. También evaluarán una casa de acuerdo a las directrices de la Sesión 2. Finalmente, darán a algunos propietarios un formulario de evaluación de robos.

3 Los Pioneros aprenderán cómo aumentar su seguridad personal a través de la prevención, así como qué hacer si los está siguiendo o atacando un desconocido. La Sesión 3 se concluirá por escenarios de seguridad de rol.

4 Los Pioneros pueden introducirse a un proyecto de ministerio opcional usando sus habilidades de seguridad personal.

Nota: La Sesión 2 requerirá que te reúnas fuera de los terrenos de la iglesia. Haz arreglo para el transporte y tener un permiso firmado por cada preadolescente.

Requisitos ✓ de Insignia

Elije cuatro de los cinco requisitos para completar la insignia Seguridad Personal.

☐ Los Pioneros deberían ser capaces de recitar las cinco directrices para el uso del sistema de emergencia 911.

☐ Completa un inventario de seguridad en el hogar.

☐ Nombra cinco cosas a tener en cuenta si estás en casa sola por la noche.

☐ Lista las cosas que debes hacer si notas que alguien te sigue.

☐ Encuentra una manera en la que puedes usar tus nuevas habilidades de seguridad personal para atender a otra persona.

RECURSOS

- Contacta con tu agencia local de policía. Te proporcionarán folletos actualizados de seguridad personal y otros materiales. Considera la posibilidad de tener un oficial que enseñe una de las sesiones.

¡SeRViR!

Los Pioneros pueden utilizar cualquiera de estas sugerencias para los proyectos de ministerio. (Los Proyectos del Ministerio son opcionales y no están obligados a completar los requisitos de la insignia.)

100 Completa los requisitos para la insignia Seguridad Personal.

200 Usa los requisitos para la insignia como un proyecto de ministerio para servir a otras personas. Proporciona un inventario de seguridad en el hogar gratis de 10 a 15 personas en tu comunidad.

300 Combina las habilidades de las insignias de Seguridad Personal y de Cuidado de Niños II. Organiza una sesión de entrenamiento para nuevos proveedores de cuidado de ninos. Durante la sesión, revisa los problemas importantes de seguridad personal pertinentes a los preadolescentes que están empezando a ser proveedores de cuidado de ninos.

¡Alcanzar!

Enumera algunas de tus propias opciones para proyectos ministeriales que funcionarían bien con tu iglesia y tus preadolescentes.

_____

_____

_____

_____

_____

#1 Seguridad

- **Todas** las directrices de esta unidad deben ser revisadas con el padre (s) o tutor (es) personal.

- **Nunca** asumas que estás plenamente preparado para una situación. Las directrices de este libro se dan para educar sobre la seguridad personal. Es **muy recomendable** que participes en un curso local de seguridad en un centro comunitario o estación de policía.

PALABRAS PARA SABER

911 Sistema de Respuesta a Emergencias: El sistema de respuesta de emergencia 911 fue desarrollado en 1968. El Gobierno de los Estados Unidos se asoció con empresas telefónicas para crear un número de emergencia universal. El número 911 es fácil de recordar y marcar. Hoy en día, el sistema 911 se utiliza en la mayoría de los lugares en los Estados Unidos.

Cerrojos de seguridad: Un fuerte bloqueo que se mueve girando un botón o tecla sin la acción de un resorte.

Emergencia: Una necesidad urgente o inmediata para alivio o ayuda.

Iluminación exterior: Iluminación alrededor del exterior de una casa o edificio. Esta luz está diseñada específicamente para iluminar las sombras o lugares oscuros donde personas posiblemente podrían esconderse.

¡PREPARADOS . . . LISTOS . . . FUERA!

LA 411 EN EL 911: Sesión 1

Tu grupo Pionero probablemente estará familiarizado con el sistema de respuesta de emergencia 911. Sin embargo puede que no sepan qué situaciones les obligan a llamar al 911. Destaca la importancia de usar correctamente el 911 (o tu equivalente local).

Antes de esta sesión, ponte en contacto con un distribuidor o agente de la policía de tu departamento de policía local. Organiza un tiempo para que la persona venga y hable brevemente con tus Pioneros en relación con la utilización del sistema de 911. Pregunta acerca de si te pueden proporcionar los recursos gratuitos, como un video, folletos y carteles.

Materiales

- Un despachador local del 911. Contacta con esta persona y pídele que hable con tu grupo Pionero durante esta sesión.
- Dos teléfonos
- Lápices o bolígrafos
- Tarjetas de índice (una para cada Pionero)
- Libros y / o folletos sobre la seguridad personal

Buscando Direcciones

■ Cuando lleguen tus Pioneros, ten libros y folletos sobre la seguridad personal en exhibición. Deja que los Pioneros naveguen a través de ellos. Luego que voluntarios lean el versículo Bíblico, la sección "¿Qué puedes hacer con esta habilidad?", Los requisitos de la insignia, cuestiones de seguridad, y "Palabras Para Saber."

■ Que los preadolescentes lean la información del *Estudiante Pionero* sobre llamar al 911.

■ Presenta a tu orador invitado al explicar su posición. Deja que el orador hable con los niños durante unos 15-20 minutos. Proporciona tiempo para preguntas.

■ Pide al orador invitado demostrar la forma correcta de hacer una llamada al 911. Utiliza dos teléfonos para esta actividad. Utiliza estas emergencias mientras practicas hacer llamadas al 911.

　　1.　Un gran accidente acaba de tener lugar fuera de tu casa. Estás viendo desde la ventana de tu dormitorio, y parece que alguien está herido.

　　2.　Tu abuelo está teniendo dolores en el pecho y necesita atención médica de emergencia.

　　3.　Estás caminando por la calle cuando llegas a la esquina de calle Elm y Main. Te das cuenta de dos hombres que luchaban en la calle. La lucha parece ser más violenta.

　　4.　Estás en casa cuando notas humo saliendo de la casa de tus vecinos.

■ Que los Pioneros busquen y lean el Salmo 4:8. Pregunta: ***¿Por qué el salmista duerme tan pacíficamente?*** (El Señor le hace vivir seguro.) ***¿Dios tiene cuidado de nosotros hoy en día?*** (Sí, Dios lo tiene.) Que los Pioneros se turnen diciendo el versículo en sus propias palabras.

■ Concluye en oración, dando gracias a Dios por la paz que Él da.

911

¡MANTENERSE FUERA! Sesión 2

Que todo el grupo vaya a una casa, o puedes dividir a tus Pioneros en varios grupos más pequeños. Luego, envía a cada grupo a un hogar. Planifica reunirse de nuevo en un lugar común para revisar los resultados de cada grupo.

Antes de esta sesión, da a cada Pionero un formulario de permiso. Estos formularios deben ser firmados por el padre o tutor y devueltos a ti la noche que planifiques completar la Sesión 2. Organiza a los Pioneros para observar varias casas y organizar el transporte desde y hacia sus destinos.

Materiales

- Bolígrafos o lápices
- Hojas de permiso
- Cuaderno (una para cada pionero)
- Adultos dispuestos a conducir
- Preguntas del inventario del *Estudiante Pionero*

Buscando Direcciones

- Cuando los Pioneros lleguen, recoge sus formularios de permiso.
- Lee la lista de inventario en las páginas 97-98 del *Estudiante Pionero*. Proporciona un cuaderno para que los Pioneros registren los resultados del inventario para cada casa.
- Ir a la casa o casas que has designado para que los Pioneros observen y hagan un inventario. Cuando los Pioneros terminen con sus inventarios, reúnanse en un lugar común y permite a los preadolescentes discutir sus hallazgos.
- Pregunta: *¿Qué creen que es la pauta más importante a recordar para mantener la seguridad de una casa?* (Permite que los Pioneros den opiniones personales.) *Sería fácil mantenerse despierto preocupándose por los ladrones. Sin embargo, el Salmo 4:8 nos recuerda que podemos dormir tranquilos porque Dios está cuidando de nosotros.*
- Concluye con una oración, dando gracias a Dios por su cuidado y protección.

CAMINANDO SOLO: Sesión 3

Los escenarios para esta sesión requieren que los Pioneros pongan en práctica los conocimientos que han aprendido. Desarrolla esta actividad al tener diferentes personas que jueguen el papel de diversos personajes. Asegúrate de revisar el curso de acción apropiado después de cada actividad de juego de roles.

Materiales

- Diversos accesorios y disfraces que se refieran a los escenarios en la página 100 del *Estudiante Pionero*.
- Escenarios de la página 100 del *Estudiante Pionero*

Antes de esta sesión, reúna accesorios y disfraces para que los Aventureros los usen a medida que juegan un papel en cada escenario. También es importante reservar un espacio lo suficientemente grande como para realizar adecuadamente cada actividad de juego de papeles.

Buscando Direcciones

■ Después que los Pioneros lleguen, permite que voluntarios lean el material para "Caminando Solo" del *Estudiante Pionero*. Contesta cualquier pregunta que los Pioneros puedan tener.

■ Dale a cada Pionero un papel que jugar en uno de los escenarios en la página 100. Permite a los preadolescentes discutir cómo van a jugar las partes. Representa cada escenario. Después de cada actividad de juego de roles, discute lo que cada uno hizo bien y lo que podrían hacer diferente la próxima vez.

■ Señala que el Valor Fundamental de esta insignia es la Educación. Tanto los niños como los adultos reconocen que el mundo no es un lugar seguro. Los Pioneros necesitan saber cómo protegerse de situaciones peligrosas o potencialmente mortales. Oliva Winchester pasó su vida aprendiendo y luego educando a otros. Los Pioneros necesitan saber cómo estar seguros. Saber qué hacer ayuda a los Pioneros a ser menos temerosos y estar preparados.

■ Que los Pioneros busquen y lean el Salmo 4:8. Pregunta: *¿Qué hace que los preadolescentes tengan miedo?* (Deja que los Pioneros respondan.) *Dios tiene poder para ayudarles a superar sus miedos. Cuando confían en Dios, pueden dormir en paz.*

■ Concluye con una oración. Da gracias a Dios por amarnos y velar por nosotros.

MINISTERIO DE PROYECTOS: Sesión 4

Elige y completa uno o más proyectos de la sección *Ir, Servir* de esta insignia. Si has seleccionado un proyecto que combine dos insignias, considera el número de semanas que necesitas para completar los requisitos de la insignia de ambas. Hay un sin fin de combinaciones de proyectos ministeriales que se pueden hacer. Usa tu imaginación. Adapta los proyectos del ministerio para satisfacer las necesidades de tus Pioneros, sus familias, y la iglesia.

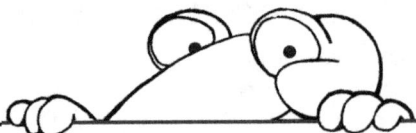

¡Envuélvelo!

Que los Pioneros contesten las preguntas para reflexionar sobre lo que han aprendido a través de esta insignia.

VIDA CRISTIANA

Bases Bíblicas: "Que nadie te menosprecie por ser joven. Al contrario que los creyentes vean en ti un ejemplo a seguir, en la manera de hablar, en la conducta, y en amor, fe y pureza." (1 Timoteo 4:12)

Punto Bíblico: Dios nos ayuda a vivir una vida santa.

Meta de la Insignia:

- Los Pioneros aprenderán el significado de la santidad y la importancia en la vida de un cristiano.
- Los Pioneros aprenderán acerca del amor de Dios.
- Los Pioneros aprenderán los nueve frutos del Espíritu.

Valor Fundamental: Trabajo. Hacer hincapié en el Valor Fundamental de la educación mientras enseñas a los Pioneros sobre la Vida Cristiana.

Plan de Acción

Los preadolescentes a menudo pueden sentirse atrapados entre dos mundos. Por un lado, son demasiado viejos para "cosas de bebé", pero son demasiado pequeños para las actividades de los adolescentes. Sin embargo, los niños pueden comenzar la vida cristiana en cuanto aceptan a Cristo como Salvador. No todos los niños en tu clase serán un cristiano o estarán listos para convertirse en un cristiano. Para ellos, esta insignia es informativa. Para aquellos que sean cristianos, esta insignia es de experiencia.

Espiritual

Cada sesión está diseñada para ser intercambiable y autónoma.

PLANIFICADOR DE INSIGNIAS

Sesión

1 Los Pioneros aprenderán la definición bíblica de amor y discutirán los ejemplos de amor en el mundo real. Ellos descubrirán cosas que les gusta acerca de ellos mismos y de los demás.

2 Los Pioneros aprenderán sobre el fruto del Espíritu.

3 Los Pioneros aprenderán la definición de santidad y la necesidad del cristiano de la entera santificación.

4 Los Pioneros podrán participar en un proyecto de ministerio opcional usando sus habilidades de vida cristiana.

Requisitos ✓ de Insignia

Elije cuatro de los cinco requisitos para completar la insignia Vida Cristiana.

☐ Conocer la definición de santidad y lo que el Espíritu Santo hace en nuestras vidas.

☐ Memorizar y describir el fruto del Espíritu.

☐ Aprender sobre el amor de Dios y el amor humano a través de 1 Corintios 13: 4-8.

☐ Entender por qué los cristianos necesitan la santificación.

☐ Participar en un proyecto de ministerio opcional usando las habilidades de la vida cristiana.

RECURSOS

- *Mi Iglesia* de Rose Ng'ang'a, Janet Achieng Okinyo & Sarah Reed <www.mieddrecursos.mesoamericaregion.org>

SeRVIR!

Los Pioneros pueden utilizar cualquiera de estas sugerencias para los proyectos de ministerio. (Los Proyectos del Ministerio son opcionales y no están obligados a completar los requisitos de la insignia.)

100 Completa los requisitos para la insignia Vida Cristiana.

200 Usa los requisitos para la insignia como un proyecto de ministerio para servir a otras personas. Considera la posibilidad de entregar Biblias o folletos de salvación en un lugar seguro.

300 Combina las habilidades de las insignias Vida Cristiana, Adoración y Evangelismo. Que los Pioneros tengan un servicio de alcance para niños.

¡Alcanzar!

Enumera algunas de tus propias opciones para proyectos ministeriales que funcionarían bien con tu iglesia y tus Pioneros.

_____

_____

_____

_____

_____

PALABRAS PARA SABER

Santidad: Ser santo significa "apartarse" para Dios. Dios nos aparta para vivir nuestras vidas complaciéndolo; y el Espíritu Santo nos ayuda a ser como Cristo.

Fruto del Espíritu: Nueve actitudes que "crecen" con el tiempo y cuando tienes una relación con Dios.

Amor: Cómo cuidar a alguien de una manera desinteresada, queriendo lo mejor para esa persona.

Pureza: Limpio y libre de mancha o malas sustancias.

Santificación: El acto donde Dios nos cambia por lo que queremos Su camino más de lo que queremos nuestro propio camino. Como resultado, los cristianos aman cada vez más a Dios y a los demás.

Autocontrol: Mantener tus impulsos y emociones bajo control.

Fidelidad: Ser leal o tener fe.

Paciencia: Esperar o pasar por tiempos difíciles con calma y sin quejarse (pacientes).

265

¡PREPARADOS ... LISTOS ... FUERA!

AMOR, AMOR, AMOR: Sesión 1

En esta sesión, los Pioneros discutirán lo que es el amor verdadero, el amor que Dios da.

Antes de esta sesión, reúne los materiales de la lista del "Materiales".

Materiales

- Tarjetas de nota 4" x 6"
- Bolígrafos o lápices
- Cinta
- Biblias
- Hojas grandes de papel o pizarra
- Marcadores

Buscando Direcciones

- Al comienzo de la sesión, que los Pioneros discutan lo que ellos piensan que significa la palabra "amor". Anota sus respuestas en una pizarra o una hoja grande de papel. Permite que voluntarios lean el versículo Bíblico, la sección "¿Qué puedes hacer con esta habilidad?", Los requisitos de la insignia, y las palabras de vocabulario. Contesta cualquier pregunta los Pioneros puedan tener en este momento.

- Que los Pioneros lean 1 Corintios 13: 4-8, llenando los espacios en blanco en las páginas 103-104 de la *Estudiante Pionero*. Pregunta: **¿Cuan diferente es la definición de amor de la Biblia de la nuestra?** Permite tiempo para discutir. Lee ejemplos de mostrar el amor de Jesús a los demás.

- Dale a cada Pionero una tarjeta de nota y una pluma. Pídeles que escriban dos o tres cosas que les gusta acerca de ellos mismos. Coloca las tarjetas de nota con el lado blanco hacia afuera, de espalda a cada niño. Luego, que cada Pionero vaya a los demás y escriba una o dos cosas que le gusta acerca de la persona en la tarjeta.

- Después que cada Pionero haya complementado uno con otro, que el grupo se siente, lee sus cartas en voz alta para el grupo. Di, **A veces podemos sentir que no hay nada digno de ser amado en nosotros. Pero Dios nos ama mucho, y todos podemos amarnos unos a otros como Dios nos ama. De hecho, ¡Él nos manda a hacer esto!**

- Para terminar, lean Mateo 22: 36-39. "Jesús le dijo: Amarás al Señor tu Dios con todo tu corazón y con toda tu alma y con toda tu mente." Este es el primer y más grande mandamiento. Y el segundo es semejante: Amarás a tu prójimo como a ti mismo". Pregunta: **¿Dirías que la mayoría de los preadolescentes viven por estos versículos?** (Permite que los Pioneros respondan.) **Amar a los demás no siempre es fácil. Sin embargo, Dios nos pide hacer eso.**

- Concluye con una oración. Pídele a Dios que ayude a los Pioneros a darse cuenta de cuánto les ama. Pídele que ayude a los Pioneros a amar a los demás.

¿ALGUIEN TIENE LOS FRUTOS? **Sesión 2**

Los Pioneros aprenderán sobre el fruto del Espíritu y cómo pueden desarrollar buenas actitudes en sus vidas.

Antes de esta sesión, reúne los materiales de la lista del "Materiales". Planifica trabajar con las plantas y el suelo al final de la sesión.

Materiales

- Pequeñas macetas de plástico
- Tomate o fresa (plántulas o semillas si las plántulas no están disponibles)
- Agua
- Tierra vegetal
- Biblias
- Libros *Estudiante Pionero*
- Bolígrafos o lápices

Buscando Direcciones

- Cuando los Pioneros lleguen, pídeles que discutan cómo piensan que un cristiano debe actuar.

- Lee la información en el *Estudiante Pionero*.

- Usa las Biblias para buscar Gálatas 5:22-26. Deja que voluntarios lean los versículos. Que los Pioneros discutan como las personas que conocen muestran el fruto del Espíritu en sus vidas.

- Coloca las plántulas en las macetas de la siguiente manera:

1. Dale a cada Pionero una maceta y un semillero de planta.

2. Pide a los Pioneros llenar las ollas hasta la mitad con tierra, coloca la planta dentro de la olla, y rellena su alrededor con tierra. Asegúrate de que todas las raíces estén cubiertas. Sigue las instrucciones sobre la siembra de las plántulas o semillas para asegurar que la planta esté lo suficientemente profunda en la olla. Riega las plantas.

3. Di: *Así como se necesita tiempo para que estas plantas crezcan, se necesita tiempo para crecer como cristianos. Tenemos que tener cuidado de estas plantas, dándoles agua, comida, y luz, para que puedan dar sus frutos. Para que nosotros como cristianos demos frutos, tenemos que cuidar de nuestra relación con Dios. Tenemos que pasar tiempo de oración, estudiar la Biblia, e ir a la iglesia. Lleva esta planta a casa y cuida de ella. A medida que la riegues y le des comida, recuerda que también tienes que tener cuidado de tu relación con Jesús.*

SANTIDAD: **Sesión 3**

Esta sesión puede plantear un montón de preguntas para los Pioneros. Espera que la discusión tome la mayor parte de la sesión. Es posible que desees tener algunos recursos para hacer referencia.

Materiales

- Estudiante Pionero
- Biblias
- Bolígrafos o lápices
- Papel
- Jugo
- Tazas
- Aperitivos sencillos, tales como galletas o frutas

Buscando Direcciones

- Cuando llegue el grupo, invítalos a sentarse. Distribuye el jugo y los bocadillos. Esto ayudará a crear un ambiente relajado a medida que comience el debate.

- Lee la información en el *Estudiante Pionero*. Consulta la Biblia y tus otras referencias como sea necesario.

- Que los Pioneros se dividan en pares y hagan el papel de lo que deberían decir cuando se les preguntó por qué debían vivir una vida santa. Para ayudarles a recordar, que los preadolescentes escriban su respuesta.

- Señala que el Valor Fundamental de esta insignia es el Trabajo. Vivir la vida cristiana no es fácil. Los cristianos luchan contra las tentaciones y a veces luchan para vivir como es debido. Pero cualquier cosa que vale la pena tener, vale la pena trabajar por ello. El don de la vida eterna vale la pena todo el esfuerzo. John T. Benson Jr. es un excelente ejemplo de un obrero cristiano dedicado. Mientras los Pioneros siguen su ejemplo, van a aprender a vivir como cristianos.

- Ora con los estudiantes mientras concluye la sesión. Pídele a Dios que envíe su Espíritu Santo para ayudarles a vivir una vida santa.

MINISTERIO DE PROYECTOS: **Sesión 4**

Elige y completa uno o más proyectos de la sección *Ir, Servir* de esta insignia. Si has seleccionado un proyecto que combine dos insignias, considera el número de semanas que necesitas para completar los requisitos de la insignia de ambas. Hay un sin fin de combinaciones de proyectos ministeriales que se pueden hacer. Usa tu imaginación. Adapta los proyectos del ministerio para satisfacer las necesidades de tus Pioneros, sus familias, y la iglesia.

¡Envuélvelo!

Que los Pioneros contesten las preguntas para reflexionar sobre lo que han aprendido a través de esta insignia.

EVANGELISMO

Bases Bíblicas: "Les dijo: 'Vayan por todo el mundo y anuncien las buenas nuevas a toda criatura.'" (Marcos 16:15)

Punto Bíblico: Dios quiere que les digamos a otros acerca de las buenas nuevas de Jesús.

Meta de la insignia:

- Los Pioneros deberían ser capaces de encontrar formas creativas de servir a los demás como un acto de evangelización.
- Los Pioneros deben saber cómo dar su testimonio.
- Los Pioneros aprenderán varias técnicas para compartir el Evangelio con otros.

Valor Fundamental: Educación. Hacer hincapié en el Valor Fundamental de la educación mientras enseñas a los Pioneros sobre el Evangelismo.

Plan de Acción

Espiritual

El evangelismo es una empresa de miedo para la mayoría de los adultos, así como para tus Pioneros. Has hincapié en estas sesiones que el evangelismo es más que guiar a alguien a Cristo. Se trata de su vida viviendo en obediencia a Dios. El Evangelismo es compartir con otros lo que Dios ha hecho por ti. A veces eso es intercambio verbal, y tenemos la oportunidad de compartir el plan de salvación con los demás. El Evangelismo también implica lo no verbal. Demostramos a través de la forma en que vivimos, nuestra obediencia a Dios, el servicio al mundo, y la evidencia de que nuestras vidas han cambiado. A San Francisco de Asís se le atribuye decir: "Siempre predica el evangelio; cuando sea necesario, utiliza las palabras."

Cada sesión está diseñada para ser intercambiable y autónoma. La insignia Evangelismo es una insignia más difícil de incluir a los no cristianos, pero proporciona una excelente oportunidad para compartir el evangelio con ellos.

PLANIFICADOR DE INSIGNIAS

Sesión

1 Los Pioneros participarán en un proyecto de extensión de servicio de Evangelismo. Esto expondrá a métodos no verbales de la evangelización.

2 Los Pioneros escribirán un testimonio y aprenderán los versículos claves para ayudarles a la hora de hablar con otros acerca de su fe.

3 Los Pioneros aprenderán a compartir el evangelio con los demás y compartir su fe jugando otros roles.

4 Los Pioneros pueden introducirse a un proyecto de ministerio opcional usando las habilidades de Evangelismo.

Requisitos ✓ de Insignia

Elije cuatro de los cinco requisitos para completar la insignia Evangelismo.

☐ Escribe y memoriza tu propio testimonio de lo que Dios ha hecho en tu vida.

☐ Memoriza cinco de los ocho versículos que puedes utilizar para decirle a alguien sobre el plan de salvación de Dios.

☐ Nombra cuatro cosas que la gente hace cuando se arrepiente.

☐ Juega un juego de roles de compartir el evangelio con alguien.

☐ Encuentra una manera en la que puedes usar tus nuevas habilidades Evangelismo para ministrar a alguien más.

RECURSOS

- *Conviértase en un Cristiano Contagioso* por Bill Hybels y Mark Mittelberg. También puedes utilizar los recursos de vídeo y de enseñanza para este programa.
- *Amigos de Jesús,* paquete de estudios Bíblicos Básicos para niños
- Folleto de salvación, *Mi Mejor Amigo, Jesús*

¡SeRViR!

Los Pioneros pueden utilizar cualquiera de estas sugerencias para los proyectos de ministerio. (Los Proyectos del Ministerio son opcionales y no están obligados a completar los requisitos de la insignia.)

100 Completa los requisitos para la insignia Evangelismo.

200 Usa los requisitos para la insignia como un proyecto de ministerio para servir a otras personas. Participa en un proyecto de evangelismo de servicio en tu comunidad.

300 Combina las habilidades de las insignias Evangelismo y Cuidado y mantenimiento del automóvil para crear un proyecto de ministerio para que los preadolescentes inviten a amigos y familiares para aprender sobre el mantenimiento básico del coche. Proporciona aperitivos y ofrece un momento en que alguien presente el evangelio a los asistentes.

Enumera algunas de tus propias opciones para proyectos ministeriales que funcionarían bien con tu iglesia y tus Pioneros.

¡Alcanzar!

_____

_____

_____

_____

RECORDATORIOS BÁSICOS

- ■ ¡El Evangelismo funciona! Como iglesia estamos llamados a alcanzar a los perdidos, y la única manera que nunca sabrán sobre el amor de Dios, es si no se les dices al respecto.

- ■ Cualquier persona puede hacer evangelismo. Tus Pioneros conocen gente y tienen oportunidades para dar testimonio a las personas que probablemente nunca conocerás. Los niños pueden ser buenos testigos de Jesús.

- ■ No estamos en una competición. No estamos compitiendo contra otras iglesias o grupos de ministerio de infancia. La fe cristiana se centra en llegar a la gente con el mensaje del evangelio.

- ■ Las personas quieren y necesitan escuchar el evangelio. Es fácil creer el mito de que todo el mundo es hostil al Evangelio. Aunque hay algunos que se oponen a Dios, la mayoría de los niños y los adultos desean una relación con Dios. Y, ellos necesitan escuchar el evangelio de nosotros.

PALABRAS PARA SABER

Escribe las palabras y definiciones en tarjetas "3 x 5". Reta a los Pioneros a que hagan coincidir las palabras y con las definiciones.

Servicio de Evangelismo: Usar proyectos de servicio para demostrar el amor de Dios de manera práctica. Esto es servir a los demás sin esperar nada a cambio.

Puente de ilustración: Un método utilizado para describir cómo llegar a ser un cristiano usando una cruz como un puente entre las personas y Dios.

Evangelismo: Demostrar y explicar a los demás cómo recibir el perdón de Dios. Es el proceso de decirle a alguien cómo Dios ha cambiado tu vida y ofrecer a la persona la oportunidad de aceptar el perdón de Dios también.

Arrepentimiento: Esto significa admitir que has pecado, sentir haber cometido esos pecados, pedirle a Dios que perdone tus pecados, y determinar no cometer más esos pecados.

Crecimiento Espiritual: Este es un proceso de una persona que crece más cerca de Dios. Algunas de las cosas que ayudan a un crecimiento espiritual son lectura de la Biblia, asistir a la iglesia, la oración, la comunión y servir a los demás.

¡PREPARADOS . . . LISTOS . . . FUERA!

¿PUEDO SER UN TESTIGO? Sesión 1

Los Pioneros participarán en un proyecto de evangelismo de servicio que les ayude a experimentar "sin condiciones" el evangelismo. Ellos lavarán coches sin pedir o aceptar cualquier donación o pago. El túnel de lavado se debe hacer de forma gratuita, y todos los intentos de la gente para ofrecer dinero deben ser rechazados con el recordatorio de que, "Estamos haciendo esto para demostrar el amor de Dios de manera práctica."

Materiales

- Adultos voluntarios adicionales
- Formularios de permiso
- Cartulina
- Marcadores
- Jabón de lavado de coches
- Mangueras
- Toallas secas
- Aspiradora
- Cubos
- Esponjas o guantes para lavar
- Cepillo y extensión
- Neumático y la llanta cepillo
- Limpiador de vidrio
- Limpiador de cuero y vinilo
- Protector de cuero y vinilo
- Viejos trapos

Antes de esta sesión, asegura un lugar, dentro o fuera del campus de la iglesia, para celebrar un lavado de coches. Asegúrate de adquirir adultos voluntarios adicionales para ayudar en la planificación y ejecución de esta actividad. Reúne todos los suministros necesarios, y haz los carteles. Revisa la sección de lavado de coche de la insignia Cuidado del Automóvil en el *Estudiante Pionero*. Encárgate de la transportación.

Buscando Direcciones

- Cuando el grupo llegue, permite que voluntarios lean el versículo Bíblico, la sección "¿Qué puedes hacer con esta habilidad?", Los requisitos de la insignia, y "Palabras Para Saber." Discute las "Preguntas frecuentes sobre Evangelismo" y "¿Puedo ser un testigo? " del *Estudiante Pionero*.

- Recoge las formas de permiso. Ve a la ubicación de lavado de coches.

- Revisa con tus Pioneros cómo lavar un coche, y luego configura los equipos necesarios. (Para darte más tiempo, es posible que desees enviar un líder adulto por delante del grupo para configurar todos los suministros.)

- Lava los coches. Si alguien se ofrece para dar una donación o pregunta por qué estás lavando coches, dile: "Queremos demostrar el amor de Dios de manera práctica."

- Que un voluntario lea Marcos 16:15. Di, **Este versículo nos dice que debemos predicar la Buena Nueva a toda la gente. No somos predicadores, pero podemos decir a los demás lo que Dios ha hecho por nosotros. ¿Puedes citar Marcos 16:15?**

- Concluye con una oración, pidiendo a Dios que ayuda a los Pioneros a decir a los demás lo que Él ha hecho por ellos.

¿CUÁL ES MI LÍNEA? Sesión 2

Es útil para las personas aprender de memoria algunos versículos claves para utilizarlos a la hora de contar su historia espiritual.

Antes de esta sesión, reúne y prepara los materiales que se encuentran en el "Materiales". Utiliza los dos taburetes de la barra para ayudar a tus concursantes millonarios a tener la sensación del juego. Escribe el versículo, la referencia, y la sección de evangelización en cada tarjeta para ayudarte a recordar.

Materiales

- Estudiante Pionero
- Tarjetas de 3"x 5"
- Plumas y lápices
- Papel
- Dos taburetes de bar

 # Buscando Direcciones

- Revisa "Las preguntas comunes sobre Evangelismo" de la página 109 del *Estudiante Pionero*.

- Que los Pioneros lean "Mi historia" y "Versos útiles." Presenta tu propio testimonio escrito y dilo a los preadolescentes. Luego ayuda a tus Pioneros a escribir su propio testimonio. Si tienes invitados o a los que no son cristianos, vincúlalos con otros estudiantes. Dale una oportunidad a los Pioneros de leer lo que han escrito.

- Para ayudar a tus Pioneros a memorizar los versículos bíblicos de evangelización, juega una versión del juego millonario. Divide el grupo en parejas, y da a los Pioneros de 10 a 15 minutos para el estudio de los versículos. Luego, inicia el juego. Pide a los niños leer el versículo después de dar la referencia de la sección de evangelización. Deja que los Pioneros pregunten a la audiencia o a un amigo, dos "líneas de vida".

- Señala que el Valor Fundamental de esta insignia es la Educación. Mucha gente sabe vagamente quienes son Dios y Jesús, pero necesitan que alguien les diga sobre el amor de Dios y su plan de salvación. Tan importante como esto es, los cristianos deben aprender a expresarlo con claridad. Con esta insignia, los Pioneros aprenderán cómo presentar el evangelio simple, claro, y en una variedad de maneras.

- Lee Marcos 16:15. Di, *El evangelismo puede ser divertido y desafiante. Tienen la responsabilidad de compartir el amor de Dios con los que te rodean. Piensa en tres amigos o familiares que no sean cristianos. Puedes comenzar a orar por ellos en este momento.* Reta a los Pioneros a comprometerse a orar por aquellos en su lista hasta que esas personas se conviertan en cristianos.

- Concluye con una oración, dando gracias a Dios por su amor y su don de la vida eterna en Cristo Jesús.

PRESIONAR NO VIENE CON LA VERDAD: Sesión 3

En esta sesión, los Pioneros aprenderán cómo presentar el evangelio. Ellos jugarán el papel de narrarle a alguien sobre el perdón de Dios. Anima a los Pioneros a utilizar los versos, mientras que presentan la ilustración de puente para sus amigos.

Antes de esta sesión, aprende a utilizar la ilustración de puente para presentar el evangelio. Practica presentarlo a tus amigos, a tu cónyuge, o a cualquier persona que escuche. Reúne todos los suministros necesarios.

 # Materiales

- Pizarra
- Marcadores
- Papel
- Lápices o bolígrafo

Buscando Direcciones

- Pide a voluntarios leer "Compartiendo el Evangelio" y "La respuesta final" en el *Estudiante Pionero*.
- Presenta el evangelio a un voluntario usando la ilustración puente. Dibújalo en un tablero marcador.
- Revisa los versículos para memorizar.
- Permite que los Pioneros jueguen el papel de la presentación del evangelio con un compañero. Dales tiempo suficiente para que cada compañero se presente.
- Que un voluntario lea "El camino hacia el crecimiento" y discute cómo los cristianos crecen en su fe.
- Lee Marcos16:15. Di: ***Sólo hemos empezado a pensar en formas de llegar a nuestros amigos y familiares con el evangelio.*** Revisa los elementos de evangelización: obediencia a Dios, oración, memorizar la Biblia, y la ilustración puente.
- Agradece a Dios por las nuevas habilidades que los Pioneros están aprendiendo. Ora por sus familiares y amigos que necesitan el perdón de Dios.

Mirada mas De ¡Cercana! Si tienes acceso a los videos *Conviértase en un Cristiano Contagioso*, usa esta serie para presentar el material de esta sección. También puedes traer a otro adulto para jugar con ustedes los roles de la presentación del evangelio.

MINISTERIO DE PROYECTOS: Sesión 4

Elige y completa uno o más proyectos de la sección *Ir, Servir* de esta insignia. Si has seleccionado un proyecto que combine dos insignias, considera el número de semanas que necesitas para completar los requisitos de la insignia de ambas. Hay un sin fin de combinaciones de proyectos ministeriales que se pueden hacer. Usa tu imaginación. Adapta los proyectos del ministerio para satisfacer las necesidades de tus Pioneros, sus familias, y la iglesia. Considera tener un visitante nocturno o combina la insignia Evangelismo con otra insignia para alcanzar a amigos y familiares no salvos.

¡Envuélvelo!

Que los Pioneros contesten las preguntas para reflexionar sobre lo que han aprendido a través de esta insignia.

IGLESIA LOCAL

Bases Bíblicas: "...también nosotros, siendo muchos, formamos un solo cuerpo en Cristo, y cada miembro está unido a todos los demás." (Romanos 12:5)

Punto Bíblico: Dios quiere que seamos una parte importante del cuerpo de la iglesia.

Meta de la Insignia:

- Los Pioneros serán capaces de identificar los puestos de personal y de liderazgo en su iglesia local.
- Los Pioneros podrán nombrar diferentes formas en las que pueden participar en la comunión cristiana.
- Los Pioneros descubrirán cómo pueden participar activamente en la adoración colectiva.
- Los Pioneros aprenderán acerca de sus dones espirituales y discutirán las diferentes formas en que pueden utilizarlos para adorar a Dios y servir a los demás.
- Los Pioneros podrán participar en un proyecto de ministerio opcional usando las habilidades de Iglesia local.

Valor Fundamental: Trabajo. Hacer hincapié en el Valor Fundamental de la educación mientras enseñas a los Pioneros cómo pueden estar involucrados en su iglesia local.

Plan de Acción

Los preadolescentes suelen ser entusiastas acerca de ayudar en la iglesia, pero no saben cómo pueden contribuir. Aunque pueden ser útiles, a veces eclipsados. La insignia Iglesia Local enseña a los preadolescentes que pueden hacer importantes contribuciones a los ministerios y a la vida de la iglesia. Sus dones y talentos pueden utilizarse para adorar a Dios y servir a los demás ahora; no tienen que esperar hasta que sean mayores. Las actividades para esta insignia ayudarán a los preadolescentes a descubrir sus dones espirituales y ayudarles a decidir donde pueden ser más eficaces usando sus dones.

Cada sesión está diseñada para ser intercambiable y autónoma.

PLANIFICADOR DE INSIGNIAS

Sesión

1 Los Pioneros aprenderán los nombres de los líderes en su iglesia local. Ellos van a discutir lo que significa tener comunión cristiana. También compartirán una comida juntos.

2 Los Pioneros aprenderán acerca de la adoración corporativa y el discipulado. Identificarán las diferentes personas que contribuyen al servicio de adoración de su iglesia.

3 Los Pioneros harán una encuesta de dones espirituales, descubrirán sus dones espirituales, y aprenderán cómo pueden utilizar esos dones.

4 Los Pioneros podrán participar en un proyecto de ministerio opcional usando las habilidades de la insignia Iglesia local.

Requisitos ✓ de Insignia

Elije cuatro de los cinco requisitos para completar la insignia Iglesia Local.

☐ Participa en una actividad que promueva la comunión cristiana.

☐ Completa tu formulario de entrevista de la iglesia local.

☐ Habla con tu pastor acerca de los diferentes ministerios que ofrece tu iglesia, y cómo ayudan a promover el discipulado.

☐ Completa la encuesta dones espirituales. Encuentra una manera en la que puedes utilizar la información que has aprendido acerca de tu iglesia local para servir a los demás.

RECURSOS

- Utiliza la página web de tu iglesia local.
- www.nazarene.org
- Líderes de la Iglesia (Pastor, pastor asociado, presidente de MNI, etc.)

¡SeRViR!

Los Pioneros pueden utilizar cualquiera de estas sugerencias para los proyectos de ministerio. (Los Proyectos del Ministerio son opcionales y no están obligados a completar los requisitos de la insignia.)

100 Completa los requisitos para la insignia Iglesia Local.

200 Usa los requisitos para la insignia como un proyecto de ministerio para servir a otras personas. Diseña y completa un tablón de anuncios que muestre el personal pastoral y los líderes laicos de la iglesia.

300 Combina las habilidades de la insignia Iglesia local con la insignia Internet y crea un sitio web para tu iglesia local. Resalta las creencias de tu iglesia, su historia, el personal pastoral, ministerios, tiempos de adoración y eventos en este sitio.

¡Alcanzar!

Enumera algunas de tus propias opciones para proyectos ministeriales que funcionarían bien con tu iglesia y tus Pioneros.

_____

_____

_____

_____

_____

PALABRAS PARA SABER

Adoración Corporativa: Una época en que las personas se reúnen para adorar a Dios.

Cuerpo de Cristo: El Cuerpo de Cristo es un término viene desde el lenguaje bíblico que se refiere a la Iglesia como un cuerpo en Cristo. Todas las personas que han aceptado a Jesús en sus vidas, son una parte de este cuerpo. 1 Corintios 12:27 dice: "Ahora ustedes son el cuerpo de Cristo, y cada uno de ustedes es una parte de él." Otros versículos que hablan de que la Iglesia es el Cuerpo de Cristo, 1 Corintios 12:12-13 y Efesios 4:25 y 5:30.

Discipulado: Ayudar a alguien desarrollar su relación con Dios. Al igual que un atleta entrena para un evento, el discipulado es una forma de entrenamiento espiritual.

Encuesta Dones Espirituales: La encuesta dones espirituales, te ayuda a determinar qué dones espirituales tienes y cómo puedes utilizarlos.

Iglesia Local: Un grupo de personas que se reúnen para adorar, se alientan unos a otros a crecer en su relación con Dios, y usar sus dones espirituales para alcanzar a su comunidad.

COMUNIÓN CRISTIANA: **Sesión 1**

La insignia Iglesia Local enseñará a tus Pioneros lo que significa ser parte del Cuerpo de Cristo. La Comunión cristiana mantiene la iglesia saludable. Durante esta primera sesión, los Pioneros comenzarán a practicar la comunión al compartir una comida con otros.

Luego, van a jugar un juego de confianza para descubrir cómo cada parte de la iglesia debe depender de las otras partes.

Antes de esta sesión, planea tener varias pizzas para la sesión de esta noche. Reúna los otros suministros de la lista de "Materiales". Llega temprano para delinear tu carrera de obstáculos o ruta a pie. Durante La Caminata Del Cuerpo, los Pioneros estarán con los ojos vendados. Ten esto en cuenta al trazar el curso.

Materiales

- Servilletas
- Platos de papel
- Pista de obstáculos
- Vendas (una para cada pionero)
- Cuerda (La cuerda debe ser lo suficientemente larga para que cada pionero la sostenga al mismo tiempo y cómodamente.)
- Tazas
- Pizarra y rotuladores
- Alimentos: pizza, patatas fritas, palomitas de maíz o jugo
- Diversos obstáculos (sillas, botes de basura, mesas, túneles, toboganes, etc.)

Buscando Direcciones

- Cuando el grupo llegue, que seleccionen algunos refrescos y los reúnan alrededor de la mesa. Permite que voluntarios lean el versículo Bíblico, la sección "¿Qué puedes hacer con esta habilidad?", Los requisitos de la insignia, y "Palabras Para Saber." Mientras los Pioneros completan la sección "Iglesia Local", escribe en la pizarra los nombres de las personas en cada área de ministerio.

- Discute las maneras en que tu iglesia local ofrece la comunión cristiana. Que los Pioneros lean las páginas 118-119 en el *Estudiante Pionero*.

- Que los Pioneros hagan el "Paseo del cuerpo."

  1. Instruye a los Pioneros a que pasarán por una carrera de obstáculos (o una caminata) que les obligará a trabajar juntos y hablar unos con otros.

  2. Venda los ojos de cada Pionero. Que cada Pionero sostenga una parte de la cuerda con la mano derecha.

  3. Que los Pioneros se abran camino a través del curso al sentir sus alrededores y hablando con la gente detrás de ellos. Por ejemplo,

si Jill es la primera persona de la fila y reconoce que debe arrastrarse debajo de una mesa, entonces todo el mundo detrás de ella debe instruir a la persona detrás de ellos de la tarea por delante.

4. Para hacer el Paseo de cuerpo más desafiante, permite que los Pioneros den una sola palabra que instruya.

■ Pregunta, *Si tienen toda una yarda de hojas para rastrillar, ¿preferirían hacerlo solos o tener un montón de ayuda?* (Deja que los preadolescentes respondan.) *La mayoría de las personas pueden lograr una gran tarea más fácil si tienen ayuda. ¿Puede la iglesia local llevar a cabo su misión si sólo una persona está trabajando en ello?* Que los Pioneros busquen y lean Romanos 12:5. *¿Quién debe hacer el trabajo en la iglesia local?*

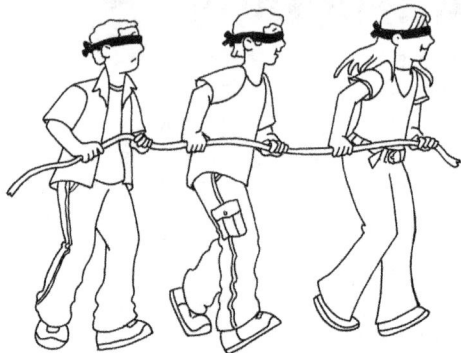

■ Concluye con una oración, dando gracias a Dios por trabajar a través de todo el mundo que le permite hacerlo.

LA ADORACIÓN CORPORATIVA Y EL DISCIPULADO: **Sesión 2**

Los Pioneros nombrarán y entrevistarán a varias personas que están involucradas en los servicios semanales de adoración de su iglesia. Los preadolescentes también examinarán cómo su iglesia alienta el discipulado.

Antes de esta sesión, haz arreglos para cinco o seis personas que estén involucradas en tu servicio de adoración semanal para asistir a esta sesión. Selecciona las personas que tienen responsabilidades "detrás de escena", así como la gente "del frente". Ajusta el número de personas a tu calendario.

Materiales

■ Varias personas que estén involucradas en tu servicio de adoración semanal.

■ Pastor o pastor responsable de la Educación Cristiana

Buscando Direcciones

■ Completa la actividad "¿Quién está usando sus dones en la adoración?" del *Estudiante Pionero*.

■ Que tus Pioneros utilicen el formato "Entrevista personal" en sus libros estudiantiles para entrevistar a sus invitados.

- Revisa el material de discipulado y marca los ministerios en tu iglesia que promueven el discipulado. Luego habla de algunas formas diferentes en las que tu iglesia podría discipular personas.

- Señala que el Valor Fundamental de esta insignia es el Trabajo. Los Pioneros a menudo piensan que no tienen las habilidades y no son útiles a la iglesia local. A través de esta insignia, aprenderán cómo sus dones espirituales pueden contribuir en la iglesia local.

  John T. Benson Jr. estaba dotado de habilidades financieras y musicales. Él utilizó estas habilidades en su iglesia local durante muchos años. Los pioneros pueden sorprenderse al aprender cuáles son sus dones espirituales y cómo pueden usarlos para servir a Dios.

- Ora con tus Pioneros y pídele a Dios que guie a tu Iglesia en las áreas de adoración y discipulado. Concluye esta sesión leyendo Romanos 12:5 juntos.

ALCANCE: **Sesión 3**

En esta sesión, los Pioneros llevarán un inventario de los dones espirituales y crearán un cuerpo humano que ponga de relieve la mayor parte de la información que han estado aprendiendo. El cuerpo que hagan, se convertirá en una pantalla que se pueda colocar en el aula, vestíbulo de la iglesia, o en el pasillo.

Antes de esta sesión, reúne los materiales necesarios. Si piensas que estarás limitado de tiempo, considera hacer las partes del cuerpo antes de que tus pioneros lleguen. Tendrás que utilizar tu cartulina para cortar brazos, piernas, pies, manos, pecho, cabeza, ojos y oídos.

Materiales

- Varias hojas de cartón
- Caja de sujetadores de papel grandes
- Marcadores
- Tijeras
- Hilo, brillo, pegatinas y otros materiales de artesanía

Buscando Direcciones

- Cuando el grupo llegue, que hagan la prueba del inventario espiritual en su libro estudiantil. Cuando hayan terminado su inventario, revisa brevemente sus dones como grupo.

- Si no lo has hecho, que los Pioneros creen diferentes partes del cuerpo de una persona (brazos, piernas, pies, ojos, etc.) de la cartulina. Etiqueta cada parte del cuerpo con una de las categorías de la lista de los dones espirituales en el *Estudiante Pionero*.

- Que cada Pionero coloque su nombre por sus dones espirituales.

- Luego, junto a su nombre, que enumeren algunas maneras prácticas en las que pueden utilizar sus dones.
- Que un voluntario lea Romanos 12:5. Ora con tus Pioneros.
- Agradece a Dios por los dones espirituales que ha dado a tu grupo para que los utilicen en la iglesia local. Pídele a Dios que ayude a cada uno a utilizar los dones sabiamente.

MINISTERIO DE PROYECTOS: Sesión 4

Elige y completa uno o más proyectos de la sección *Ir, Servir* de esta insignia. Si has seleccionado un proyecto que combine dos insignias, considera el número de semanas que necesitas para completar los requisitos de la insignia de ambas. Hay un sin fin de combinaciones de proyectos ministeriales que se pueden hacer. Usa tu imaginación. Adapta los proyectos del ministerio para satisfacer las necesidades de tus Pioneros, sus familias, y la iglesia.

¡Envuélvelo!

Que los Pioneros contesten las preguntas para reflexionar sobre lo que han aprendido a través de esta insignia.

TEMPLANZA

Plan de Acción

Los niños están expuestos a conductas riesgosas temprano en la vida. Ellos saben lo que son las drogas, el tabaco y el alcohol. Reconocen los efectos dolorosos del abuso de sustancias, horarios rigurosos, y dietas pobres, ya sea personalmente o en las vidas de parientes y amigos. En este mundo que sufre, los niños necesitan la sabiduría de Dios para mantener su cuerpo sano y puro con el fin de servir mejor a Dios. Los Pioneros necesitan aprender cómo vivir con moderación.

Cada sesión está diseñada para ser intercambiable y autónoma.

PLANIFICADOR DE INSIGNIAS

Sesión

1 Los Pioneros explicarán la templanza, y hablarán de cómo el abuso de sustancias afecta a los niños. Se planificarán 10 ingeniosas creativas de maneras que de digan "no" cuando se le ofrezcan drogas.

2 Los Pioneros escribirán y grabarán un vídeo / acto fuera, un anuncio de servicio público sobre la templanza.

3 Los Pioneros cocinarán y servirán una comida que contenga una porción de cada grupo de alimentos.

4 Los Pioneros pueden introducirse a un proyecto de ministerio opcional usando las habilidades de la Templanza.

Requisitos ✓ de Insignia

Espiritual

Elije cuatro de los cinco requisitos para completar la insignia Templanza.

☐ Aprender sobre los efectos de las drogas, el alcohol, fumar, comer en exceso y la falta de sueño.

☐ Explicar creativamente a los demás por qué la templanza es importante.

☐ Conocer las señales de advertencia de un problema de estrés / abuso de alcohol y drogas.

☐ Aprender acerca de los requisitos nutricionales del USDA y de las porciones.

☐ Encontrar una manera en la que puedes utilizar las habilidades de la Templanza para ministrar a otra persona.

RECURSOS

- Tu departamento local de policía (oficiales de recursos escolares, educadores antidrogas)
- Departamento de Agricultura de Estados Unidos (USDA) página web: <https://snaped.fns.usda.gov/spanish-language-materials>

¡SeRViR!

Los Pioneros pueden utilizar cualquiera de estas sugerencias para los proyectos de ministerio. (Los Proyectos del Ministerio son opcionales y no están obligados a completar los requisitos de la insignia.)

100 Completa los requisitos para la insignia Templanza.

200 Usa los requisitos para completar un proyecto de ministerio de esta insignia. Considera la posibilidad de hacer un vídeo antidroga para mostrárselo a otros niños en un evento de alcance de la iglesia.

300 Combina las habilidades de Templanza, Evangelismo, y Acampar para preparar alimentos saludables para un viaje de campamento agradable para los visitantes.

¡Alcanzar!

Enumera algunas de tus propias opciones para proyectos ministeriales que funcionarían bien con tu iglesia y tus Pioneros.

_____

_____

_____

_____

PALABRAS PARA SABER

Estas son algunas de las palabras que necesitarás saber.

Adicción: Una sensación de que realmente necesitas abusar de una sustancia nociva, como las drogas, el tabaco o el alcohol. El cuerpo comienza a depender de la sustancia.

Servir: Una unidad de alimento que necesitas comer a la vez con el fin de obtener los nutrientes que tu cuerpo necesita.

Porción: La cantidad de alimentos que consumes en una sola sesión.

Moderación: En el medio, ni mucho, ni muy poco.

Templanza: Auto-control.

¡PREPARADOS . . . LISTOS . . . FUERA!

MANTENTE ALEJADO: **Sesión 1**

Los Pioneros hablarán seriamente acerca de los efectos de las drogas, el alcohol y el tabaco en sus cuerpos y sus vidas.

Antes de esta sesión, haz arreglos para que un oficial del departamento de policía local visite el grupo y presente información sobre los peligros de las drogas, el alcohol y el consumo de tabaco. Si esto no es posible, haz una investigación y dispón de información acerca de estas cosas disponibles mientras los Pioneros llegan.

Materiales

- Gafas de protección de deterioro (disponibles en las comisarías locales)
- Bolígrafos o lápices
- Estudiante Pionero

Buscando Direcciones

- Cuando llegue tu grupo, anímales a ver la información que has recopilado sobre el abuso de drogas y alcohol. Deja que voluntarios lean el versículo bíblico, la sección "¿Qué puedes hacer con esta habilidad?", Los requisitos de la insignia, "¿Qué es la templanza?" y "Palabras Para Saber."

- Si un oficial de policía está de visita en el grupo, presenta el oficial a los estudiantes. Pide a los Pioneros probar las gafas de deterioro para ver lo que es realmente estar bajo la influencia de drogas o alcohol. Deja que voluntarios lean "¿Qué es el abuso de sustancias?" y "¿Qué dice la Biblia acerca del abuso de sustancias?"

- Explica al grupo lo que la templanza significa para ti, y deja que el grupo discuta el tema. Que los Pioneros nombren las principales conductas de riesgo que ven en la escuela.

- Que los Pioneros se dividan en grupos y escriban formas de evitar estas tentaciones y 10 respuestas negativas e ingeniosas a una oferta para probar las drogas, alcohol o tabaco. Si lo deseas, que los Pioneros hagan una votación para calificar las respuestas. Luego que los Pioneros lean "no cuenta."

- Señale que el Valor Fundamental de esta insignia es la educación. Los Pioneros oyen mucho sobre la abstención de alcohol, tabaco y drogas. También tienen que darse cuenta de la necesidad de regular las actividades y hábitos alimenticios. Mientras los Pioneros aprenden los efectos de comer en exceso y el exceso de programación, pueden hacer ajustes para una vida más sana.

John T. Benson Jr. trabajó duro. Pero también reservó tiempo para la familia, los amigos, y la recreación. Los Pioneros pueden aprender a encontrar un equilibrio en sus vidas.

■ Que los Pioneros busquen y lean Romanos 12:2. Pablo estaba diciendo a los cristianos en Roma que evitaran los males que les rodeaban y vivieran una vida pura. Pregunta: **¿Cuáles son algunas de las cosas que los cristianos deben evitar? ¿Cómo los cristianos encuentran el valor para resistir hacer lo que está mal?** (El Espíritu Santo fortalece a los cristianos y los alienta a hacer lo correcto.)

■ Concluye con una oración, pidiendo a Dios que ayude a los Pioneros a resistir la tentación de hacer el mal. Pídele a Dios que ayude a los Pioneros a tener la fuerza y el coraje para optar por hacer lo que es correcto.

Mirada mas ¡cercana! ¿Tienes un testimonio personal de cómo Dios te liberó a ti, un amigo, o un pariente de las drogas, el alcohol o el tabaco? Podrías compartir ese testimonio.

TIEMPO FUERA: **Sesión 2**

Si no tienes una cámara de vídeo disponible, que los Pioneros realicen su sketch "comercial" en vivo.

Antes de esta sesión, reúne y prepara los materiales que se encuentran en el "Materiales." Ten anuncios antidrogas, antialcoholismo, y antitabaquismo disponibles para que los Pioneros naveguen.

Materiales

■ Cámara de vídeo
■ Papel
■ Lápices o bolígrafos
■ *Estudiante Pionero*
■ Revistas que contengan anuncios antidrogas, antialcoholismo, y antitabaquismo
■ Computadora para ver videos

Buscando Direcciones

■ Mientras los Pioneros llegan, permíteles echar un vistazo a los anuncios en las revistas para obtener ideas para el comercial que harán sobre la templanza.

■ Que los voluntarios lean "Tiempo Fuera" y "¿Por qué estoy cansado?" De la página 129 - 130 del *Estudiante Pionero*.

■ Que los Pioneros se dividan en pequeños grupos y escriban un comercial del anti-sustancias tóxicas. Que el grupo practique el comercial un par de veces antes de capturarlo en video.

- Reproduce el vídeo para el grupo. Ten en cuenta también usar el comercial durante un servicio de la iglesia o evento de alcance.
- Que un voluntario lea Romanos 12:2. Pregunta: **¿Cuál es el significado de la templanza?** (Autocontrol) **¿Cómo el versículo se refiere a la templanza?** (Se necesita autocontrol no conformarse cuando los demás están haciendo mal.)
- Concluye con una oración. Pídele a Dios que ayude a los Pioneros a practicar el autocontrol y aprender a no conformarse para con aquellos que están haciendo las cosas mal.

COMER HASTA: **Sesión 3**

Si no tienes una cocina en tu iglesia, haz arreglos para reunirse en una casa para esta sesión.

Antes de esta sesión, planifica una comida sencilla que contenga alimentos de cada grupo alimenticio. Un buen ejemplo sería un plato de carne, una ensalada, pan y jugo. Consulta la página 131 en el *Estudiante Pionero* para obtener una lista de los grupos de alimentos y tamaños de las porciones.

Materiales

- Una cocina
- Ingredientes para una comida simple
- Sartenes
- Utensilios para cocinar
- Platería de plástico
- Tazas
- Servilletas
- Platos de papel
- Jugo o agua
- Tazas de medir y cucharas
- Una pequeña escala para la comida

Buscando Direcciones

- Cuando el grupo llegue, que voluntarios lean "¿Qué es una porción?". Que los Pioneros te ayuden a preparar la comida y poner la mesa.
- Cuando la comida esté lista, que el grupo use las sugerencias del tamaño y la medida justa de una porción de cada tipo de alimento. Esto ayudará a los preadolescentes a ver lo que es una porción, aunque una comida a menudo debe contener más de una porción de algunos grupos de alimentos.
- Que el grupo discuta las diferencias entre el tamaño de una porción y el tamaño de las porciones que se sirven en los restaurantes y en casa.
- Que los Pioneros busquen y lean Romanos 12: 2. Que voluntarios cuenten con sus propias palabras lo que está diciendo el versículo. Di, **Dios quiere que ustedes tengan cuidado de sí mismos y se mantengan alejados de sustancias o acciones dañinas. Dios quiere que ustedes puedan obtener un descanso adecuado, utilicen el tiempo sabiamente, y pidan su ayuda para tomar buenas decisiones.**
- Concluye con una oración, pidiendo a Dios que ayude a los Pioneros a vivir las habilidades de templanza que han aprendido.

Si algunos de tus Pioneros tienen diabetes, utiliza las normas del USDA para mostrar lo que es una comida para diabéticos. Puedes encontrar esta información en el sitio web del USDA.

MINISTERIO DE PROYECTOS: Sesión 4

Elige y completa uno o más proyectos de la sección *Ir, Servir* de esta insignia. Si has seleccionado un proyecto que combine dos insignias, considera el número de semanas que necesitas para completar los requisitos de la insignia de ambas. Hay un sin fin de combinaciones de proyectos ministeriales que se pueden hacer. Usa tu imaginación. Adapta los proyectos del ministerio para satisfacer las necesidades de tus Pioneros, sus familias, y la iglesia.

¡Envuélvelo!

Que los Pioneros contesten las preguntas para reflexionar sobre lo que han aprendido a través de esta insignia.

CUIDADO DE NIÑOS II

Bases Bíblicas: "Instruye al niño en el camino correcto, y aun en su vejez no lo abandonará." (Proverbios 22:6)

Punto Bíblico: Dios nos ayuda a hacer discípulos.

Meta de la Insignia:

- Los Pioneros deben entender lo que se debe y lo que no se debe hacer al cuidar niños.
- Los Pioneros sabrán cómo cambiar el pañal de un bebé.
- Los Pioneros sabrán cómo calentar el biberón de un bebé.
- Los Pioneros pueden introducirse a un proyecto de ministerio utilizando las habilidades de Cuidado de Niños II.

Valor Fundamental: Trabajo. Hacer hincapié en el Valor Fundamental de la educación mientras enseñas a los Pioneros las habilidades de Cuidado de Niños II.

Plan de Acción

Uno de tus principales objetivos durante esta insignia es enfatizar la inmensa responsabilidad que tiene cuando cuida de niños. Dependiendo de la experiencia de que tus Pioneros tienen con el cuidado de niños, pueden necesitar ser reforzados ciertos principios.

Mientras los Pioneros practican las habilidades de cuidado de niños y aprenden nuevas técnicas, pueden encontrar ciertas cosas difíciles. Anímalos a seguir intentándolo. La experiencia es una herramienta valiosa en el cuidado de niños. Pregúntale a un padre nuevo. Ayuda a los Pioneros a entender el impacto que pueden tener en la vida de un niño. Pídeles que piensen en los niños que miraban hasta cuando eran más jóvenes. Anímalos a tomar en serio la responsabilidad de enseñar a los niños acerca de Dios. Es posible que los Pioneros enseñen a niños jóvenes actitudes cristianas que modelen estas actitudes mientras están de cuidado de niños. Los pioneros también pueden utilizar sus habilidades de cuidado de niños como un acto de servicio en la iglesia.

Cada sesión está diseñada para ser intercambiable y autónoma. La insignia Cuidado de Niños II es una gran insignia para los visitantes.

PLANIFICADOR DE INSIGNIAS

Sesión

1 Los Pioneros estudiarán los pros y los contras de cuidado de niños, descubre varias características mentales de desarrollo de los niños pequeños y bebés, y discute cómo pueden mostrar amor a los niños pequeños y bebés.

2 Los Pioneros aprenderán diferentes procedimientos de seguridad a tener en cuenta cuando estén de cuidados de niños, cómo tomar un mensaje telefónico, armar una bolsa de cuidado de niños, y hacer un cuaderno de cuidado de niños.

3 Los Pioneros aprenderán algunos de los retos del cuidado de niños, y descubrirán la diferencia entre observar a un niño y cuidar a un niño.

4 Los Pioneros pueden introducirse a un proyecto de ministerio opcional usando las habilidades de cuidado de niños.

Requisitos ✓ de Insignia

Elije cuatro de los cinco requisitos para completar la insignia Cuidado de Niños II.

☐ Nombrar las siete responsabilidades de cuidado de niños.

☐ Identificar las características de un niño y un bebé.

☐ Explicar cómo jugar un juego con un bebé o niño pequeño. Aprender cómo sostener un bebé, cambiar un pañal, calentar un biberón y la comida para bebés, y alimentar a un bebé.

☐ Encontrar una manera en la que puedes utilizar tus nuevas habilidades de cuidado de niños para ministrar a alguien más.

Espiritual

RECURSOS

Comprueba tu biblioteca local e Internet para libros e información sobre este tema.

¡SeRViR!

Los Pioneros pueden utilizar cualquiera de estas sugerencias para los proyectos de ministerio. (Los Proyectos del Ministerio son opcionales y no están obligados a completar los requisitos de la insignia.)

100 Completa los requisitos para la insignia Cuidado de Niños II.

200 Usa los requisitos para la insignia como un proyecto de ministerio para servir a otras personas. Considera ofrecer una noche de cuidado de niños gratis a las familias en tu congregación o comunidad.

300 Combina las habilidades de las insignias cuidado de niños y primeros auxilios. Mantén una clase de entrenamiento de cuidado de niños en una escuela primaria o secundaria local. Enseña las habilidades de ambas insignias durante este tiempo.

¡Alcanzar!

Enumera algunas de tus propias opciones para proyectos ministeriales que funcionarían bien con tu iglesia y tus Pioneros.

_____

_____

_____

Seguridad #1

- **Nunca** dejar a un niño solo.
- **Nunca** le digas a nadie que estás cuidando niños o que estás solo con un niño.
- **Nunca** abrir la puerta a nadie, excepto a los padres.
- **Nunca** encender un fósforo o fogata.

PALABRAS PARA SABER

Infante: Un niño de entre 0 y 18 meses de edad.

Niño: Un niño de entre 18 meses y 4 años.

Fórmula: Un sustituto de la leche utilizado para alimentar a los bebés.

Cuaderno del Cuidado de Niños: Un cuaderno utilizado para registrar familiares importantes e información de contacto para cada niño que estás contratado para cuidar niños.

!PREPARADOS . . . LISTOS . . . FUERA!

¿CÓMO SERÁ EL NIÑO? Sesión 1

Es importante que los Pioneros entiendan cómo los niños actúan antes de que se queden solos a cuidarlos. Esta actividad les permitirá observar los comportamientos normales de los lactantes y niños pequeños. Muchos de sus Pioneros tendrán hermanos y hermanas menores. Sin embargo la observación intencional traerá una nueva perspectiva para estos niños también.

Antes de esta sesión, ponte en contacto con los maestros de las clases de bebés y niños pequeños y acuerda una hora para que tu grupo de Pioneros haga sus observaciones. Si no tienes acceso a clases en estos grupos de edad, haz arreglos para que varios padres lleven a sus hijos a tu clase durante esta sesión.

Materiales

- Información en la página 134 del *Estudiante Pionero*
- Lápices o bolígrafos
- Varios bebés y niños pequeños
- Cuaderno u hoja de papel

Buscando Direcciones

- Cuando llegue tu grupo, deja que digan brevemente su experiencia con el cuidado de niños o con sus propios ex-cuidador de niños. Luego permite que voluntarios lean el versículo Bíblico, la sección "¿Qué puedes hacer con esta habilidad?", "Los requisitos de la insignia", y "Palabras Para Saber".

- Que los Pioneros lean "La Vida de un Infante" y "La vida de un niño" en el *Estudiante Pionero*. Que los pioneros escriban varias preguntas referentes a niños pequeños y bebés en sus cuadernos. Cuando estén haciendo sus observaciones, deberían estar buscando respuestas a estas preguntas. Algunas preguntas pueden ser: ¿Qué les gusta comer? ¿Cómo juegan? ¿Qué pueden hacer o no hacer? ¿Cuáles son algunas de sus habilidades? Regresa a tu sala de reuniones y toma tiempo para discutir sus hallazgos.

- Discute las preguntas de "Piensa Rápido" en la página 134 del *Estudiante Pionero*. Pide a los pioneros que comiencen su cuaderno de cuidado de niños al crear la página siguiente.

- Que los Pioneros busquen y lean Proverbios 22:6. Di, *las actitudes y caracteres se forman a temprana edad. ¿Qué puedes hacer mientras cuidas de niños para ayudarles a aprender a compartir, hablar amablemente a los demás y mostrar una actitud amorosa?*

- Concluye con una oración, pidiendo a Dios que ayude a los Pioneros a ser un modelo cristiano a seguir para los niños que cuiden.

Nombre del niño: **Edad:**

Observaciones físicas:

Color del pelo

Color de ojos

Altura y Peso

Habilidad Física

Gatea   Recoge objetos

Camina   Habla

Corre   Se alimenta solo

¿Qué tipo de actividades podría hacer con este niño?

NOTA: Agrega más preguntas si lo deseas.

Pregunta a los padres si están disponibles para responder preguntas sobre su hijo o hijos. Esto ayudará a responder muchas preguntas que no se pueden observar durante el período de tiempo determinado.

PROCEDIMIENTOS DE SEGURIDAD: Sesión 2

En esta sesión se enseñará a los Pioneros los procedimientos y precauciones generales de seguridad de estar al tanto de cuando están de cuidado de niño. No se dan directrices específicas para cada situación. Sin embargo, refiérete a los artículos incluidos en la lista de recursos, así como en otras insignias para obtener más información profunda en la seguridad.

Materiales

Antes de esta sesión, informa a los Pioneros los elementos para llevar a la clase. Estos artículos se enumeran en sus libros en la página 136-137. Trae materiales adicionales en caso de que un visitante asista a esta sesión.

- Páginas 135-137 del *Estudiante Pionero*
- Bolígrafos o lápices
- Mochila u otra bolsa
- Cuaderno

- Diversos materiales de artesanía
- Bolsa de artículos de cuidado de niños en la página 136-137 del *Estudiante Pionero*

Buscando Direcciones

- Revisa los procedimientos de seguridad descritos en la Sesión 2. Considera crear "Escenarios del peor de los casos" para que los Pioneros trabajen. Que tomen turno de rol de cada situación. EJEMPLO: Johnny es esta cuidado de un niño de 9 meses de edad y una niña de 4 años de edad. Después de la cena, deciden jugar en la sala de estar. De repente, Johnny huele humo y ve lo que parece ser una nube oscura procedente de la cocina. ¿Qué debe hacer Johnny?

- Los Pioneros deben practicar tomar y grabar mensajes fingidos. Coloca a los pioneros en parejas. Luego, que registren la información solicitada en el "Tomando un mensaje" en sus libros.

- Arma y revisa los artículos que deben estar en la bolsa de cuidado de niños de cada Pionero.

- Los Pioneros pueden utilizar artículos de artesanía para decorar su cuaderno cuidado de niños. Que cada estudiante complete la primera página de su cuaderno con la información bajo "Un cuaderno del Cuidado de niños".

- Lee Proverbios 22:6. Di, *El cuidado de los niños es muy importante. ¿Cuáles son algunas maneras en las que puedes formar a los niños en los caminos de Dios, mientras estás de cuidando de niños en la iglesia o en casa?*

- Concluye con una oración, dando gracias a Dios por ayudar a los Pioneros con sus habilidades de cuidado de niños.

DE VER A CUIDAR NIÑOS: Sesión 3

En esta sesión, los Pioneros pondrán a prueba sus conocimientos de cuidado de niños. Cada muñeca bebé tendrá un escenario diferente escrito en una tarjeta y pegado a su espalda. Los Pioneros rotarán a través de cada estación, leerán el escenario, y resolverán el dilema de acuerdo a la información en la Sesión 3 en sus libros.

Antes de esta sesión, diseña tu habitación con cinco estaciones de actividades diferentes. Las estaciones deben estar equipadas con los elementos necesarios para cada escenario. Escribe una de las siguientes actividades en la parte posterior de cada tarjeta. Pega las tarjetas en la parte posterior de cada muñeca.

Materiales

- Tarjetas de índice (cinco)
- Bolígrafos o lápices
- Muñecos bebé (cinco)
- Biberón
- Estufa o un lugar para calentar agua (opción: calentador de biberones)
- Pañales, toallitas de cambio, desinfectante de manos, y una manta

295

1. Un niño está jugando con un florero de cristal. Cuando intentas quitárselo, comienza a gritar y llorar. Con el tiempo se convierte en una rabieta. ¿Que debes hacer?
2. Estás cuidando un bebé y ella empieza a llorar. Al intentar consolarlo, no deja de llorar. ¿Qué medidas debes tomar?
3. Estás de cuidando para un bebé cuando hueles un olor desagradable. Demuestra cómo cambiar el pañal del bebé.
4. El bebé que estás cuidando tiene hambre. Se alimenta con biberón, pero su leche está en el refrigerador. Su mamá y papá dijeron que la leche fría le revuelve el estómago. ¿Que debes hacer?
5. Estás sentado en el sofá cuando notas que el bebé que estás cuidando se está ahogando con un pequeño juguete. En el momento en que llegas a él, ha comenzado a ponerse azul. ¿Cómo debes actuar y qué medidas debes tomar?

Buscando Direcciones

- Cuando los Pioneros lleguen, que primero esbocen lo que van a hacer durante la Sesión 3. Divide a los Pioneros en parejas o pequeños grupos. Luego, señala cada uno de los cinco sitios, y asigna a cada grupo una de las estaciones de trabajo.

- Los Pioneros pasarán la mayor parte de la sesión de trabajo a través de los diferentes escenarios. Está allí para ayudar con cualquier pregunta.

- Vas a necesitar tiempo al final de la sesión para revisar los problemas, preguntas y experiencias que descubrieron en cada estación.

- Señala que el Valor Fundamental de esta insignia es el Trabajo. Cuidado de niños es uno de los primeros trabajos que los chicos y chicas pueden hacer. Pueden hacerlo por dinero o como parte de las responsabilidades familiares. Pide a los Pioneros decir cómo pueden servir a Dios y a los demás con estas habilidades.

  John T. Benson Jr. John T. Benson Jr. era conocido como un trabajador dedicado. Los Pioneros necesitan exhibir dedicación y entusiasmo por la oportunidad de usar sus habilidades de cuidado de niños.

- Lee Proverbios 22:6.

- Ora con los Pioneros. Pídele a Dios que ayude a los Pioneros a utilizar sus nuevas habilidades para cuidar niños.

MINISTERIO DE PROYECTOS: **Sesión 4**

Elige y completa uno o más proyectos de la sección *Ir, Servir* de esta insignia. Si has seleccionado un proyecto que combine dos insignias, considera el número de semanas que necesitas para completar los requisitos de la insignia de ambas. Hay un sin fin de combinaciones de proyectos ministeriales que se pueden hacer. Usa tu imaginación. Adapta los proyectos del ministerio para satisfacer las necesidades de tus Pioneros, sus familias, y la iglesia.

¡Envuélvelo!

Que los Pioneros contesten las preguntas para reflexionar sobre lo que han aprendido a través de esta insignia.

OPCIONES DE CARRERA

Bases Bíblicas: "No acumulen para sí tesoros en la tierra, donde la polilla y el oxido destruyen, y donde los ladrones se meten a robar. Más bien, acumulen para sí tesoros en el cielo, donde ni la polilla ni el óxido carcomen. Porque donde esté tu tesoro, allí estará también tu corazón." (Mateo 6:19-21)

Punto Bíblico: Dios nos enseña qué tesoros son importantes.

Meta de la Insignia:

- Los Pioneros deberían ser capaces de nombrar varias carreras que les gustaría explorar más a fondo.
- Los Pioneros deben ser capaces de crear un curriculum vitae eficaz.
- Los Pioneros deben saber cómo prepararse para una entrevista de trabajo.
- Los Pioneros deben saber cómo responder a las preguntas de la entrevista.

Valor Fundamental: Trabajo. Hacer hincapié en el Valor Fundamental del Trabajo mientras enseñas a los Pioneros sobre las diferentes carreras.

Plan de Acción

Los Pioneros están en un constante estado de auto-descubrimiento. Ellos están aprendiendo más sobre sus gustos, disgustos, talentos y habilidades con cada nueva actividad. La insignia Opciones de Carrera tiene un doble propósito. Primero, permite a los Pioneros explorar diferentes tipos de carreras. No, ellos no tienen que decidir su trayectoria profesional durante esta insignia. Sin embargo, tendrán que tratar de alertar la mayor cantidad de carreras diferentes como sea posible. En segundo lugar, la insignia desarrollo profesional está diseñada para equipar a los Pioneros con la de preparación básica de entrevistas de trabajo y habilidades de entrevistas.

Utiliza esta sesión para enseñar a los Pioneros sobre el mandato de Jesús para guardar nuestros tesoros en el cielo, no en la tierra. La sociedad moderna parece hacer hincapié en la elección de una carrera que paga mucho dinero. Una carrera se ha convertido en el medio por el cual una gran casa, coche caro, y barco de lujo se pueden comprar. Utiliza Mateo 6: 19-21 para ofrecer una perspectiva contable.

298

Cada sesión está diseñada para ser intercambiable y autónoma. La insignia del Opciones de Carrera es una gran insignia para los visitantes.

PLANIFICADOR DE INSIGNIAS

Sesión

1 Los Pioneros entrevistarán a personas de al menos cinco campos profesionales diferentes. Ellos evaluarán sus talentos y habilidades y hablarán sobre los tipos de carreras que les interesan.

2 Los Pioneros aprenderán habilidades para ayudarles a prepararse para una entrevista. Ellos prepararán una hoja de vida, y aprenderán lo que es ropa apropiada para diferentes entrevistas.

3 Los Pioneros aprenderán habilidades de entrevista de trabajo y utilizarán estas habilidades en un ejercicio juego de roles.

4 Los Pioneros pueden participar en un proyecto de ministerio opcional usando las habilidades de Opciones de Carrera.

Requisitos ✓ de Insignia

Elije cuatro de los cinco requisitos para completar la insignia Opciones de Carrera.

☐ Entrevistar al menos cinco personas que tengan diferentes carreras.

☐ Crear un currículum.

☐ Nombrar las cinco cosas que debes hacer antes de una entrevista de trabajo.

☐ Con un compañero, fingir que te está entrevistando para un trabajo. Que tu pareja te haga varias preguntas que un empleador puede preguntar en una entrevista "real".

☐ Encontrar una manera en la que puedes utilizar tus habilidades de Opciones de Carrera para servir a otra persona.

RECURSOS

• Software de ordenador con una plantilla de curriculum

Social

SeRViR!

Los Pioneros pueden utilizar cualquiera de estas sugerencias para los proyectos de ministerio. (Los Proyectos del Ministerio son opcionales y no están obligados a completar los requisitos de la insignia.)

100 Completa los requisitos para la insignia Opciones de Carrera.

200 Usa los requisitos para la insignia como un proyecto de ministerio para servir a otras personas. Considera la posibilidad de celebrar una feria de trabajo donde los empleadores y empleados puedan sostener entrevistas.

300 Combina las habilidades de las insignias Opciones de Carrera y Cuidado de Niños. Patrocina un seminario de habilidades de trabajo todo el día y que tus Pioneros hagan de cuidado de niños de forma gratis para los padres.

¡Alcanzar!

Enumera algunas de tus propias opciones para proyectos ministeriales que funcionarían bien con tu iglesia y tus Pioneros.

_____

_____

_____

_____

_____

PALABRAS PARA SABER

Solicitante: Una persona que ha solicitado un trabajo.

Currículum: Una hoja de papel que da del solicitante el nombre, dirección, número de teléfono, la educación y la experiencia.

Experiencia: Habilidades y conocimientos que una persona ha ganado en el pasado que ayudan a la persona a hacer el trabajo que él o ella está solicitando actualmente.

Empleador: La persona que contrata a un trabajador. La persona para la que trabajas.

Salario: El dinero que ganas por trabajar. Un salario es una cantidad fija de dinero y no se basa en el número de horas que trabajas.

Dinero por Hora: El dinero que se te paga en base a la cantidad de horas que trabajaste. El Gobierno regula la cantidad mínima de dinero que un empleador puede pagar a un empleado por hora.

¡PREPARADOS . . . LISTOS . . . FUERA!

EXPLORANDO CARRERAS: Sesión 1

Durante esta sesión los Pioneros entrevistarán al menos cinco personas diferentes acerca de sus carreras. Deben usar las preguntas de su *Estudiante Pionero* para guiar sus preguntas. Sin embargo, dales libertad de hacer preguntas que no estén en el listado.

Antes de esta sesión, ten 5 personas dispuestas a ser entrevistados por tus Pioneros. Puedes encontrar a estas personas en tu iglesia. Si no es así, ponte en contacto con empresas locales o servicios públicos.

Materiales

- Bolígrafos o lápices
- Preguntas de entrevista del *Estudiante Pionero*
- 5 personas que tengan diferentes carreras y estén dispuestos a ser entrevistados

Buscando Direcciones

- Que los Pioneros listen en una pizarra tantos puestos de trabajo y ocupaciones diferentes como puedan. Deja que voluntarios lean el versículo Bíblico, la sección "¿Qué puedes hacer con esta habilidad?", "Los requisitos de la insignia", y "Palabras Para Saber." Los Pioneros deben revisar rápidamente la información en la Sesión 1 de su libro estudiantil cuando lleguen. Dales instrucciones en cuanto a cómo se llevará a cabo el proceso de la entrevista.

- Que cada uno de los invitados se presenten y expliquen de que se trata su trabajo.

- Luego, que tus Pioneros entrevisten cinco personas. Permite cinco minutos para cada entrevista.

- Los Pioneros deben responder a las preguntas al final de la sesión 1 cuando hayan completado sus entrevistas.

- Señala que el Valor Fundamental de esta insignia es el Trabajo. Es emocionante para los Pioneros pensar en el futuro de la carrera que elijan.

  John T. Benson Jr. pasó muchos años en la misma empresa. Él hizo un impacto en las vidas de muchas personas.

  Haz hincapié en la importancia de pedir la sabiduría de Dios para elegir la carrera correcta.

- Lee Mateo 6: 19-21. Brevemente discute lo que significa almacenar tesoros en el cielo. Haz una lista de tesoros terrenales y celestiales.

301

■ Concluye con una oración, pidiendo a Dios que ayude a que los Pioneros se den cuenta de la diferencia entre los tesoros terrenales y los celestiales. Pídele a Dios que ayude a los preadolescentes a ser más conscientes de las opciones de carrera a medida que comienzan a pensar en su propio futuro.

Mirada más ¡De cercana!

Los Pioneros también pueden participar en esta sesión, asistiendo a una biblioteca local o haciendo investigación en Internet. Modifica las preguntas y que los pioneros investiguen cinco carreras diferentes.

PREPARACIÓN: Sesión 2

La Sesión 2 enseñará a los Pioneros cómo crear un curriculum y lo que deben usar para una entrevista. Si tienes acceso a un laboratorio de computación local (escuela o biblioteca) considera la posibilidad de hacer esta sesión allí.

Antes de esta sesión, reserva un laboratorio de computación local o haz arreglos para usar tres o más equipos que estén disponibles durante esta sesión.

Materiales

■ Computadoras
■ Bolígrafo o lápiz
■ Papel de computadora

Buscando Direcciones

■ Lee la información en el *Estudiante Pionero*. Revisa los diferentes componentes de un currículo eficaz. Discute la importancia de ser honesto y breve en su currículum.

■ Que cada Pionero escriba un currículum. Pueden o bien usar su información real o divertirse creando una hoja de vida ficticia.

■ Los diferentes empleadores tienen diferentes expectativas de vestimenta para entrevistas. Habla acerca de los preparativos personales que debes hacer antes de una entrevista de trabajo.

■ Lee Mateo 6: 19-21. Di, *Cuando comienzas a ganar dinero, incluso una pequeña cantidad, es fácil permitir que el dinero controle lo que haces. Jesús nos recuerda que debemos centrarnos en las cosas de valor eterno, no en las que se oxidan y cogen moho. ¿Cuáles son algunas maneras en las que los preadolescentes pueden usar su dinero más sabiamente?*

■ Concluye con una oración. Agradece a Dios por todas las oportunidades que tenemos en la vida. Pídele a Dios que ayude a los Pioneros a tomar buenas decisiones sobre el dinero y sobre su vida futura.

LA ENTREVISTA: Sesión 3

Los Pioneros tendrán la oportunidad de practicar las habilidades que han estado aprendiendo. Que jueguen roles de entrevistas de trabajo solos, o puedes jugar la parte del empleador.

Antes de esta sesión, ponte en contacto con cada uno de los Pionero en tu clase. Informales de la actividad de rol. Pide a los preadolescentes revisar el material en su libro del *Estudiante Pionero* en relación con un currículum, qué ponerse para una entrevista, y la preparación de la entrevista. Los Pioneros deben venir a esta sesión, como si se tratara de una "verdadera" entrevista de trabajo.

Materiales

- Escritorio
- Dos sillas
- tazas
- 1 jarra de agua

Buscando Direcciones

- Revisa el material Partiendo de lo correcto y 20 preguntas, en el *Estudiante Pionero*.
- Que tus Pioneros respondan a varias de las preguntas en grupo antes de intentar individualmente.
- Entrevista a cada Pionero como si él o ella solicitara un empleo. **Nota:** Si tienes una clase grande, pide voluntarios para ayudarte en esta sesión.
- Lee Mateo 6: 19-21. Que los Pioneros se turnen diciendo el versículo en sus propias palabras.
- Concluye con una oración. Pídele a Dios que bendiga a todos los que han visitado tu grupo durante estas sesiones de la insignia para compartir sus conocimientos y experiencia con el grupo. Las preguntas de Ir ayudarán a los Pioneros a usar el conocimiento para ayudarles a tomar decisiones futuras.

MINISTERIO DE PROYECTOS: Sesión 4

Elige y completa uno o más proyectos de la sección *Ir, Servir* de esta insignia. Si has seleccionado un proyecto que combine dos insignias, considera el número de semanas que necesitas para completar los requisitos de la insignia de ambas. Hay un sin fin de combinaciones de proyectos ministeriales que se pueden hacer. Usa tu imaginación. Adapta los proyectos del ministerio para satisfacer las necesidades de tus Pioneros, sus familias, y la iglesia.

¡Envuélvelo!

Que los Pioneros contesten las preguntas para reflexionar sobre lo que han aprendido a través de esta insignia.

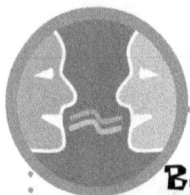

COMUNICACIÓN

Bases Bíblicas: "'¿Y quién le puso la boca al hombre?' – le respondió el Señor - '¿Acaso no soy yo, el Señor quién lo hace sordo o mudo, quién le da la vista o se la quita? Anda; ponte en marcha que yo te ayudaré a hablar y te diré lo que debas decir.'" (Éxodo 4:11-12)

Punto Bíblico: Es importante para nosotros tener comunicación con nuestro Padre Celestial.

Meta de la Insignia:

- Los Pioneros deben saber lo que significa comunicarse con los demás.
- Los Pioneros deben ser capaces de decir cómo Dios se comunica con ellos.
- Los Pioneros discutirán formas de comunicación que nos ayuda a ministrar a otros.
- Los Pioneros pueden introducirse a un proyecto de ministerio utilizando sus habilidades de comunicación.

Valor Fundamental: Educación. Hacer hincapié en el Valor Fundamental de la educación mientras enseñas a los Pionero las habilidades de comunicación.

Plan de Acción

Piensa en los días de pasar notas debajo de los escritorios y detrás de la espalda. Los niños son todo sobre la comunicación y la necesidad de aumento de comunicación mientras crecen. Este es un momento de la vida cuando los preadolescentes están empezando a descubrir los entresijos de cómo se utiliza la comunicación para construir relaciones de impacto.

Es importante que los Pionero entiendan que la comunicación no es sólo para las relaciones humanas, sino también para nuestra relación con nuestro Padre Celestial. Dios quiere que los Pioneros hablen con él. La comunicación regular es necesaria para mantener cualquier relación. Cuanto mejor la comunicación es, más fuerte es la relación. Guía a los Pioneros mientras aprenden sobre la comunicación con las personas de su entorno y el Dios que los ama.

social

Cada sesión está diseñada para ser intercambiable y autónoma. La insignia del Comunicación es una gran insignia para los visitantes.

PLANIFICADOR DE INSIGNIAS

Sesión

1 Los Pioneros aprenderán acerca de presentaciones, hablar y escuchar, y la comunicación con sus manos (lenguaje de signos).

2 Los Pioneros se comunicarán con puntos en relieve (braille).

3 Los Pioneros descifrarán códigos (código Morse y un código secreto).

4 Los Pioneros pueden introducirse a un proyecto de ministerio opcional usando las habilidades de comunicación.

Si es posible, has arreglos para que un orador especial venga a la clase. Esto podría ser un profesor de lengua de signos o instructor para estudiantes ciegos. Que el invitado hable brevemente sobre lo que se siente ser discapacitado visual o auditivo.

Requisitos ✓ de Insignia

Elije cuatro de los cinco requisitos para completar la insignia Comunicación.

☐ Comprender la importancia de una comunicación clara.

☐ Demostrar cómo hablar con las manos (lenguaje de signos) y decir una oración simple.

☐ Aprender a leer y escribir sin tus ojos (braille).

☐ Usar código Morse o desarrollar tu propio código secreto.

☐ Encontrar una manera en la que puedes utilizar tus nuevas habilidades de comunicación para servir a otra persona.

Social

RECURSOS

• Comprueba tu biblioteca local o Internet para los libros sobre este tema.

¡SeRViR!

100 Completa los requisitos para la insignia Comunicación.

200 Usa los requisitos de la insignia como un proyecto de ministerio para servir a otras personas. Los Pioneros pueden hacer carteles publicitarios para un evento próximo de la iglesia para que aparezca por la ciudad, o aprender una canción como "Jesús me ama" en lengua de signos y hacerla en la iglesia o en un centro de cuidado de niños cristianos.

300 Combina las habilidades de las insignias Comunicación y Entretenimiento para crear un proyecto de ministerio para que los preadolescentes inviten a amigos a la iglesia para una noche de juegos. Los preadolescentes también pueden planificar y albergar una casa abierta para terminar la insignia. Dale a cada Pionero el objetivo de acercar amigo de la escuela a la casa abierta.

¡Alcanzar!

Enumera algunas de tus propias opciones para proyectos ministeriales que funcionarían bien con tu iglesia y tus preadolescentes.

_____

_____

_____

_____

_____

PALABRAS PARA SABER

Coloca las palabras y definiciones en tarjetas individuales "3x 5". Mezcla las tarjetas y colóquelas sobre una mesa. Al enseñar las diferentes sesiones, da a los Pioneros oportunidad para que hagan coincidir las palabras con las definiciones. Esto les ayudará a recordar las palabras del vocabulario de la insignia.

Mensaje: Lo que decimos a los demás y queremos que ellos entiendan. El mensaje puede ser enviado de varias maneras, tales como verbalmente (habla) o visualmente (mostrando).

Remitente: La persona o el objeto de enviar un mensaje.

Receptor: La persona o el objeto de recepción del mensaje.

Lenguaje de Signos: Un lenguaje compuesto por señales de mano que te permite comunicarte sin hablar.

ROMPIENDO EL HIELO: INTRODUCIENDO LA COMUNICACIÓN

Antes de esta sesión, Antes de esta sesión, escribe breves mensajes en pequeñas tiras de papel. En la mayor parte de las piezas de papel, escribe una frase que sea fácil de responder, por ejemplo, "Te ves bien hoy", "Dios te ama", o "Me alegro de que estés aquí." En algunas de las piezas de papel, escribe una

Materiales
- Papel de cuaderno
- Cinta   ■ Pluma
- Bolas de tenis (una por cada dos Pionero)

frase sin sentido, como "Snarkle brik fur Leedon" o "Nutrias encanta macarrones púrpura que brilla en China." Ten bandas de papel adicionales y cinta para que los receptores puedan llegar a ser los remitentes.

COMUNICACIÓN: HABLAR Y ESCUCHAR

Al abrir la sesión, que tus Pioneros lean "Hablar y Escuchar", del *Estudiante Pionero*. Luego di a tus estudiantes que van a aprender por qué es importante que envíen mensajes claros cuando se comunican.

Separa la clase en pares (emisores y receptores) y pídeles que estén al otro lado de sus parejas. Da a cada uno de los remitentes una pelota de tenis con un trozo de papel pegado a ella. Explica que este es el mensaje que van a enviar. Pide a los preadolescentes que tiren suavemente la pelota a su compañero. El compañero entonces despega el papel y lee su mensaje a la clase. Después de que los estudiantes hayan leído sus papeles, di, ***¿Cómo sabemos lo que significan los mensajes sin sentido? ¿Podemos saber cómo responder a este mensaje? ¿Por qué no?*** Discute con los estudiantes por qué es tan importante enviar un mensaje claro cuando estás hablando con alguien. Luego, da a los Pioneros la oportunidad de escribir una respuesta y lanzarla de nuevo a su pareja.

Di, ***Es importante comunicarse claramente con la gente, pero también es importante comunicarse claramente con Dios. Él quiere saber de ti.***

!PREPARADOS . . . LISTOS . . . FUERA!

¿COMO LO HACEN?
COMUNICÁNDOTE CON TUS MANOS: Sesión 1

Los Pioneros estarán curiosos por experimentar con el lenguaje de signos, sobre todo si aún no lo han aprendido en la escuela. Esta actividad le ayudará a aprender que todo el mundo no se comunica de la misma forma, y ser diferente no es algo malo.

Materiales
- Un mensaje para cada Pionero de la guía
- Vendas
- Tapones para los oídos o plastilina (No Play-Doh)

Antes de esta sesión, escribe mensajes simples en pequeños trozos de papel. Esto es lo que les darás a los Pioneros para que puedan comunicarse entre sí, SIN la vista o el oído.

Buscando Direcciones

- Que voluntarios lean en sus libros el versículo Bíblico, la sección "¿Qué puedes hacer con esta habilidad?", "Los requisitos de la insignia", y "Palabras Para Saber."

- Divide la clase en parejas. Venda los ojos de cada pareja, y da a la otra pareja un par de tapones para los oídos o plastilina. (La plastilina funciona bien como tapones para los oídos.) Pasa mensajes escritos, uno a cada estudiante.

- Explica a la clase que su tarea consiste en transmitir su mensaje a su pareja. Sin embargo, uno de los compañeros tiene los ojos vendados y no puede ver, y la otra parte está usando tapones para los oídos y no puede oír. Los Pioneros ciegos pueden hablar pero deben susurrar, puesto que los tapones para oídos no están insonorizados. La primera pareja que envíe el mensaje correcto a uno al otro gana.

- Observa y ve qué tipo de medios creativos de comunicación idean tus estudiantes.

- Ahora que tus estudiantes entiendan la necesidad de un medio de comunicación alternativo, que abran su manual de "¿Cómo lo hacen? Comunicándote con tus manos." Discute el alfabeto americano con la clase.

- Que los pioneros busquen y lean Éxodo 4: 11-12. Di, **El versículo nos recuerda que Dios es nuestro Creador, y Él lo sabe todo acerca de nosotros. Él conoce nuestras fortalezas y debilidades. Pero Él promete ir con nosotros y ayudarnos.**

- Señala que el *Valor* Fundamental de esta insignia es la Educación. Parte del crecimiento es aprender a comunicarse de manera efectiva.

  Oliva Winchester era una comunicadora talentosa y maestra. Ella impactó muchas vidas al entrar en puestos de trabajo y áreas de servicio no conocidas previamente por las mujeres.

  Los Pioneros pueden ser mejores testigos de Dios mientras aprenden las habilidades de comunicación.

- Concluye agradeciendo a Dios por el don de la comunicación. Pídele que ayude a los Pioneros a utilizar este don sabiamente.

Pregunta a los alumnos cómo se sentían cuando estaban tratando de comunicar un mensaje y no podían hacerse entender. ¿Fue difícil? ¿Frustrante? ¿Asustador?

LEYENDO CON TUS DEDOS: **Sesión 2**

Antes de esta sesión, reúne y prepara los materiales que se encuentran en el "Materiales". Divide a los preadolescentes en pequeños grupos para hacer las tarjetas Braille. Este sería un buen momento para tener asistentes que ayuden en las Estaciones postales braille, sólo para asegurarse de que las tarjetas son las únicas cosas con agujeros de clavos!

Materiales

- Lápices o bolígrafos
- Clavos pequeños
- Martillo ligero para cada grupo de estudiantes
- Tarjetas 3"x 5" (de dos a tres por estudiante)
- Sección del *Estudiante Pionero* "Aprendiendo sobre Braille"

Buscando Direcciones

- Que los Pioneros lean "Leyendo Con Los Dedos: Aprendiendo Sobre El Braille" en el *Estudiante Pionero* y resuelvan los enigmas. Las respuestas son: La balanza, Ratones Crujiente, Solapa y Eructo.

- Entrega a cada estudiante una tarjeta 3" x 5" y un pequeño clavo. Muestra a los Pioneros cómo dar vuelta a la tarjeta y golpear suavemente el clavo en la tarjeta para perforar puntos en relieve. Pídeles que escriban su nombre en Braille.

- Que los Pioneros busquen y lean el Salmo 19:14. Pregunta: **¿Qué dice este versículo acerca de nuestras palabras y pensamientos?** (Tienen que complacer a Dios.) **¿Dirían que las palabras que escuchan cada día son siempre agradables a Dios?** (Permite que los niños respondan.) **Pueden determinar que sus palabras y sus pensamientos sean agradables a Dios.**

- Concluye con una oración, pidiendo a Dios que ayude a los Pioneros a hacer sus palabras y pensamientos agradables a Dios.

Código Morse y Códigos Secretos

Antes de esta sesión, haz arreglos para un cuarto oscuro para los Pioneros de practicar sus nuevas habilidades de código Morse.

Materiales

- Dos linternas
- Código Morse del libro del estudiante
- Lápices o bolígrafos
- Tablilla de escritura

Buscando Direcciones

- Que los pioneros lean y estudien la clave del código Morse en sus libros.

- Divide la clase en dos o más grupos. Dale a cada grupo una palabra para comunicar a los otros grupos en Código Morse. Que los Pioneros usen las linternas par parpadear las letras del código Morse de ida y vuelta y ver si pueden descifrar el código.

- Después de leer "códigos secretos" de sus libros, que los Pioneros creen su propio código secreto.

- Que los pioneros busquen y lean Éxodo 4: 11-12. Pregunta: **¿Alguna vez has querido decirle a alguien acerca de Jesús, pero realmente no sabes qué decir? Este versículo nos dice que Dios te ayudará a hablar y te enseñará qué decir. Los pastores oran y estudian y practican antes de dar los sermones. Ten la seguridad de que al orar y aprender a hablar con la gente acerca de Jesús y en la práctica, se reconocerá el Espíritu de Dios obrando a través de ti mientras eres testigo a otros.**

  Deja que los Pioneros elijan una pareja y practiquen diciendo: "Dios te ama. Él puede ayudarte cada día".

- Concluye con una oración, dando gracias a Dios por todo lo que los Pioneros han aprendido acerca de la comunicación.

COMUNICACIÓN VISUAL:
Sesión 3

Materiales

- Lápices o bolígrafos
- Tablilla de escritura
- Folleto de salvación, *Jesús, Mi Mejor Amigo*

Buscando Direcciones

- Lee las Secciones del *Estudiante Pionero* "Cine Sonoro" y "¿Qué pasa ahora?". Ayuda a los Preadolescentes a pensar en las formas modernas en que usamos imágenes para comunicarnos (como vallas publicitarias, anuncios en revistas, pinturas, etc.).

- Ayuda a los estudiantes a pensar en los símbolos que vemos ahora que comunican un mensaje sin palabras. Pídeles que dibujen algunos de estos en sus libros. Luego, dale a los Pioneros hojas de cartulina y marcadores. Que los Pioneros dibujen algunas de estas imágenes y símbolos en el papel. Que los preadolescentes se turnen para sostener el papel de construcción y deja que los demás estudiantes adivinen qué representa la imagen o símbolo.

- Que los pioneros busquen y lean Éxodo 4: 11-12. Pregunta: *¿Qué has escuchado acerca de Jesús? ¿Fue a través de la comunicación visual, palabras escritas, o comunicación verbal? Dios nos ha dado muchas formas de escuchar y contar la historia de Jesús. ¿Cómo es más fácil para ti decirle a otros acerca de Jesús? Sea cual sea el método que utilices, es importante utilizar tus habilidades de comunicación para decirle a otros acerca de Jesús.*

Si hay copias del folleto *Jesús, Mi Mejor Amigo* disponible, sugiere que los Pioneros se dividan en parejas o pequeños grupos y utilicen el folleto para practicar decirle a otros acerca de Jesús.

Mirada más DE ¡Cercana! Si tienes tiempo extra, proporciona papel de estraza para una pared y que los estudiantes dibujen ejemplos de pictogramas. Pide a cada estudiante hacer una historia sobre el pictográfico y lo que representa a una familia.

MINISTERIO DE PROYECTOS: Sesión 4

Elige y completa uno o más proyectos de la sección *Ir, Servir* de esta insignia. Si has seleccionado un proyecto que combine dos insignias, considera el número de semanas que necesitas para completar los requisitos de la insignia de ambas. Hay un sin fin de combinaciones de proyectos ministeriales que se pueden hacer. Usa tu imaginación. Adapta los proyectos del ministerio para satisfacer las necesidades de tus Pioneros, sus familias, y la iglesia.

¡Envuélvelo!
Que los Pioneros contesten las preguntas para reflexionar sobre lo que han aprendido a través de esta insignia.

CUIDADO PERSONAL Y APARIENCIA

Bases Bíblicas: "Que la belleza de ustedes no sea la externa, que consiste en adornos tales como peinados ostentosos, joyas de oro y vestidos lujosos. Que su belleza sea más bien la incorruptible, la que procede de lo íntimo del corazón y consiste en un espíritu suave y apacible, esta sí que tiene mucho valor, delante de Dios." (1 Pedro 3:3-4)

Punto Bíblico: El cuidado personal está en su mejor momento cuando comienza a partir de un corazón puro.

Meta de la Insignia:

- Los pioneros deben aprender los principios básicos de la atención personal y las habilidades de la apariencia.
- Los Pioneros deben entender que el cuidado personal comienza con tener un corazón puro.
- Los Pioneros pueden introducirse a un proyecto de ministerio opcional usando las habilidades de cuidado personal.

Valor Fundamental: Educación. Hacer hincapié en el Valor Fundamental de la educación mientras enseñas a los Pioneros las habilidades sobre Cuidado Personal y Apariencia.

Plan de Acción

Los modelos populares de rol no siempre marcan el mejor ejemplo para los niños cuando se trata de las apariencias. Los preadolescentes están pasando por grandes cambios y tomando conciencia de sus apariencias. Es importante que los Pioneros tengan una autoimagen positiva. Estas sesiones les ofrecen principios básicos de cuidar de sí mismos y reflejar a Cristo en su apariencia.

social

312

Cada sesión está diseñada para ser intercambiable y autónoma. La insignia Cuidado Personal y Apariencia es una gran insignia para los visitantes.

PLANIFICADOR DE INSIGNIAS

Sesión

1 Los Pioneros aprenderán los principios básicos para mantener su piel limpia y saludable. Practicarán faciales hechas en casa o invita a un orador para visitar el grupo.

2 Los Pioneros aprenderán que la actitud afecta la apariencia y que nuestras actitudes deben reflejar a Cristo.

3 Los Pioneros aprenderán que la ropa representa un estilo de vida. Determinarán los tipos de ropa que envían un mensaje positivo sobre el usuario.

4 Los Pioneros pueden participar en un proyecto de ministerio opcional usando las habilidades de Cuidado Personal y Apariencia.

Requisitos ✓ de Insignia

Elije cuatro de los cinco requisitos para completar la insignia Cuidado Personal y Apariencia.

☐ Listar tres razones por las que el cuidado personal es importante.

☐ Aprender cómo cuidar de su piel mediante la práctica de una rutina de cuidado de la piel.

☐ Explicar cómo nuestra actitud afecta nuestra apariencia.

☐ Comparar diferentes tipos de ropa y determinar qué mensajes envían.

☐ Encontrar una manera en la que puedes utilizar tu habilidades de Cuidado Personal y Apariencia para ministrar a alguien más.

RECURSOS

• Consulta con la biblioteca local, el Internet, y el sitio web Caravana por recursos para ayudar a enseñar esta placa.

Social

¡SERViR!

Los Pioneros pueden utilizar cualquiera de estas sugerencias para los proyectos de ministerio. (Los Proyectos del Ministerio son opcionales y no están obligados a completar los requisitos de la insignia.)

100 Completa los requisitos para la insignia Cuidado Personal y Apariencia.

200 Que los Pioneros ayuden a ordenar ropa para una colecta, refugio para desamparados, o tienda de segunda mano. Si la recogida de ropa es para una unidad, que el grupo seleccione la ropa apropiada en buenas condiciones para enviar.

300 Combine las habilidades de las insignias Cuidado Personal y Apariencia y Evangelismo para crear un proyecto de ministerio para los preadolescentes. Esto se puede hacer al entregar un Nuevo Testamento o folletos de salvación con los suministros personales a los necesitados.

¡Alcanzar!

Enumera algunas de tus propias opciones para proyectos ministeriales que funcionarían bien con tu iglesia y tus Pioneros.

_____

_____

_____

_____

_____

#1 Seguridad

- ■ **SiemPRe** prueba un nuevo producto para el cuidado de la piel en una pequeña porción de piel para asegurarte de que no tiene ninguna reacción alérgica.

- ■ **SiemPRe** aplica protector solar de SPF 30 o mayor.

- ■ **Nunca** usar aparatos eléctricos para el cabello cerca del agua o humedad.

- ■ **Nunca** usar jabón perfumado para lavarse la cara, ya que puede picar los ojos.

- ■ **SiemPRe** tener supervisión de un adulto cuando trabajes con jabón derretido o cera.

PALABRAS PARA SABER

Astringente: Un tónico que ayuda en la limpieza profunda de la piel y los controla la superficie de aceites.

Melanoma: Un tipo de cáncer de piel que se propaga rápidamente y es causado por la sobreexposición de la piel al sol.

Higiene: Pasos para mantenerse a sí mismo limpio y saludable.

Dermatólogo: Un médico especializado en salud de la piel. Se recomienda un dermatólogo cuando uno tiene un serio problema con el acné.

¡PREPARADOS . . . LISTOS . . . FUERA!

CUIDADO DE LA PIEL 101: Sesión 1

Los Pioneros van a aprender los pasos para el cuidado personal de la piel y por qué es importante. Luego, van a hacer sus propios jabones para llevar a casa como un recordatorio para practicar buenos hábitos de cuidado de la piel.

Antes de esta sesión, invita a un especialista de cuidado de la piel para llegar a la sesión y enseñe a los Pioneros los pasos de un buen cuidado de la piel. Reúne los suministros de la lista del "Materiales". Corta losas de jabón de glicerina fundible en pulgadas por trozos de una pulgada. Haz arreglos para reunirse en la cocina de la iglesia, cerca de un microondas. Si no tienes un microondas en tu iglesia, has arreglos para reunirse en una casa.

Materiales

- Bloques de fusibles transparente o jabón de glicerina teñido (disponible en tiendas de manualidades)
- Microondas
- Tazas de vidrio para medir
- Cacerolas de aluminio cuadradas
- Envoltura de plástico

Buscando Direcciones

- Cuando el grupo llegue, permite que voluntarios lean el versículo Bíblico, la sección "¿Qué Puedes Hacer Con Esta Habilidad?", "Los Requisitos De La Insignia", y "Palabras Para Saber."
- Que los Pioneros discutan las razones por las que deben cuidar de su apariencia. Que voluntarios lean estas secciones del *Estudiante Pionero*: "Cuidado de la piel 101" y "Limpieza de la piel." Pide a los preadolescentes decir la importancia de beber agua potable y dormir para la apariencia de su piel.

■ Guía los Pioneros en la fabricación de jabones decorativos caseros. Estos son los pasos:

1. Colocar trozos de jabón en una taza de medir de vidrio. Calentar el jabón hasta que se derrita por completo. Sigue las instrucciones en el paquete para las instrucciones de calefacción, o calentarlo al 100 por ciento de potencia en el microondas durante un minuto.
2. Verter el jabón derretido en los moldes de papel de aluminio. Rellenar cacerolas hasta que el jabón sea de aproximadamente 1/2 a 3/4 pulgadas de profundidad.
3. Dejar que se enfríe. Pulsar formas con cortadores de galletas.
4. Envolver los jabones en papel de plástico.

■ Introduce estos hechos sobre el cuidado personal y la apariencia. Escribe los hechos en tarjetas, y escóndelos en la habitación. Haz por lo menos dos juegos de cartas. Pide a los preadolescentes encontrar una tarjeta, y luego encontrar otro preadolescente con la misma tarjeta.

1. Bañarse a diario quita el olor que causa la suciedad y el sudor. Es bueno el seguimiento con desodorante.
2. Los niveles normales de acné pueden ser controlados por la limpieza de cutis todos los días con buenos productos para el cuidado de la piel.
3. Los dientes deben ser cepillados de dos a tres veces al día o cada vez que comes si tienes frenillos. Usar hilo dental todos los días ayuda a prevenir las caries.
4. El Protector solar es necesario incluso en el invierno para proteger la piel de los dañinos rayos UV del sol.
5. Nuestra apariencia se ve afectada por la falta de: agua, sueño, ejercicio adecuado y una dieta equilibrada.

■ Que los Pioneros lean 1 Pedro 3: 3-4. Pregunta: *¿Cómo son tentados los preadolescentes a depender de la ropa, el peinado y joyas para llamar la atención? ¿Puede la ropa elegante encubrir una actitud desagradable? ¿Cómo se siente Dios acerca de un espíritu afable y apacible?*

■ Señala que el Valor Fundamental de esta insignia es la Educación. Los Pioneros disfrutarán aprendiendo cómo cuidar de sí mismos en diferentes maneras. Esto es especialmente importante a medida que avanzan desde la infancia hasta la adolescencia.

Oliva Winchester era una educadora que valoró el conocimiento y disfrutó el reto de hacer cosas nuevas. Los Pioneros pueden aplicar los conocimientos de esta insignia para ayudar a cuidar de sus cuerpos y estar mejor preparados para todas las cosas nuevas que van a experimentar en los años de la adolescencia.

■ Concluye con una oración. Agradece a Dios por Su Palabra que dice el secreto de la verdadera belleza.

REFLECTORES DE ACTITUD: **Sesión 2**

Antes de esta sesión, reúne los suministros enumerados en "Materiales". Ten fotografías de revistas que muestren diferentes tipos de lenguaje corporal. Si el grupo va a hacer el juego de rol, da a los Pioneros una oportunidad para crear una o dos

Materiales

- Grabadora
- Cinta de casete
- Baterías
- Tarjetas 3" x 5"

- Fotografías que muestren diversos lenguajes corporales

de las propias situaciones. Reúne y prepara los materiales que se encuentran en el "Materiales." Sobre tarjetas 3" x 5" escribe situaciones en las que los preadolescentes pueden encontrarse. Un Pionero elegirá jugar un papel antagonista y el otro papel protagonista.

> **Situación 1** - Su maestra te dice que no seguiste las instrucciones correctamente en una misión. Estás seguro de que lo hiciste.

> **Situación 2** - Tu amigo te ha pedido prestado tu CD /pelota favorita hace una semana y aún no se ha molestado para devolvértela. Ahora tu amigo quiere pedir prestado algo más.

 ## Buscando Direcciones

- Que los Pioneros expliquen cómo sus actitudes afectan su apariencia. Discute que queremos reflejar en nuestras actitudes.
- Que los Pioneros lean la información acerca de las actitudes y el lenguaje corporal de la página 164-165 del *Estudiante Pionero*.
- Que los Pioneros jueguen el juego de roles con diferentes actitudes. Que los pioneros demuestren ejemplos de lenguaje corporal.
- Concluye con una oración. Agradece a Dios por Jesús, quien nos demostró cómo vivir con actitudes cristianas. Pídele a Dios que ayude a los pioneros a ser modelos de las actitudes positivas y lenguaje corporal de sus compañeros.

¿RECIBISTE MI MENSAJE? **Sesión 3**

En esta sesión, los Pioneros verán una variedad de ropa para su grupo de edad. Se les dará la oportunidad de decidir lo que es apropiado e inapropiado y por qué. Esta sesión se puede hacer como un viaje de campo al centro comercial. Esta sería una buena noche para los visitantes.

Materiales

- Revista o catálogo de fotografías de una variedad de trajes para preadolescentes (apropiados e inapropiados)

- Ayudantes adultos
- Una furgoneta o varios coches
- Formularios de permiso

Antes de esta sesión, dispón de una furgoneta de la iglesia o que los padres transporten a los Pioneros al centro comercial o un centro comercial cercano. Envía una carta a los padres para hacerles saber cuáles son los planes para la noche. Exige a los padres que firmen formularios de permiso para cada Pionero.

Buscando Direcciones

- Antes de ir a la excursión al centro comercial, habla con tus Pioneros sobre el propósito del viaje. Los Pioneros comprarán diferentes tipos de ropa y decidirán lo que es apropiado y lo que es inadecuado.

- Discute los diferentes mensajes que nuestra ropa envía. Que un voluntario lea "¿Recibiste Mi Mensaje?" De la página 166 del *Estudiante Pionero*.

- Que los Pioneros junten en las tiendas los mensajes positivos que se envían. Que los preadolescentes discutan los mensajes que algunas de las prendas más populares envían.

- Que los Pioneros lean 1 Pedro 3:3-4. Que los preadolescentes se turnen diciendo el mensaje de este versículo en sus propias palabras. Pregunta: **¿Qué tan importante es la belleza en esta sociedad? ¿Qué nos dice este versículo acerca de la verdadera belleza?**

- Concluye con una oración.

Mirada más de Cerca! Si la opción de ir a un centro comercial o de compras está fuera de cuestión, invita a tu pastor de jóvenes, o un pastor local de juventud, para que visite tu grupo esta noche. Que el pastor de jóvenes sepa que te gustaría que traiga fotos de trajes que los preadolescentes están usando estos días. Pídele a la persona estar preparado para discutir los mensajes que ciertos tipos de ropa envían a la gente.

MINISTERIO DE PROYECTOS: Sesión 4

Elige y completa uno o más proyectos de la sección *Ir, Servir* de esta insignia. Si has seleccionado un proyecto que combine dos insignias, considera el número de semanas que necesitas para completar los requisitos de la insignia de ambas. Hay un sin fin de combinaciones de proyectos ministeriales que se pueden hacer. Usa tu imaginación. Adapta los proyectos del ministerio para satisfacer las necesidades de tus Pioneros, sus familias, y la iglesia.

¡Envuélvelo!

Que los Pioneros contesten las preguntas para reflexionar sobre lo que han aprendido a través de esta insignia.

Tabla de Asistencia

Mes	Día	Nombre de estudiante																		

Registro Individual de Seis Años

Las siguientes 3 páginas contienen el *Registro Individual de Seis Años.*

Instrucciones: (1) Escribe el año en la parte superior de la columna de rango, (2) Escribe el mes y día en que el niño completa cada insignia o proyecto de ministerio en la columna "Fecha", (3) Premios Bunker, Winans, Lilenas y Bresee los requisitos se enumeran a continuación. Escribe la fecha en el espacio en blanco cuando se complete.

Nota: La medalla de premio Milton Bunker no es necesaria para la Medalla del Premio Phineas F. Bresee.

Premio Bunker: Completar ANTES de ingresar al 3er Grado.
_____ Todas los "Yo Creo"   _____ Todas las Insignias

Premio Winans: Completar ANTES de ingresar al 5to grado.
_____ Completó 16 insignias para los años 3 y 4
_____ 2 proyectos Ministeriales   _____ 4 Valores Fundamentales

Premio Lillenas: Complete ANTES de ingresar al 7° grado.
_____ Completó 16 insignias para los años 3 y 4
_____ 2 proyectos Ministeriales   _____ 4 Valores Fundamentales

Premio Bresee: Complete todos los requisitos para los premios Winans y Lillenas ANTES de ingresar al 7° grado.

Nombre del Niño: _____

Dirección: _____

Cumpleaños: _____ Teléfono: _____

Nombre de los Padres: _____

E-mail: _____

Año 1 o 2		Año 1 o 2	
Buscador Cazador		**Buscador Investigador**	
Fecha		Fecha	
	Yo Creo		**Yo Creo**
	Dios		Dios
	La Biblia		La Biblia
	El Pecado y La Salvación		El Pecado y La Salvación
	La Vida Cristiana		La Vida Cristiana
	Jesús, Nuestro Salvador		Jesús, Nuestro Salvador
	La Iglesia		La Iglesia
	Físico		**Físico**
	Deportes y Aptitud		Seguridad en Bicicleta
	Cuidado Personal		Manualidades
	Seguridad		Dios Mi Hizo
	Social		**Social**
	Familia		Niño del Rey
	Modales		Planificación de Fiestas
	Amigos		Deportividad
	Mental		**Mental**
	Arte		Cocina
	Mascotas		Bandera
	Dinero		Música
	Espiritual		**Espiritual**
	Oración		La Biblia
	Nuestra Iglesia		Mayordomía
	Mi Biblia		Misiones
	Aire Libre		**Aire Libre**
	Botánica		Acampar
	Aves		Día de Campo
	Reciclaje		Medio Ambiente

Nombre del Niño: _____

Año 3 o 4		**Año 3 o 4**	
Explorador Centinela		**Explorador Scout**	
Fecha		Fecha	
	Artículos de Fe		**Artículos de Fe**
	1. El Dios Trino		5. Pecado
	2. Jesucristo		6. Expiación
	3. El Espiritu Santo		7. Libre Albedrío
	4. La Biblia		8. Arrepentimiento
	Valores Fundamentales		**Valores Fundamentales**
	Santidad		Misiones
	Evangelismo		Carácter
	Mental		**Mental**
	Cocinar		Coleccionando
	Música		Primeros Auxilios
	Cuidado de Mascotas		Equitación
	El Gran Aire Libre		Costura
	Clima		Tecnología
	Físico		**Físico**
	Gimnasia		Deportes de Acción
	Excursionismo		Manualidades
	Aptitud Física		Ciclismo
	Deportes de Nieve		Pesca
	Nadando		Deportes Acuáticos
	Espiritual		**Espiritual**
	Memoria Bíblica		Lectura de la Biblia
	Héroes de la Santidad		Ministerios Infantiles
	Oración		Discipulado
	Escuela Dominical		Mayordomia
	Social		**Social**
	Modales		Cuidado de Niños
	Mi Comunidad		Cuidadania
	Construcción de Equipos		Empresa
	Viaje		Hospitalidad
	Proyecto de Ministerio		**Proyecto de Ministerio**

Nombre del Niño: _____

Año 5 o 6		Año 5 o 6	
Aventurero Descubridor		**Aventurero Pionero**	
Fecha		Fecha	
	Artículos de Fe		**Artículos de Fe**
	9. Justificación, Regeneración y Adopción		13. La Cena del Señor
	10. Entera Santificación		14. Santidad Divina
	11. La Iglesia		15. Segunda Venida de Cristo
	12. Bautismo		16. Resurrección, Juicio, Destino
	Valores Fundamentales		**Valores Fundamentales**
	Servicio		Educación
	Compasión		Trabajo
	Mental		**Mental**
	Astronomía		Cuidado del Automóvil
	Cocina		Medio Ambiente
	Jardinería		Primeros Auxilios
	Lectura de Mapa		Internet
	Fotografía		Periodismo
	Físico		**Físico**
	Tiro con Arco		Atletismo
	Salud		Acampar
	Cometas		Carpintería
	Nutrición		Nudos
	Deportes		Seguridad Personal
	Espiritual		**Espiritual**
	Estudio Bísblico		Vida Cristiana
	Historia de la Iglesia		Evangelismo
	Misiones		Iglesia Local
	Adoración		Templanza
	Social		**Social**
	Drama		Cuidado de Nños II
	Entretenimiento		Opciones de Carrera
	Administración Personal		Comunicaciones
	Títeres		Cuidado Personal y Apariencia
	Proyecto de Ministerio		**Proyecto de Ministerio**

EL ABC DE LA SALVACIÓN

A

dmite que has pecado (hecho mal, desobedecido a Dios)

Dile a Dios lo que has hecho, arrepiéntete de ello y debes estar dispuesto a dejarlo.

Romanos 3:23 -"Por cuanto todos pecaron y están destituídos de la Gloria de Dios"

1 Juan 1:9 -"Si confesamos nuestros pecados, Él es fiel y justo para perdonarnos, y limpiarnos de toda maldad."

B

usca de Dios, proclama a Jesús como tu Salvador.

Dí lo que Dios ha hecho por tí. Ama a Dios y sigue a Jesús.

Juan 1:12 -"A todos los que le recibieron, a los que creen en su nombre, les dio potestad de ser hechos hijos de Dios."

Romanos 10:13 -"Todo aquel que invocare el nombre del Señor, ese será salvo."

C

ree que Dios te ama y envió a su Hijo, Jesús, para salvarte de tus pecados

Pide y recibe el perdón que Dios te está ofreciendo.

Ama a Dios y sigue a Jesús.

Juan 3:16 -"Dios amó tanto al mundo que dio a su Hijo Unigénito, para que todo aquel que en Él crea, no se pierda, más tenga vida eterna."

www.ingramcontent.com/pod-product-compliance
Lightning Source LLC
LaVergne TN
LVHW051453080426
835509LV00017B/1752